Hofmann · Koppmann – Die neue Bauhandwerkersicherung

# Die neue Bauhandwerkersicherung

## Leitfaden

zum Gesetz zur Beschleunigung fälliger Zahlungen 2000

zum Bauhandwerkersicherungsgesetz 1993

zur Bauhandwerkersicherungshypothek

zum Gesetz zum Schutz von Bauforderungen

mit Musterbriefen und Formularen

von

**Dr. Olaf Hofmann**
Rechtsanwalt und
Lehrbeauftragter für Baurecht
an der Universität der
Bundeswehr München

**Werner Koppmann**
Rechtsanwalt
in München

Verlag Ernst Vögel Stamsried

ISBN 3-89650-101-1

© Ernst Vögel, D-93491 Stamsried, 2000

Alle Rechte vorbehalten, insbesondere die des Nachdrucks und der Übersetzung. Ohne schriftliche Genehmigung des Verlages ist es nicht gestattet, dieses urheberrechtlich geschützte Werk oder Teile daraus in einem photomechanischen oder sonstigen Reproduktionsverfahren zu vervielfältigen.

Gesamtherstellung: Druck+Verlag Ernst Vögel, 93491 Stamsried

## Vorwort zur 4. Auflage

Mit dem am 1. Mai 2000 in Kraft getretenen „Gesetz zur Beschleunigung fälliger Zahlungen" startet der Gesetzgeber den vierten Versuch, um die Folgen des im BGB verankerten Vorleistungsrisikos des Werkunternehmers, das von unseriösen Auftraggebern als „Finanzierungsmittel" genutzt wird, abzumildern. Die bisherigen Versuche waren nicht erfolgreich. Dem schon in der ersten Fassung des BGB verankerten § 648 (Bauhandwerkersicherungshypothek) folgte bereits im Jahr 1909, das „Gesetz zum Schutz von Bauforderungen". Auch dieses Gesetz blieb ohne nachhaltige Wirkung und geriet über viele Jahre sogar in Vergessenheit. Die krisenhafte Entwicklung am Bau mit zuletzt ca. 8000 Insolvenzen jährlich, hat dann dem erst 1993 eingeführten „Bauhandwerkersicherungsgesetz" (§ 648a BGB) weitere Änderungen am BGB folgen lassen, die in dem seit dem 1. Mai 2000 gültigen „Gesetz zur Beschleunigung fälliger Zahlungen" zusammengefasst sind. Die neuen gesetzlichen Regeln haben in der bisher vorhandenen Literatur fast durchgängig schlechte Kritiken geerntet. Dennoch werden sie für die Baupraxis weitreichende Folgen haben. Die Verfasser haben sich bemüht, diese Konsequenzen praxisnah aufzuzeigen. Es wird der Rechtsprechung überlassen bleiben, zu beurteilen, ob die vielen schon jetzt aufgetretenen Streitfragen zutreffend beantwortet wurden.

Auch die bisherigen Teile dieses Buches mussten einer grundlegenden Überarbeitung unterzogen und auf den neuesten Stand gebracht werden, zumal das Gesetz zur Beschleunigung fälliger Zahlungen auch zu Änderungen am Bauhandwerkersicherungsgesetz geführt hat. Dies gilt auch für die Musterformulare, die jedem Teil angehängt sind.

Wir hoffen, dass Sie, lieber Leser, viel Nutzen aus diesem Werk ziehen können. Für Hinweise und kritische Stellungnahmen sind wir stets dankbar.

Dieses Buch wurde mit hohem Zeitdruck gefertigt. Unser besonderer Dank gilt daher den Damen Moosauer und Schneider für die

## Vorwort

äußerst schnelle und exakte Niederlegung des Textes. Ein weiterer Dank geht an Herrn RA Demharter, für die kritische Durchsicht des Abschnitts A.

München, im Oktober 2000

Hofmann/Koppmann

## Inhaltsverzeichnis

### Abschnitt A
### Das neue Gesetz zur Beschleunigung fälliger Zahlungen 2000

| | | |
|---|---|---|
| I. | Warum wurde die Neuregelung notwendig? | 37 |
| II. | Die neuen Verzugsregelungen des BGB | 37 |
| 1. | Für welche Art von Verträgen gilt die Neuregelung? | 37 |
| 2. | Seit wann gilt diese Neuregelung? | 38 |
| 3. | Wann gerät nach der Neuregelung der Auftraggeber in Verzug? | 39 |
| 4. | Ist noch eine gesonderte Mahnung des Gläubigers erforderlich? | 40 |
| 5. | Wie hoch sind die neuen Verzugszinsen? | 41 |
| 6. | Sind von §§ 284 und 288 BGB abweichende Vereinbarungen zulässig? | 41 |
| | 6.1 Durch „individuelle Vereinbarungen": | 41 |
| | 6.2 Sind abweichende Vereinbarungen durch Allgemeine Geschäftsbedingungen möglich? | 42 |
| | 6.3 Was gilt, wenn die Vertragsparteien die VOB/B vereinbaren? | 44 |
| | 6.4 Was gilt, wenn der Auftraggeber die VOB im „Kerngehalt" abändert? | 45 |
| | 6.5 Was gilt, wenn der Auftragnehmer die VOB im „Kerngehalt" abändert? | 46 |

## Inhaltsverzeichnis

| | | |
|---|---|---|
| 6.6 | Was gilt, wenn eine die gesetzliche Regelung abändernde Allgemeine Geschäftsbedingung nichtig ist? | 46 |

**III. Die Neuregelungen zum gesetzlichen Werkvertragsrecht** ... 46

**1. Für welche Art von Verträgen gilt die Neuregelung?** 46

**2. Ab wann gelten die Neuregelungen?** ... 47

**3. Wann hat der Auftragnehmer einen Anspruch auf Abschlagszahlung?** ... 48

| | | |
|---|---|---|
| 3.1 | Welche Neuregelung bringt der § 632a BGB? | 48 |
| 3.2 | Wann hat der Auftragnehmer einen Abschlagszahlungsanspruch für einen „in sich abgeschlossenen" Leistungsteil? | 49 |
| 3.3 | Welche Folgen haben Mängel für den Abschlagszahlungsanspruch? | 50 |
| 3.4 | Welchen Abschlagszahlungsanspruch hat der Auftragnehmer für Stoffe oder Bauteile? | 51 |
| 3.5 | Kann der Auftraggeber für Abschlagszahlungen Sicherheitsleistungen fordern? | 52 |
| 3.6 | Auf welche „Sicherheit" hat der Auftraggeber einen Anspruch? | 53 |
| 3.7 | Wann ist die Sicherheit zurückzugeben? | 54 |
| 3.8 | Sind abweichende Abschlagszahlungsvereinbarungen zulässig? | 54 |
| 3.9 | Können abweichende Vereinbarungen durch Allgemeine Geschäftsbedingungen getroffen werden? | 55 |

## Inhaltsverzeichnis

**4. Wann hat der Auftragnehmer einen Anspruch auf Abnahme?** ............................................................. 57

- 4.1 Welchen Inhalt hat der neue § 640 BGB? ........ 57
- 4.2 Wann ist die Leistung abnahmefähig? ............ 57
- 4.3 Unter welchen Voraussetzungen ist eine „stillschweigende Abnahme" möglich? ............ 59
- 4.4 Welche neue Abnahmefiktion wurde in das BGB aufgenommen? ....................................... 59
  - 4.4.1 Welche Abnahmefrist ist „angemessen"? ........ 60
  - 4.4.2 Was gilt, wenn dem Auftraggeber eine zu kurze Frist zur Durchführung der Abnahme gesetzt wird? .................................................. 60
  - 4.4.3 Muss der Auftragnehmer sein Abnahmeverlangen schriftlich äußern? .......................... 61
  - 4.4.4 Tritt die Abnahmefiktion auch bei wesentlichen Mängeln ein? ................................................. 61
  - 4.4.5 Gilt die neue Abnahmefiktion auch für die vorbehaltlose Abnahme trotz Mangelkenntnis? 62
- 4.5 Sind abweichende Vereinbarungen zu § 640 BGB zulässig? ......................................... 62
- 4.6 Was gilt, wenn die Vertragspartner anstelle der gesetzlichen Regelung die VOB/B vereinbaren? ............................................................. 65

**5. Welche Rechte hat der Auftraggeber, wenn er eine mangelhafte Leistung abnimmt?** ............................. 66

- 5.1 Welche Neuregelung wurde hierzu eingeführt? 66
- 5.2 Wie wird die Höhe des Leistungsverweigerungsrechts des Auftraggebers ermittelt? ................. 66
- 5.3 Sind abweichende Vereinbarungen zulässig? .. 68
  - 5.3.1 Durch individuelle Vereinbarungen ................. 68

Inhaltsverzeichnis

| | | | |
|---|---|---|---|
| | 5.3.2 | Durch Allgemeine Geschäftsbedingungen | 68 |
| | 5.3.3 | Was gilt bei Vereinbarung der VOB/B? | 69 |
| 6. | \multicolumn{2}{l}{**Welche Sonderregelung gilt für Zahlungsansprüche von Subunternehmern?**} | 70 |
| | 6.1 | Welchen Inhalt hat die Neuregelung? | 70 |
| | 6.2 | Welche Fälligkeitsvoraussetzungen sind für den Vergütungsanspruch des Subunternehmers notwendig? | 70 |
| | 6.3 | Wie hoch ist der Anspruch des Unternehmers gegen den Besteller? | 71 |
| | 6.4 | Wann hat der Besteller Anspruch auf Sicherheitsleistung gegen den Unternehmer? | 72 |
| | 6.5 | Hat der Subunternehmer einen Auskunftsanspruch gegen seinen Auftraggeber, ob Zahlung geleistet wurde? | 73 |
| | 6.6 | Sind abweichende Vereinbarungen zulässig? | 73 |
| 7. | \multicolumn{2}{l}{**Welche Grundsätze gelten zur neuen Fertigstellungsbescheinigung?**} | 74 |
| | 7.1 | Was bewirkt die „Fertigstellungsbescheinigung"? | 74 |
| | 7.2 | Wann ist die Erteilung einer Fertigstellungsbescheinigung ausgeschlossen? | 75 |
| | 7.3 | Welches Verfahren ist bei der Benennung des Gutachters einzuhalten? | 75 |
| | 7.4 | Wie sollten die Vertragsparteien vorgehen, wenn sie sich auf einen Gutachter geeinigt haben? | 76 |
| | 7.5 | Kann und sollte der Gutachterauftrag über das gesetzlich Notwendige hinaus erweitert werden? | 77 |

## Inhaltsverzeichnis

| | | |
|---|---|---:|
| 7.6 | Wie sollte der Auftragnehmer vorgehen, wenn er alleine den Gutachter auswählt? | 78 |
| 7.7 | Wie muss der Gutachter bei der Mängelfeststellung vorgehen? | 78 |
| 7.8 | Welchen „Prüfungsmaßstab" muss der Gutachter anlegen? | 80 |
| 7.9 | Wie muss der Gutachter vorgehen, wenn nur ein mündlicher Werkvertrag vorliegt? | 80 |
| 7.10 | Wie muss der Gutachter vorgehen, wenn der Vertragsinhalt zwar schriftlich, jedoch unklar niedergelegt ist? | 81 |
| 7.11 | Wie hat der Gutachter vorzugehen, wenn ein Vertragspartner Vertragsänderungen behauptet? | 82 |
| 7.12 | Welchen Inhalt hat die Fertigstellungsbescheinigung des Gutachters? | 82 |
| 7.13 | Was gilt, wenn der Besteller dem Gutachter den Zutritt zum Werk verweigert? | 83 |
| 7.14 | Wie sind Mängelrügen zu behandeln, die der Besteller nach Abschluss der Besichtigung vorbringt? | 83 |
| 7.15 | Wer trägt die Kosten des Gutachters? | 84 |
| 7.16 | Welche Vergütung kann der Gutachter verlangen? | 85 |
| 7.17 | Wie kann der Auftragnehmer nach Erhalt der Fertigstellungsbescheinigung weiter vorgehen? | 85 |
| 7.18 | Was kann der Auftraggeber tun, wenn er mit der Erteilung der Fertigstellungsbescheinigung nicht einverstanden ist? | 86 |

Inhaltsverzeichnis

| | | | |
|---|---|---|---|
| | 7.19 | Was kann der Auftragnehmer tun, wenn der Gutachter ihm die Fertigstellungsbescheinigung nicht erteilt? | 87 |
| | 7.20 | Können die Vertragspartner die Abnahme durch Fertigstellungsbescheinigung vertraglich ausschließen? | 88 |
| | 7.21 | Gilt diese Neuregelung auch im Rahmen eines VOB-Vertrages? | 90 |
| **8.** | | **Hilft die Neuregelung dem Auftragnehmer, auch vor Gericht schneller zu seinem Geld zu kommen?** | 91 |

**Anhang zu Abschnitt A**

**Musterbriefe** .................................................................. 93

**1.** Vorbemerkung: ........................................................ 93

**2.** Abnahmeverlangen nach § 640 Abs. 1 Satz 3 BGB .. 95

**3.** Gutachterauftrag nach § 641a BGB ......................... 96

**4.** Fertigstellungsbescheinigung .................................. 98

**Abschnitt B**
**Das Bauhandwerkersicherungsgesetz (BHSG)**

**1.** Welche Änderungen bringt das „Gesetz zur Beschleunigung fälliger Zahlungen" für die Bauhandwerkersicherung nach § 648a BGB? ........... 103

## Inhaltsverzeichnis

**2. Warum ist die Bauhandwerkersicherung nach § 648a BGB notwendig?** ............................................. 103

    2.1    Vorleistungspflicht des Unternehmers ............. 103

    2.1.1  Insolvenzrisiko des Unternehmers .................. 104

    2.1.2  Prozessrisiko des Unternehmers .................... 104

    2.2    Unzureichende Sicherungsmöglichkeiten außerhalb des § 648a BGB ............................. 104

    2.2.1  Bauhandwerkersicherungshypothek nach § 648 BGB ........................................................ 105

    2.2.2  Gesetz zum Schutz von Bauforderungen (GSB) ............................................................... 105

    2.3    Vorleistungsrisiko des Unternehmers im VOB-Vertrag ................................................... 105

    2.4    Vorleistungsrisiko des Architekten ................... 105

**3. Wie „funktioniert" die Sicherheit des § 648a BGB?** .. 106

**4. Wer ist durch § 648a BGB geschützt?** ....................... 107

    4.1    Der Unternehmer eines Bauwerks .................. 107

    4.2    Der Unternehmer einer Außenanlage ............. 108

    4.2.1  Identität des Unternehmerbegriffs in § 648a BGB und in § 648 BGB ....................... 108

    4.3    Der Architekt, Sonderfachmann, Bauingenieur ................................................... 108

    4.4    Baustofflieferanten? ......................................... 109

    4.5    Unternehmer, die Bauvorbereitungs-, Renovierungs- oder Wartungsarbeiten erbringen? ....................................................... 110

    4.6    Bauträger? ....................................................... 111

    4.7    Arbeitnehmerüberlassung? ............................. 111

Inhaltsverzeichnis

5. **Wer ist als „Besteller" im Sinne des § 648a BGB anzusehen?** ............................................................. 111

6. **Welche Besteller werden von § 648a BGB nicht erfasst?** ............................................................ 112
   - 6.1 Juristische Personen des öffentlichen Rechts oder öffentlich-rechtliche Sondervermögen. ..... 112
   - 6.2 Private Einfamilienhäuser, die keinen Bauträger zwischenschalten. ..................................... 113
     - 6.2.1 Errichtung von Einfamilienhäusern im Rahmen mehrerer Verträge ............................. 114
     - 6.2.2 Privilegierung der Einfamilienhäuser nur für den privaten Bereich? ........................... 114
     - 6.2.3 Kirchen ................................................................. 115

7. **Welche Folgen entstehen für das Generalunternehmer-Subunternehmerverhältnis dadurch, dass der in § 648a Abs. 6 genannte Personenkreis vom Bauhandwerkersicherungsgesetz nicht betroffen ist?** ............................................. 115

8. **Kann der Unternehmer auf den Schutz des § 648 BGB ganz oder teilweise verzichten?** .............. 116
   - 8.1 Unwirksamkeit der von den Abs. 1 bis 5 des Gesetzes abweichenden Vereinbarungen ........ 116
   - 8.2 Unwirksamkeit von Einschränkungen der Rechte des Unternehmers ............................. 116
   - 8.3 Unwirksamkeit von Modifikationen der Regelungen ................................................. 117
     - 8.3.1 Modifikationen, welche dem Besteller Leistungsverweigerungsrechte verschaffen sollen.. 117
   - 8.4 Vereinbarung untauglicher oder nicht ausreichender Sicherungsmittel ....................... 118

## Inhaltsverzeichnis

- 8.5 In Abs. 6 privilegierte Personen werden vom Abweichungsverbot des Abs. 7 nicht erfasst.... 118

**9. Gilt das Änderungsverbot des § 648a Abs. 7 BGB auch für Abweichungen zu Gunsten des Unternehmers?** ... 119
- 9.1 Grundsatz: sämtliche Abweichungen sind unwirksam ... 119
- 9.2 Im Einzelfall: Unbeachtlichkeit des Abweichungsverbotes nach Treu und Glauben .... 119
- 9.3 Kein „Anspruch" des Unternehmers auf Sicherheiten, die über die gesetzlichen Bestimmungen hinausgehen ... 120
- 9.3.1 Unterscheidung Werkvertrag/Bürgschaftsvertrag; Einreden/Einwendungen des Bürgen aus dem Hauptschuldverhältnis ... 120
- 9.3.2 Wirksamkeit des Bürgschaftsvertrages trotz Abweichungsverbots des Abs. 7 ... 121

**10. Können die Parteien wirksam Sicherheiten vereinbaren, die von § 648a BGB abweichen?** ... 122
- 10.1 § 648a Abs. 7 BGB bezieht sich nicht auf vertraglich vereinbarte Sicherheiten ... 122
- 10.2 Unterscheidung zwischen vertraglich vereinbarten Sicherheiten und der Regelung des § 648a BGB ... 122

**11. Was wird durch § 648a BGB geschützt?** ... 123

**12. Kann der Unternehmer auch nach Abnahme die Sicherheit nach § 648a BGB verlangen?** ... 123
- 12.1 Schutzbedürftigkeit des Unternehmers nach Abnahme im Einzelfall ... 123

## Inhaltsverzeichnis

| | | |
|---|---|---|
| 12.2 | Stand der Rechtsdiskussion in Rechtsprechung und Literatur | 124 |
| 12.3 | Schutzbedürfnis des Unternehmers ist keine ausreichende Begründung für die Zulässigkeit des Sicherungsverlangens nach Abnahme! | 124 |

**13. Kann der Unternehmer nur dann die Vorleistung schützen lassen, wenn sie konkret gefährdet ist?** ..... 125

**14. Wie hoch ist der Sicherungsanspruch des Unternehmers?** ..... 125

| | | |
|---|---|---|
| 14.1 | Bestimmung des „voraussichtlichen Vergütungsanspruchs" | 126 |
| 14.2 | Höhe des Sicherungsanspruchs vor Beginn der Bauleistungen | 127 |
| 14.2.1 | Die Höhe des Sicherungsanspruchs hängt ab von der Höhe des tatsächlich gegebenen Vorleistungsrisikos | 128 |
| 14.2.1.1 | Gegenmeinung widerspricht dem Gesetzeszweck sowie dem Gebot der Praktikabilität und Billigkeit | 128 |
| 14.2.2 | Beispiele für den Sicherungsanspruch in voller Höhe der voraussichtlichen Vergütung. | 129 |
| 14.2.3 | Beispiele für die Bestimmung der Höhe des Sicherungsverlangens bei eingeschränktem Vorleistungsrisiko | 130 |
| 14.3 | Zur Höhe der Sicherheit, sofern sie nach erbrachten Teilleistungen geltend gemacht wird | 132 |
| 14.4 | Zur Sicherung der Nebenforderungen | 133 |

## Inhaltsverzeichnis

| | | |
|---|---|---|
| 14.4.1 | Begrenzung der Nebenforderungen auf 10% auch bei nachgewiesenen höheren Nebenforderungen? | 134 |

**15. Erfasst der Sicherungsanspruch des Unternehmers auch etwaige Schadensersatzansprüche oder vergütungsähnliche Forderungen?** .............................. 134

    15.1    Grundsatz: Schadensersatzansprüche sind nicht sicherbar .................................................... 134

    15.2    Vergütungsähnliche Schadensersatzansprüche sind sicherbar ............................... 135

    15.2.1    Ausnahme vom Grundsatz: Sicherung von Nebenforderungen ................. 135

**16. Ist der Unternehmer auf eine einmal geltend gemachte Sicherheit festgelegt?** ............................. 136

**17. Wie wirken sich Vorauszahlungen auf den Sicherungsumfang aus?** ..................................... 136

**18. Wann sollte der Unternehmer Sicherheit fordern?** .... 137

**19. Wann und in welcher Höhe kann der Unternehmer für Zusatzleistungen und Vertragsänderungen Sicherheit fordern?** ............................................. 138

**20. Wie wirken sich Gegenrechte des Bestellers, insbesondere solche aufgrund mangelhafter Werkleistung aus?** ...................................... 139

    20.1    Nachbesserbare Mängel ............................... 139

    20.2.    Auf Geldzahlung gerichtete Gegenforderungen    139

    20.3    Streitige Gegenforderungen ......................... 140

## Inhaltsverzeichnis

21. Welche Möglichkeiten hat der Besteller, um eine Übersicherung des Unternehmers zu vermeiden? .... 140

22. Wie hat sich der Besteller zu verhalten, wenn der Unternehmer eine offenkundige „Übersicherung" fordert? ............................................................................ 141

23. Welche Arten von Sicherheiten sind zugelassen? .... 141

24. Wer hat das Wahlrecht unter den verschiedenen Arten der Sicherheit? ................................................. 142

25. Welche Sicherheit sollte der Besteller wählen? ......... 143

26. Welche Ansprüche darf der Unternehmer an die Vorleistungsbürgschaft stellen? ................................. 143

27. Wie wirkt sich der Erhalt einer Sicherheit nach § 648a BGB auf den Anspruch auf Einräumung einer Bauhandwerkersicherungshypothek aus? ....... 144

28. Wie wirkt sich der Erhalt einer Bauhandwerkersicherungshypothek auf den Anspruch des Unternehmers nach § 648a BGB aus? ....................... 144

29. Wer muss die Kosten der Sicherheit tragen? ............ 145

30. Gibt es Ausnahmen von der Kostentragungspflicht des Unternehmers? ......................................... 146

    30.1    Unbegründete Einwendungen des Bestellers .. 146

    30.2    Vermögensverfall des Bestellers ..................... 147

    30.3    Sonstige vom Besteller zu vertretende Umstände ......................................................... 148

## Inhaltsverzeichnis

**31. In welcher Form muss der Unternehmer Sicherheit verlangen – welche Frist muss er dem Besteller setzen?** ................................................................. 148

**32. Welche Folgen sind im Gesetz vorgesehen, wenn der Besteller keine oder keine ausreichende Sicherheit beibringt?** ..................................................... 149

**33. Kann der Unternehmer auch auf Sicherheit klagen, wenn sie der Besteller nicht beibringt?** ..................... 150

**34. Ist der Unternehmer verpflichtet, die Kündigung auszusprechen, wenn der Besteller die Sicherheit nicht beibringt?** ................................................................ 150

**35. Welche weiteren Rechtsfolgen gelten, wenn der Unternehmer die Arbeiten wegen Nichtbeibringung der Sicherheit lediglich einstellt?** ............................... 151

**36. Welche Kosten kann der Unternehmer geltend machen, wenn er den Vertrag gekündigt hat?** ........... 152

**37. Kann der Unternehmer seinen Schaden auch pauschal berechnen?** .................................................... 153

**38. Welche Rechtsfolgen gelten, wenn der Besteller kündigt, weil der Unternehmer wegen Nichtbeibringung der Sicherheit die Leistung verweigert?** .... 154

**39. Wann ist der Sicherungsgeber zu einem Widerruf der Sicherheit berechtigt?** ........................... 155

**40. Was kann der Unternehmer gegenüber dem Besteller tun, wenn der Sicherungsgeber (Bank) sein Sicherungsversprechen widerruft?** ................... 156

Inhaltsverzeichnis

**41. Welche Ansprüche des Unternehmers sind durch die widerrufene Sicherheit abgedeckt?** ........... 157

**42. Was kann der Besteller tun, wenn das Kreditinstitut oder der Kreditversicherer „verfrüht" zahlt?** ............. 157

**43. Wann und wie darf der Unternehmer die Sicherheit verwerten?** ............................................................. 158

    43.1    Leistungspflicht von Kreditinstituten oder Kreditversicherungen ....................................... 158

    43.2    Andere Sicherheiten ....................................... 159

**44. Wann ist die nicht verwertete Sicherheit zurückzugeben?** ................................................................ 159

**Anhang zu Abschnitt B**

**Musterbriefe** ................................................................ 163

1. **Vorbemerkung:**

2. **Musterbriefe für den Unternehmer**

    2.1    Verlangen einer Vorleistungssicherheit ............ 165

    2.2    Nachfrist zur Beibringung einer Vorleistungssicherheit ....................................................... 166

    2.3    Erhöhungsverlangen für eine Vorleistungssicherheit ....................................................... 167

    2.4    Verhalten bei Widerruf einer Vorleistungssicherheit durch den Sicherungsgeber ............ 168

    2.5    Stellungnahme zum Kostenersatzverlangen des Bestellers ................................................ 169

## 3. Musterbriefe für den Besteller

3.1 Ablehnung der Gestellung einer Vorleistungssicherheit .................. 170

3.2 Schreiben auf ein überhöhtes Sicherungsverlangen des Unternehmers .................. 171

3.3 Verlangen nach Rückgabe der Sicherheit ........ 172

## 4. Muster einer Bauhandwerkersicherungsbürgschaft nach § 648a BGB ...................... 173

# Abschnitt C
# Die Bauhandwerkersicherungshypothek, § 648 BGB

## 1. Welche Änderungen bringt das Gesetz „zur Beschleunigung fälliger Zahlungen" für die Bauhandwerkersicherungshypothek? ...................... 177

## 2. Welche Bedeutung hat die Bauhandwerkersicherungshypothek als Mittel zur Sicherung von Werklohnforderungen? ...................... 177

2.1 Kein Ausgleich für Vorleistungspflicht; Vergleich mit BHSG ...................... 177

2.1.1 Überschneidung mit § 648a BGB bei Sicherung erbrachter Leistungen .................. 178

2.2 Abschöpfung der durch die Bebauung erzielten Wertsteigerung des Grundstücks ....... 178

2.3 Sicherungshypothek als Druckmittel ............. 179

2.4 Sicherungshypothek ist insolvenzfest ............. 179

2.5 Sicherungshypothek bei Verkauf/Teilung des Grundstücks ...................... 179

2.6 Sicherungshypothek füllt Lücken des § 648a BGB ...................... 180

## Inhaltsverzeichnis

| | | |
|---|---|---|
| 2.6.1 | § 648a BGB bietet bei (von vornherein) zahlungsunfähigem Besteller keine Sicherheit. | 180 |
| 2.7 | Taktische Hinweise | 180 |

**3. Kann der Anspruch auf Einräumung einer Bauhandwerkersicherungshypothek vertraglich ausgeschlossen werden?** ............ 181

| | | |
|---|---|---|
| 3.1 | Ausschluss durch Individualvereinbarung | 181 |
| 3.2 | Ausschluss durch Allgemeine Geschäftsbedingungen | 181 |
| 3.2.1 | Auffassung gemäß Vorauflage | 181 |
| 3.2.2 | Entwicklung der obergerichtlichen Rechtsprechung | 182 |

**4. Wie „funktioniert" die Bauhandwerkersicherungshypothek; wie wird sie verwertet?** ............ 183

| | | |
|---|---|---|
| 4.1 | Inhalt des Anspruchs aus § 648 BGB: Abgabe der Eintragungsbewilligung; Verwertung durch Zwangsversteigerung; Verpflichtung des Eigentümers zur Duldung der Zwangsvollstreckung | 183 |
| 4.2 | Sicherung des Anspruchs durch Eintragung einer Vormerkung im Wege der einstweiligen Verfügung | 183 |
| 4.2.1 | Relative Unwirksamkeit von Zwischenverfügungen | 184 |
| 4.3 | Taktische Hinweise | 184 |

**5. Auf welchen Grundstücken kann die Sicherungshypothek oder Vormerkung eingetragen werden?** .... 185

| | | |
|---|---|---|
| 5.1 | Pfandgegenstand ist gesamtes Baugrundstück im planungsrechtlichen Sinne | 185 |

## Inhaltsverzeichnis

| | | | |
|---|---|---|---|
| | 5.2 | Voraussetzung: Besteller = Grundstückseigentümer | 186 |
| | 5.2.1 | Erbbaurecht als Pfandgegenstand | 187 |
| | 5.3 | Bauwerk überbaut mehrere Grundstücke | 187 |
| | 5.4 | Baugrundstück ist bei Beginn der Bauarbeiten bereits geteilt, insbesondere Teilung nach WEG | 188 |
| 6. | **Welche Ausnahmen gibt es von der erforderlichen Identität Besteller/Grundstückseigentümer?** | | 189 |
| 7. | **Kann der Besteller das Sicherungsrecht des Bauunternehmers durch bloße (nachträgliche) Grundstücksteilung beeinträchtigen?** | | 192 |
| 8. | **Wer kann das Sicherungsrecht geltend machen?** | | 193 |
| | 8.1 | Begriff „Bauwerk" | 193 |
| | 8.1.1 | Entscheidend für Einordnung ist sog. „Baumängelrisiko" | 194 |
| | 8.2 | Begriff „Herstellung" (eines Bauwerks) | 194 |
| | 8.2.1 | bei Neubauten | 194 |
| | 8.2.2 | bei Altbauten | 195 |
| | 8.3 | Werkvertragliche Beziehung zum Besteller | 196 |
| | 8.3.1 | in sachlicher Hinsicht | 197 |
| | 8.3.2 | in persönlicher Hinsicht; hier **Architekten, Sonderfachleute, Bauleiter, Baubetreuer** | 197 |
| | 8.4 | Subunternehmer | 199 |
| 9. | **Ist es für den Sicherungsanspruch erforderlich, dass der Unternehmer die vertraglich vereinbarten Bauleistungen im eigenen Betrieb erbringt?** | | 199 |

**10. Hat die Abtretung der Werklohnforderung Einfluss auf den Sicherungsanspruch des Unternehmers?** .... 199

    10.1    Sonderfall: stille Sicherungsabtretung .............. 200

    10.2    Eintragung der Abtretung im Grundbuch .......... 200

**11. Welche Forderungen sind sicherungsfähig; wann und in welcher Höhe entsteht der Sicherungsanspruch?** ..................................................................... 200

    11.1    Vergütungsansprüche für bereits ausgeführte Werkleistungen/nicht bloße Vorbereitungsleistungen ................................................................ 201

    11.2    Ansprüche aufgrund vertragswidrigen Verhaltens ............................................................ 202

    11.3    Vergütungsansprüche gem. §§ 649 BGB, 8 Nr. 1 VOB/B für nicht erbrachte Leistungen? 203

    11.3.1    Sicherungsanspruch auch bei Kündigung vor Beginn der Bauarbeiten? ................................. 204

**12. Können auch noch nicht fällige oder bereits verjährte Forderungen gesichert werden?** ................ 204

    12.1    entstandene, aber noch nicht fällige Forderungen ........................................................... 204

    12.2    verjährte Forderungen ..................................... 205

**13. Wie wirken sich Gegenrechte des Bestellers, insbesondere solche aufgrund mangelhafter Werkleistung aus?** ...................................................... 205

    13.1    geminderter Wert der Werkleistung wegen Mängel ............................................................. 205

    13.2    Aufrechnung des Bestellers mit Gegenforderungen ........................................................ 206

    13.3    Minderungsbegehren des Bestellers ................ 206

| | | |
|---|---|---|
| 13.4 | Darlegungslast für Mängelansprüche nach Abnahme | 206 |

**14. Welche Bedeutung haben Sicherungshypothek und Vormerkung für gerichtliche Insolvenzverfahren?** ... 206

| | | |
|---|---|---|
| 14.1 | Insolvenz des Bestellers | 207 |
| 14.1.1 | Absonderungsrecht | 207 |
| 14.1.2 | Zwangsversteigerung durch den Insolvenzverwalter | 207 |
| 14.1.3 | Behandlung der persönlichen Forderung | 207 |
| 14.1.4 | Rückschlagsperre des § 88 InsO | 208 |
| 14.1.5 | Wirkung des allgemeinen Veräußerungsverbots | 208 |
| 14.1.6 | Anfechtungsrecht des Insolvenzverwalters | 208 |
| 14.1.7 | Wirkung der Vormerkung | 209 |
| 14.2 | Zwangsversteigerung | 209 |

**15. Wie kann der Anspruch auf Eintragung einer Sicherungshypothek durchgesetzt werden?** ... 210

**16. Kann die Eintragung einer Vormerkung zur Sicherung des Anspruchs im Wege der einstweiligen Verfügung ohne Rechtsanwalt beantragt werden?** ... 211

**17. Welches Gericht ist für den Erlass einer einstweiligen Verfügung zur Eintragung einer Vormerkung zuständig?** ... 212

| | | |
|---|---|---|
| 17.1 | Gericht der Hauptsache | 212 |
| 17.2 | Sonderzuständigkeit des Amtsgerichts bei Dringlichkeit | 213 |
| 17.3 | Sonderzuständigkeit des Amtsgerichts der belegenen Sache | 213 |

# Inhaltsverzeichnis

    17.4    Taktische Hinweise .............................................. 213

**18. Muss der Antragsgegner vor Beantragung der einstweiligen Verfügung aufgefordert werden, die Eintragung der Vormerkung oder der Sicherungshypothek zu bewilligen?** .............................................. 214

**19. Welche Tatsachenbehauptungen muss die Antragsbegründung enthalten?** ............................... 215

**20. Muss die in Verfügungsverfahren grundsätzlich erforderliche Gefährdung des zu sichernden Anspruchs auch für die Eintragung einer Vormerkung dargelegt werden?** .............................. 215

**21. Wie können Verfügungsanspruch und -grund glaubhaft gemacht werden?** ............................... 216

    21.1    Begriff der Glaubhaftmachung ....................... 216
    21.2    Mittel der Glaubhaftmachung ......................... 217
    21.3    notwendige Unterlagen ................................... 217
    21.4    Taktische Hinweise .......................................... 218

**22. Wie kann eine Entscheidung über den Antrag ohne mündliche Verhandlung erreicht werden?** ................. 219

    22.1    nur in dringenden Fällen? ............................... 219
    22.2    Taktische Hinweise .......................................... 219

**23. Wer hat die Kosten des Verfügungs- und des Eintragungsverfahrens zu tragen?** ........................ 220

**24. Was kann der Antragsteller gegen die Ablehnung seines Antrages unternehmen?** ............................ 220

## Inhaltsverzeichnis

**25. Wie geht es nach Erlass der einstweiligen Verfügung weiter? Welche Fristen sind zu beachten?** ......... 221

    25.1    Vollziehung der einstweiligen Verfügung.......... 221

    25.2    Zustellung der einstweiligen Verfügung............ 221

    25.3    Fristen für Vollziehung und Zustellung ............. 222

    25.4    Taktische Hinweise ............................................ 222

**26. Wie kann sich der Antragsgegner gegen die einstweilige Verfügung wehren?** ........................................ 222

    26.1    Rechtsbehelfe/Rechtsmittel............................... 222

    26.1.1  Widerspruch ..................................................... 223

    26.1.2  Antrag auf Fristsetzung zur Erhebung der Hauptsacheklage................................................ 223

    26.1.3  Antrag auf Aufhebung wegen veränderter Umstände ........................................................... 223

    26.1.4  Berufung............................................................ 223

    26.1.5  Antrag auf Fristsetzung zur Einleitung des Rechtfertigungsverfahrens........................ 223

    26.2    Hauptsacheklage = Hypothekenklage ............. 223

**27. Kann der Antragsgegner die Aufhebung der einstweiligen Verfügung oder die Kostenüberwälzung durch Übergabe einer Bankbürgschaft in Höhe der gesicherten Forderungen erreichen?** ........................................................... 224

    27.1    Bisherige Rechtslage ....................................... 224

    27.2    Rechtslage nach In-Kraft-Treten des § 648a BGB........................................................ 225

Inhaltsverzeichnis

**Anhang zu Abschnitt C**

1. Muster eines Antrages auf Erlass einer einstweiligen Verfügung ..................................................... 229

2. Muster einer Versicherung an Eides statt ................. 236

3. Muster für den Antrag auf Eintragung der einstweiligen Verfügung ..................................................... 237

4. Muster für den Antrag auf Zustellung der einstweiligen Verfügung ..................................................... 238

5. Muster für den Klageantrag auf Bewilligung der Eintragung einer Bauhandwerkersicherungshypothek, verbunden mit einer Werklohnklage ......... 239


**Abschnitt D**
**Das Gesetz über die Sicherung der Bauforderungen (GSB)**

1. Welche Bedeutung hat das GSB für die Sicherung von Bauforderungen nach In-Kraft-Treten des Gesetzes zur Beschleunigung fälliger Zahlungen? .. 243

    1.1 Keine Auswirkungen auf das GSB............... 243

    1.1.1 Entstehung des GSB ........................................ 243

    1.2 Wesentlicher Inhalt der Regelungen des GSB . 244

2. Worin besteht der Schutz des GSB?........................ 244

    2.1 Verwendungsregel ist Schutzgesetz ............... 244

    2.2 Taktischer Hinweis:
    Möglichkeit des vorbeugenden Unterlassungsanspruches mit einstweiliger Verfügung ........... 245

## Inhaltsverzeichnis

|   |   |   |
|---|---|---|
| 2.2.1 | Inhalt des vorbeugenden Unterlassungsanspruches... | 245 |
| 2.3 | Recht auf Einsicht in das Baubuch... | 245 |

**3. Welcher praktische Anwendungsbereich besteht für das GSB neben den Sicherungsmöglichkeiten der §§ 648 und 648a BGB?**................................. 246

**4. Können Schadensersatzforderungen wegen vorsätzlicher Verletzung der Verwendungspflicht des GSB vertraglich ausgeschlossen werden?**......... 247

**5. Was sind die Voraussetzungen einer Schadensersatzforderung nach § 1 GSB in Verbindung mit § 823 Abs. 2 BGB?**..................................... 247

**6. Was ist unter „Baugeld" zu verstehen?** ..................... 248

|   |   |   |
|---|---|---|
| 6.1 | Geldbeträge für die Bestreitung der Kosten eines Baues... | 248 |
| 6.2 | Absicherung durch Grundpfandrechte auf dem Baugrundstück... | 248 |
| 6.2.1 | § 1 Abs. 3 Satz 1 2. Alternative GSB... | 248 |
| 6.2.2 | Analoge Anwendung des GSB bei Verpfändung der Auflassungsvormerkung?... | 249 |
| 6.3 | Zweckbestimmung der Geldbeträge... | 249 |
| 6.4 | Höhe der Grundpfandrechte ≠ Höhe der Baugelder... | 251 |
| 6.4.1 | Darlegungs- und Beweislast bei modifizierten Baudarlehen... | 252 |
| 6.5 | Auszahlung der Baudarlehen nach Baufortschritt... | 252 |

Inhaltsverzeichnis

**7. Wer ist als Baugläubiger von der Verwendungspflicht des GSB geschützt?** ......................................... 252

7.1 Leistungen für wesentliche Bestandteile eines Gebäudes ....................................... 252
7.2 Herstellung des Baues aufgrund Werk-, Dienst- oder Lieferungsvertrages ..................... 253
7.2.1 Baugläubiger aufgrund Werkvertrages ............. 253
7.2.2 Baugläubiger aufgrund Dienstvertrages .......... 254
7.2.3 Baugläubiger aufgrund Lieferungsvertrages..... 255
7.2.4 keine Baugläubiger: Leistungen aufgrund Geschäftsbesorgungsvertrags ...................... 255

**8. Können auch sogenannte Nachmänner (Subunternehmer) Baugläubiger sein?** ...................... 255

**9. Welche Forderungen der Baugläubiger sind geschützt?** ....................................................... 255

9.1 dem Inhalt nach:
Gegenleistung für vertragsgemäße Ausführung der vereinbarten Lieferungen und Leistungen unter Berücksichtigung von Gegenrechten ....... 256
9.1.1 Zug-um-Zug-Abwicklung bei fehlender Identität Schadensersatzpflichtiger/Auftraggeber .......... 256
9.1.2 Verzugszinsen und Kosten der Rechtsverfolgung ...................................................... 257
9.2 der Höhe nach:
Beschränkung der geschützten Forderungen... 257
9.2.1 . . . durch Entnahmerecht des an der Herstellung beteiligten Baugeldempfängers ..... 257
9.2.1.1 Begriff: an der Herstellung beteiligt................ 257
9.2.1.2 Auslagen des an der Herstellung Beteiligten.... 258
9.2.1.3 Zeitpunkt der Eigenleistungen ........................ 259

## Inhaltsverzeichnis

| | | |
|---|---|---|
| 9.2.2 | . . . durch abzuführende Mehrwertsteueranteile | 259 |
| 9.2.3 | . . . bei Subunternehmern | 259 |

**10. Sind auch noch nicht fällige oder schon verjährte Forderungen geschützt?** ........... 259

| | | |
|---|---|---|
| 10.1 | nur fällige Forderungen | 259 |
| 10.2 | mit Einschränkungen auch verjährte Forderungen | 260 |
| 10.3 | Verjährung des Schadensersatzanspruches | 260 |

**11. Wer ist ein Baugeldempfänger?** ........... 260

**12. Welchen Inhalt hat die Verwendungspflicht im Einzelnen?** ........... 263

| | | |
|---|---|---|
| 12.1 | Keine Verpflichtung, Baugeld zu schaffen | 263 |
| 12.2 | Verwendungspflicht im Einzelnen | 264 |
| 12.3 | Verwendungspflicht besteht in Bezug auf jedes einzelne Bauvorhaben gesondert | 265 |

**13. Sind die Baugläubiger von den Baugeldempfängern in der Reihenfolge der zeitlichen Abfolge der Bauleistungen zu befriedigen?** ........... 265

| | | |
|---|---|---|
| 13.1 | Grundsätzlich nein | 265 |
| 13.2 | Ausnahme: Beschränkung des Baugeldempfängers in seiner Verfügungsbefugnis | 265 |
| 13.3 | Ausnahme bei ratenweiser Auszahlung nach Baufortschritt | 265 |
| 13.3.1 | Schutzzweck der Verwendungsregel „pro rata" | 266 |

**14. Sind Baugeldempfänger für die (weitere) zweckgemäße Verwendung der an die Nachmänner weitergeleiteten Baugelder verantwortlich?** ........... 267

## 15. Welche Funktion hat das Baubuch für die Geltendmachung von Schadensersatzansprüchen? ... 268

- 15.1 Einsichtsrecht, Beweislastumkehr bei Verletzung der Dokumentationspflichten ... 268
- 15.2 Beweislastumkehr auch im Falle des Ausscheidens des Verpflichteten aus der Firma ... 268
- 15.2.1 Im Zeitpunkt des Schadensersatzverlangens kann der Schadensersatzpflichtige nicht mehr über das Baubuch verfügen und hat während der Verfügungsbefugnis auch keine Dokumentationspflichten verletzt ... 269
- 15.3 Beweislastumkehr auch bei modifizierten Baudarlehen ... 270
- 15.4 §§ 2 und 3 GSB sind Schutzgesetze: prozesstaktische Schlussfolgerungen ... 270
- 15.4.1 Unzulässigkeit der Stufenklage ... 271

## 16. Wer ist zur Führung eines Baubuches verpflichtet? ... 271

- 16.1 bei Neubauten ... 271
- 16.2 bei Umbauten ... 272
- 16.3 bei juristischen Personen oder Personenhandelsgesellschaften ... 272

## 17. Was muss sich aus dem Baubuch ergeben? ... 272

## 18. Wer ist Schuldner der Schadensersatzforderung? ... 272

- 18.1 vertretungsberechtigte Organe der juristischen Personen oder Personengesellschaften ... 273
- 18.2 selbstständig Verfügungsbefugte im Rahmen des übertragenen Aufgabenbereiches ... 273
- 18.3 Anstifter/Beihelfer ... 273
- 18.4 Verrichtungsgehilfen ... 273

## Inhaltsverzeichnis

**19. Welche Verschuldensform muss für die Entstehung des Schadensersatzanspruches vorliegen?** ............. 273

    19.1    Vorsatz ................................................................. 273

    19.2    bedingter Vorsatz ............................................... 274

**20. Kann sich der Baugeldempfänger mit Erfolg darauf berufen, dass er die Vorschriften des GSB nicht kannte?** ............................................................... 275

**21. Was ist zur Vorbereitung einer Schadensersatzklage zu unternehmen?** ............................................... 275

**22. Ist für die Schadensersatzforderung Voraussetzung, dass der Baugeldempfänger in Insolvenz geraten ist oder seine Zahlungen eingestellt hat?** ........................ 277

**23. Ist für die Durchsetzung des Schadensersatzanspruchs die Kenntnis der genauen Höhe der empfangenen Baugelder erforderlich?** ........................ 278

    23.1    „pro-rata"-Fälle ................................................. 278


### Anhang zu Abschnitt D

1. Muster für eine Aufforderung, Einsicht in das Baubuch zu gewähren ...................... 281

2. Muster einer Klage auf Schadensersatz wegen zweckwidriger Verwendung von Baugeldern ............. 283

# Inhaltsverzeichnis

## Abschnitt E
## Gesetzestexte

1. **§§ 284, 288 BGB** .................................................... 293

2. **§§ 632a, 640–651 BGB** ........................................ 294

3. **Sonstige, durch das Gesetz zur Beschleunigung fälliger Zahlungen geänderten Gesetze** ................ 301
   - 3.1 Einführungsgesetz zum Bürgerlichen Gesetzbuch .................................................... 301
   - 3.2 AGB-Gesetz .................................................. 302
   - 3.3 HGB ............................................................. 302
   - 3.4 ZPO .............................................................. 302

4. **Gesetz über die Sicherung der Bauforderungen** ...... 303

5. **§§ 823, 852 BGB** .................................................. 306

6. **§§ 14, 15, 17 Strafgesetzbuch** ............................. 307

## Abschnitt A

**Das neue Gesetz zur
Beschleunigung fälliger Zahlungen**

## I. Warum wurde die Neuregelung notwendig?

Am Bau sind viele Insolvenzen von Baubetrieben darauf zurückzuführen, dass Geldforderungen zögerlich beglichen werden. Die Handwerksbetriebe sind häufig unterkapitalisiert, so dass sie nicht in der Lage sind, Liquiditätsengpässe zu überbrücken, die durch einen verzögerten Zahlungseingang entstehen. Die bisherigen gesetzlichen Verzugsfolgen waren für den Schuldner nicht gravierend. Die in § 288 BGB verankerten gesetzlichen Verzugszinsen von 4% waren geradezu „attraktiv". Die gesetzlichen Bestimmungen des Werkvertragsrecht taten ein Übriges, um dem unseriösen Schuldner zu ermöglichen, ohne großes Risiko den Zahlungszeitpunkt hinauszuzögern.

Nach den Vorstellungen des Gesetzgebers sollen die durch das „Gesetz zur Beschleunigung fälliger Zahlungen" ergriffenen Maßnahmen dazu dienen, „die Verzögerung von Zahlungen wirtschaftlich unattraktiv zu machen und die Möglichkeiten, fällige Ansprüche zügig gerichtlich geltend zu machen, zu verbessern[1]). Die Anwendung dieser neuen gesetzlichen Bestimmungen wird zeigen, ob sich die diesbezüglichen Erwartungen erfüllen.

## II. Die neuen Verzugsregelungen des BGB

### 1. Für welche Art von Verträgen gilt die Neuregelung?

Durch das neue Gesetz zur Beschleunigung fälliger Zahlungen wurden im sog. allgemeinen Schuldrecht des BGB die §§ 284 und 288 geändert. Durch diese Änderungen soll erreicht werden,

– dass der Schuldner von Geldforderungen leichter in Verzug gerät (§ 284 Abs. 3 BGB) und

---

[1]) Vgl. Bundestags-Drucksache 14/2752, S. 2.

– dass die gesetzlichen Verzugsfolgen zu Gunsten der Gläubiger maßgeblich strenger werden (§ 288 Abs. 1 BGB).

Diese Neuregelung gilt für **alle Schuldverhältnisse.** Somit ist gleichgültig, ob der geltend gemachte Vergütungsanspruch z. B. aus einem **Architektenvertrag** oder einem **Bauvertrag** resultiert.

Weiterhin ist zu beachten, dass die Neuregelungen gleichermaßen bei **öffentlichen** und privaten Aufträgen gelten. Im Gegensatz zum sog. Bauhandwerkersicherungsgesetz (§ 648a Abs. 6 Ziff. 1 BGB) wird somit diesbezüglich nicht differenziert.

## 2. Seit wann gilt diese Neuregelung?

Das Gesetz zur Beschleunigung fälliger Zahlungen tritt mit seinen wesentlichen Bestimmungen am 01. Mai 2000 in Kraft. Allerdings ist zu beachten, dass die nachstehend behandelten Bestimmungen der §§ 284 und 288 auch auf Verträge Einfluss haben, die vor dem 01. Mai 2000 geschlossen wurden.

**Beispiel:**

Die Vertragspartner haben am 01. April 2000 einen Werkvertrag geschlossen. Der Auftragnehmer schickt am 02. Mai 2000 eine Schlussrechnung.

Nach dem neu eingefügten Art. 229 des EGBGB gilt der neue § 284 Abs. 3 BGB „auch für Geldforderungen, die vor diesem Zeitpunkt (dem 01. Mai 2000) entstanden sind. Vor diesem Zeitpunkt zugegangene Rechnungen lösen die Wirkungen des § 284 Abs. 3 BGB nicht aus".

Dies bedeutet, dass für die Schlussrechnung vom 02. Mai 2000 der neue § 284 Abs. 3 BGB Anwendung findet.

Die **erhöhten Verzugszinsen** des neu gefassten § 288 BGB finden gemäß dem genannten Art. 229 nur auf solche Forderungen Anwendung, die vom 01. Mai an fällig werden.

**Beispiel:**

Der Werkvertrag wird am 15. März 2000 geschlossen. Die Schlussrechnung wird am 02. Mai fällig.

Der Auftragnehmer ist berechtigt, bei Verzugseintritt die jetzt erhöhten gesetzlichen Verzugszinsen geltend zu machen.

## 3. Wann gerät nach der Neuregelung der Auftraggeber in Verzug?

Nach der **bisherigen Rechtslage** geriet der Schuldner in Verzug, wenn er

– entweder nach Eintritt der Fälligkeit der Geldforderung vom Gläubiger gemahnt wurde (§ 284 Abs. 1 BGB)

– oder wenn der Schuldner zu einem im Vertrag kalendermäßig bestimmten Termin nicht leistete (vgl. § 284 Abs. 2 BGB).

Nach der **neuen gesetzlichen Regelung** des § 284 Abs. 3 BGB gerät demgegenüber der Schuldner **bei Geldforderungen ausschließlich durch Fristablauf,** nämlich 30 Tage nach Zugang einer Rechnung oder sonstigen Zahlungsaufforderung, in Verzug. Die Verzugslage kann also – im Gegensatz zu bisher – nicht mehr durch Mahnung herbeigeführt werden. Diese Regelung ist missglückt und wird allgemein scharf kritisiert. Sie bedarf der Reform dahingehend, dass bei Geldforderungen der Verzug **auch** durch bloßen Fristablauf seit Stellung der Rechnung eintreten kann.

Die Rechnung des Auftragnehmers muss **prüffähig** sein. Der Auftragnehmer muss also seine Rechnung entsprechend den vertraglichen Vorgaben und angepasst an die Kenntnisse und Fähigkeiten seines Auftraggebers und dessen Hilfspersonen aufschlüsseln.[2] Es ist darauf hinzuweisen, dass eine etwa sachlich falsche Rechnung grundsätzlich die Prüffähigkeit nicht beeinträchtigt.

---

[2] Vgl. BGH vom 08. 10. 98, Baurechts-Report 12/98.

Gleiches gilt, wenn einzelne in Rechnung gestellte Leistungen nicht erbracht wurden.[3] Sollte eine Rechnung **teilweise prüfbar** sein, so kann dies dazu führen, dass die Rechtsfolgen des § 284 Abs. 3 BGB nur für **den prüfbaren Teil der Rechnung** eintreten.

## 4. Ist noch eine gesonderte Mahnung des Gläubigers erforderlich?

Nein. Die Verzugslage tritt „automatisch" 30 Tage nach Fälligkeit und Zugang der Rechnung ein. Der Gläubiger muss also lediglich – sofern die übrigen Zahlungsvoraussetzungen gegeben sind – den Zeitpunkt des Zugangs seiner Rechnung beweisen, so dass die 30-Tagefrist berechnet werden kann. Der Gläubiger muss also beweisen können, ob bzw. wann die Rechnung so in den Bereich des Empfängers gelangt ist, dass dieser unter normalen Verhältnissen die Möglichkeit hat, vom Inhalt der Erklärung Kenntnis zu nehmen.[4]

Will somit der Gläubiger den **Zeitpunkt des Verzugseintritts** eindeutig festlegen, empfiehlt sich nicht, eine Rechnung durch einfachen Brief zu übermitteln. Auch ein Einschreiben ist untauglich, weil dieses bei Abwesenheit des Empfängers auch dann nicht zugegangen ist, wenn der Postbote einen Benachrichtigungszettel hinterlässt.[5] Empfehlenswert ist das **Telefax**. Allerdings ist das Sendeprotokoll kein Zugangsbeweis. Es sollte also durch einen Zeugen beim Empfänger angerufen und nachgefragt werden, ob das Schreiben auch zugegangen ist. Auch die Übermittlung der Rechnung durch **Boten** oder durch ein von der Post neuerdings angebotenes **Einwurf-Einschreiben** ist diesbezüglich geeignet, allerdings **praxisfern.**

Tritt Verzug ein, so kann der Gläubiger insbesondere den Verzugsschaden, d. h. z. B. die nun erhöhten gesetzlichen Verzugszinsen, geltend machen (vgl. hierzu Ziff. 5).

---

[3] Vgl. BGH, a.a.O.
[4] BGH, NJW 83, 929.
[5] Vgl. BAG, NJW 97, 146.

## 5. Wie hoch sind die neuen Verzugszinsen?

Nach der bisherigen gesetzlichen Regelung des § 288 Abs. 1 BGB ist eine Geldschuld während des Verzuges mit 4% für das Jahr zu verzinsen, es sei denn, der Gläubiger kann höhere Zinsen (z. B. Bankzinsen) nachweisen (§ 288 Abs. 2).

Aufgrund der Tatsache, dass dieser Zinssatz nicht mehr zeitgerecht ist, also keinerlei „Abschreckungswirkungen" für den Schuldner besitzt, sieht die Neuregelung des § 288 Abs. 1 BGB nun vor, dass die Geldschuld während des Verzugs für das Jahr **mit 5%-Punkten über dem Basiszinssatz nach § 1 des Diskontsatzüberleitungsgesetzes vom 09. Juni 1998 zu verzinsen** ist. Dieser Basiszinssatz beträgt 4,26%.[6] Selbstverständlich bleibt dem Gläubiger weiterhin die Möglichkeit, einen höheren Verzugsschaden (z. B. Bankzinsen) nachzuweisen.

## 6. Sind von §§ 284 und 288 BGB abweichende Vereinbarungen zulässig?

### 6.1 Durch „individuelle Vereinbarungen":

Die genannte Verzugsregelung ist nicht zwingend. Die Vertragsparteien haben es somit in der Hand, individuell abweichende Vereinbarungen zu treffen. Allerdings ist zu betonen, dass „individuelle Vereinbarungen" nur solche sind, bei denen beide Vertragspartner für einen Einzelfall gemeinsame Vertragsabreden erarbeiten. Wenn – wie es z. B. bei Bauverträgen der Regel entspricht – ein Vertragspartner vorformulierte Regelungen (Allgemeine Geschäftsbedingungen) stellt, werden diese nur in seltenen Fällen „individuelle Regelungen", **nämlich nur dann,** wenn der die Bedingungen stellende Partner diese **ernsthaft zur Disposition** stellt und dem Vertragspartner nachweislich ermöglicht, sie im

---

[6] Stichtag 01. September 2000. Aufgrund der EG-Richtlinie 98/0099 KOD ist davon auszugehen, dass der Verzugszinssatz in Kürze auf 7% über dem Basiszins erhöht wird.

Sinne eines **fairen Interessenausgleiches abzuändern.**[7]) Handelt es sich danach um individuelle Vereinbarungen, sind weitgehende Änderungen der gesetzlichen Regelungen denkbar.

**Beispiel:**

Die Vertragsparteien formulieren im Werkvertrag wie folgt:

Der Auftraggeber gerät in Verzug, wenn er 30 Tage nach Fälligkeit und Zugang einer Rechnung trotz einer danach ihm zugehenden Mahnung nicht zahlt.

Ebenso ist zulässig, durch individuelle Vereinbarungen die 30-Tagefrist zu verkürzen.

**Beispiel:**

Im Werkvertrag wird bestimmt, dass eine Verzugslage des Auftraggebers 10 Tage nach Fälligkeit und Zugang der Rechnung eintritt.

Ist der Vertragspartner des Auftragnehmers allerdings eine „natürliche Person", sind derartige Abreden zu Gunsten des Auftragnehmers durch § 24a AGB-Gesetz eingeschränkt.[8])

## 6.2 Sind abweichende Vereinbarungen durch Allgemeine Geschäftsbedingungen möglich?

Werden die abweichenden Vereinbarungen durch vorformulierte Vertragsbedingungen vorgenommen, die ein Vertragspartner für eine Vielzahl von Verträgen vorformuliert, so unterliegen diese Vertragsbedingungen einer besonderen Wirksamkeitskontrolle nach dem Gesetz zur Regelung des Rechts der Allgemeinen Geschäftsbedingungen (AGB-Gesetz). Danach sind Klauseln in Allgemeinen Geschäftsbedingungen eines Vertragspartners u. a. dann unzulässig bzw. unwirksam, wenn sie von **„wesentlichen**

---

[7]) Vgl. hierzu Glatzel/Hofmann/Frikell, Unwirksame Bauvertragsklauseln, 8. Aufl., Ziff. I 3.2, Ingenstau/Korbion A 10, AGB-Gesetz, Rdn. 31 ff.
[8]) Vgl. Ziff. 6.2.

**Grundgedanken der gesetzlichen Regelung"** abweichen (§ 9 Abs. 2 Ziff. 1 AGB-Gesetz). In der amtlichen Begründung zum „Gesetz zur Beschleunigung fälliger Zahlungen" hat der Gesetzgeber klargemacht, dass die hier eingeführte Verzugsregelung gesetzliche „Leitbildfunktion" hat[9], so dass nur wenig Gestaltungsspielraum für Allgemeine Geschäftsbedingungen vorhanden ist.

**Beispiel:**

In den vorformulierten „Besonderen Vertragsbedingungen" des Auftraggebers findet sich zum Punkt „Zahlung" folgende Klausel:

Die Schlusszahlung wird 2 Monate nach deren Zugang fällig. Der Auftraggeber gerät erst in Verzug, wenn der Auftragnehmer ihm nach Ablauf der 2-Monatsfrist eine schriftliche Nachfrist gesetzt hat.

Diese Klausel, die weitestgehend mit der Regelung des § 16 Nr. 3 VOB/B übereinstimmt, **verändert die gesetzliche Regelung in ganz maßgeblicher Weise,** weil für den Eintritt der Verzugslage gegenüber der gesetzlichen Regelung mehr als die doppelte Zeit verstreichen muss und zwar unabhängig davon, welcher Zeitaufwand im Einzelfall für die Prüfung der Rechnung überhaupt notwendig ist. Außerdem ist Nachfrist zu setzen. Weil Allgemeine Geschäftsbedingungen einer Wirksamkeitskontrolle auf der Basis der „vertragspartnerfeindlichsten Auslegung" unterliegen, ist diese Klausel nach der hier vertretenen Meinung ungültig[10], es sei denn, die VOB/B ist „als Ganzes" vereinbart (vgl. Ziff. 6.3).

Will umgekehrt der **Auftragnehmer** durch einseitig gestellte Allgemeine Geschäftsbedingungen die gesetzliche **30-Tagefrist** des § 284 Abs. 3 maßgeblich **verkürzen,** sind ebenfalls Wirksamkeitsbedenken anzumelden, es sei denn, der Verzugseintritt wird von einer nochmaligen **Mahnung** abhängig gemacht.[11]

---

[9] Bundestags-Drucksache 14/1246, S. 16.
[10] Wohl ebenso Kniffka in ZfBR 2000, 228.
[11] Dies empfiehlt Risse in BB 2000, 1050 ff.

Besonders risikoreich sind diesbezüglich abweichende Abreden von Auftragnehmern mit „natürlichen Personen". Bei **„Verbraucherverträgen"** mit diesem Personenkreis findet das AGB-Gesetz bereits dann Anwendung, wenn der Auftragnehmer solche Klauseln gegenüber diesem Verbraucher nur einmalig stellt. Lediglich dann, wenn der Verbraucher selbst dem Unternehmer für diesen günstigere Bedingungen anbietet als das Gesetz vorsieht oder wenn solche Bedingungen das Ergebnis echter individueller Verhandlungen sind[12]), findet keine Wirksamkeitskontrolle der Klausel nach dem AGB-Gesetz statt (§ 24a AGB-Gesetz).

Zu der in § 288 BGB nun festgelegten **Zinshöhe** wird **unzulässig** sein, durch Allgemeine Geschäftsbedingungen den Verzugszinssatz zu verringern. Die gesetzliche Regelung stellt hier eine unwiderlegliche Vermutung eines Mindestschadens auf.

**Umgekehrt** sind etwaige **höhere Verzugszinsen** in Allgemeinen Geschäftsbedingungen der Gläubigerseite an § 11 Nr. 5 AGBG zu messen. Es ist also zu prüfen, ob der hier verlangte Schadensersatzanspruch den nach dem gewöhnlichen Lauf der Dinge zu erwartenden Schaden übersteigt.

### 6.3 Was gilt, wenn die Vertragsparteien die VOB/B vereinbaren?

Wie bereits ausgeführt, beinhaltet die VOB in § 16 Nr. 3 Abs. 1 und § 16 Nr. 5 Abs. 3 Fälligkeits- und Verzugsregelungen, die für den Auftragnehmer deutlich ungünstiger sind als die neue BGB-Regelung des § 284 Abs. 3. Der Auftraggeber gerät danach grundsätzlich erst dann in Verzug, wenn seit Zugang der Schlussrechnung ein 2-Monatszeitraum verstrichen ist und der Auftragnehmer ergebnislos eine angemessene Nachfrist gesetzt hat. Dennoch ist diese VOB-Regelung dann **gültig,**

- wenn die Vertragsparteien die Gültigkeit der VOB/B **individuell aushandeln**[13]) oder

---

[12]) Vgl. oben, Ziff. 6.1.
[13]) wobei die strengen Voraussetzungen hierfür zu beachten sind (vgl. Ziff. 6.1).

– wenn der **Auftragnehmer** die genannten VOB-Regelungen als Allgemeine Geschäftsbedingungen in den Vertrag einführt (dem Auftragnehmer ist natürlich freigestellt, für ihn ungünstigere Verzugsregelungen in den Vertrag einzubauen) oder

– der Auftraggeber die VOB zur maßgeblichen Vertragsgrundlage des Bauvertrages macht, **ohne die VOB durch sonstige Vertragsbedingungen in ihrem Kerngehalt abzuändern.** Nach allgemeiner Meinung ist die VOB insgesamt einer Inhalts- und Wirksamkeitskontrolle entzogen, wenn sie **als Ganzes** ohne ins Gewicht fallende Einschränkungen zur Vertragsgrundlage gemacht wird.[14])

### 6.4 Was gilt, wenn der Auftraggeber die VOB im „Kerngehalt" abändert?

**Problematisch** ist somit der Fall, dass ein Auftraggeber die **VOB** zur Vertragsgrundlage macht, sie aber gleichzeitig im Kerngehalt durch vorrangige „Besondere Vertragsbedingungen" **abändert**.

**Beispiel:**

In den Besonderen Vertragsbedingungen des Auftraggebers zum Abschluss eines Werkvertrages über **Rohbauarbeiten** findet sich folgende Klausel:

In Abänderung von § 12 VOB/B wird festgelegt, dass die Abnahme erst mit **Gesamtfertigstellung des Bauwerks** durchgeführt wird.

Hier wird die VOB in einem entscheidenden Punkt (§ 12 VOB/B) zum Nachteil des Vertragspartners (Auftragnehmers) verändert, weil danach der Auftragnehmer das Recht hat, die Abnahme binnen 12 Werktagen seit Fertigstellung **seines Gewerks** zu verlangen (§ 12 Nr. 1 VOB/B). Damit ist die VOB nicht mehr „als Ganzes" vereinbart, so dass die einzelnen Bestimmungen der VOB/B einer Inhalts- und Wirksamkeitskontrolle nach § 9 AGB-Gesetz

---

[14]) Vgl. BGHZ 96, 133.

zugänglich sind.[15]) Somit ist jede Klausel der „Rest-VOB" daran zu messen, ob sie mit dem „gesetzlichen Leitbild" des Bürgerlichen Gesetzbuches in Einklang zu bringen ist. Nach der hier vertretenen Ansicht dürfte die Verzugsregelung der §§ 16 Nr. 3 Abs. 1 und Nr. 5 Abs. 3 mit dem gesetzlichen Leitbild nicht in Einklang zu bringen sein, so dass diese Klausel **nichtig** ist.

### 6.5 Was gilt, wenn der Auftragnehmer die VOB im „Kerngehalt" abändert?

Aus der Sicht des Auftragnehmers ist die Verzugsregelung der VOB/B deutlich ungünstiger als das „gesetzliche Leitbild". Deshalb bleibt die VOB-Regelung bestehen. Dem Verwender von Allgemeinen Geschäftsbedingungen ist nicht verboten, für ihn ungünstigere Klauseln vorzusehen.

### 6.6 Was gilt, wenn eine die gesetzliche Regelung abändernde Allgemeine Geschäftsbedingung nichtig ist?

Gemäß § 6 Abs. 2 AGB-Gesetz hätte dies zur Folge, dass in diesem Fall die gesetzliche Regelung gilt. Für das in Ziff. 6.2 genannte Beispiel würde dies nach der hier vertretenen Meinung bewirken, dass **der Auftraggeber bereits 30 Tage nach Fälligkeit und Zugang einer prüfbaren Rechnung in Verzug** gerät.

## III. Die Neuregelungen zum gesetzlichen Werkvertragsrecht

### 1. Für welche Art von Verträgen gilt die Neuregelung?

Im Gegensatz zu den in Ziff. II. genannten neuen Verzugsregelungen gelten die nachstehenden Bestimmungen **ausschließlich für Werkverträge** im Sinne des § 631 BGB. Als Werkverträge gelten beispielsweise Bauverträge, Architektenverträge, Ingenieurverträge, usw. Die nachstehenden Bestimmungen gelten gleichermaßen

---

[15]) Vgl. Glatzel/Hofmann/Frikell, a.a.O., Ziff. 5.2.

für **private Werkverträge und** Werkverträge mit der **öffentlichen Hand**. Allerdings ist darauf hinzuweisen, dass der mit diesen Neuregelungen geänderte **§ 648a BGB** nur für bestimmte Werkverträge gilt und dass auch juristische Personen des öffentlichen Rechts oder eines öffentlichen-rechtlichen Sondervermögens von § 648a BGB nicht erfasst werden.[16])

## 2. Ab wann gelten die Neuregelungen?

Insofern ist wie folgt zu differenzieren:
- Gemäß Art. 229 des Einführungsgesetzes zum Bürgerlichen Gesetzbuch (EG BGB) gelten die Neufassungen der §§ 632a, 640, 641, 641a und 648a BGB nicht für Verträge, die vor dem 01. Mai 2000 abgeschlossen worden sind.
- Lediglich der neue § 641 Abs. 3 BGB und der neue § 648a Abs. 5 Satz 3 BGB sind auch auf vorher abgeschlossene Verträge anzuwenden.

Im „Klartext" bedeutet dies, dass für „Alt-Verträge" (die vor dem 01. Mai 2000 abgeschlossen wurden) die Möglichkeit des Auftraggebers besteht, bei aufgetretenen Mängeln nach der Abnahme die Zahlung eines angemessenen Teils der Vergütung in mindestens 3-facher Höhe der Mängelbeseitigungskosten verweigern zu können, bis die Mängel beseitigt sind.[17])

Weiterhin kann der Auftragnehmer bei diesen Altverträgen das „Bauhandwerkersicherungsgesetz" (§ 648a BGB) zum Teil in seiner verbesserten Form nutzen[18]), allerdings nur bezüglich der in Abs. 5 Satz 3 verankerten Verhinderung der Umgehung des Abs. 5 Sätze 1 und 2.

Zum Thema „Abnahme" ist dem Art. 229 Abs. 2 EGBGB zu entnehmen, dass § 640 neue Fassung nicht für Verträge gilt, die vor dem 1. Mai 2000 abgeschlossen wurden. Allerdings gilt § 640 BGB

---
[16]) Vgl. hierzu Abschnitt B Ziff. 6.1.
[17]) Vgl. hierzu Ziff. 5.2.
[18]) Vgl. unten, Abschnitt B, Ziff. 1.

in seiner Neufassung auch für Altverträge insoweit, als der Lauf einer zur Abnahme bestimmten Frist erst mit dem 1. Mai 2000 beginnt.

**Beispiel:**

Der Auftragnehmer setzt am 29. April 2000 eine Frist zur Abnahme bis 10. Mai 2000. Weil die Frist erst mit dem Datum des In-Kraft-Tretens dieses Gesetzes (1. Mai) zu laufen beginnt, wird sie entsprechend „nach hinten" hinausgeschoben, endet also erst am 12. Mai.

## 3. Wann hat der Auftragnehmer einen Anspruch auf Abschlagszahlung?

### 3.1 Welche Neuregelung bringt der § 632a BGB?

Nach der **bisherigen Regelung** des Bürgerlichen Gesetzbuches wird bei einem Werkvertrag grundsätzlich die Gesamtvergütung erst bei Abnahme des Werkes fällig (§ 641 BGB). Wenn somit die Vertragsparteien keine abweichende Regelung (z. B. einen Zahlungsplan oder § 16 Nr. 1 VOB/B) vereinbart haben, hat der Auftragnehmer danach grundsätzlich keinen Abschlagszahlungsanspruch.[19]

Die **Neuregelung** sieht demgegenüber vor, dass dem Auftragnehmer Abschlagszahlungsansprüche zu gewähren sind

- für in sich abgeschlossene Teile des erbrachten Werkes,
- für erforderliche Stoffe oder Bauteile, die eigens angefertigt oder angeliefert sind.

In beiden Fällen ist Voraussetzung für den Anspruch des Auftragnehmers, dass dem Besteller Eigentum an den Teilen des Werkes, an den Stoffen oder Bauteilen übertragen **oder** Sicherheit (z. B. Bankbürgschaft) hierfür geleistet wird.

---

[19] Ausnahmen hat die Rechtsprechung zum Teil nach den Grundsätzen von Treu und Glauben gewährt (vgl. z. B. OLG München, NJW-RR 89, 276; BGH, BauR 87, 694).

## 3.2 Wann hat der Auftragnehmer einen Abschlagszahlungsanspruch für einen „in sich abgeschlossenen" Leistungsteil?

Die neue gesetzliche Regelung übernimmt hier eine Formulierung aus § 16 Nr. 4 VOB/B (Teil-Schlusszahlung). Somit ist davon auszugehen, dass sich dieser Begriff inhaltlich mit der VOB-Kommentierung deckt. Danach liegt ein „in sich abgeschlossener Leistungsteil" dann vor, wenn es sich um eine **funktionell selbstständig beurteilbare Bauleistung**[20] handelt.

**Beispiel:**

Ein Rohbauunternehmer führt vor der Herstellung eines Kellers aufwendige Bodenuntersuchungen durch.

Nach der gesetzlichen Begründung der Neufassung sind diese Bodenuntersuchungen ein in sich abgeschlossenes Werk und somit selbstständig abschlagszahlungsfähig.[21]

**Beispiel:**

Ein Rohbauer verlangt nach Fertigstellung der Kellerdecke eine Abschlagszahlung für den „in sich abgeschlossenen Teil der Leistung" Keller.

Nach dem neuen § 632a BGB besteht **kein Abschlagszahlungsanspruch,** weil der Keller kein funktionell selbstständiger Leistungsteil ist.

**Beispiel:**

Ein Schreiner stattet eine Reihenhausanlage mit Fenstern aus. Nach Fertigstellung des ersten Reihenhauses stellt er eine Abschlagsrechnung.

Hier handelt es sich um eine abgeschlossene Leistung, so dass nach § 632a BGB ein Abschlagszahlungsanspruch gegeben ist.

---

[20] Vgl. Ingenstau-Korbion, B § 16 Rdn. 258.
[21] Vgl. Bundestags-Drucksache 14/1246, S. 6.

Im **Ergebnis** ist somit festzustellen, dass der neue **§ 632a BGB deutlich ungünstiger ist als gewerkspezifische Spezialregelungen,** wie z. B. § 16 Nr. 1 Abs. 1 VOB/B. Nach dieser Bestimmung kann der Auftragnehmer Abschlagszahlungen „auf Antrag in Höhe des Wertes der jeweils nachgewiesenen vertragsgemäßen Leistungen einschließlich des ausgewiesenen, darauf entfallenden Umsatzsteuerbetrages in möglichst kurzen Zeitabständen" verlangen, unabhängig davon, ob es sich um in sich abgeschlossene Teile der Leistung handelt oder nicht.

Das BGB ist deshalb deutlich hinter den Regelungen der VOB zurückgeblieben, weil es sich hier um keine „Spezialregelung Bau" handelt, sondern um eine Regelung, die für alle Werkverträge gilt.[22] Bei vielen, insbesondere kurzfristig zu erbringenden Werkleistungen wäre ein weitergehender Abschlagszahlungsanspruch unsinnig.

### 3.3 Welche Folgen haben Mängel für den Abschlagszahlungsanspruch?

Nach dem gesetzlichen Wortlaut des § 632a BGB kann der Unternehmer nur für **„vertragsmäßige Leistung"** Abschlagszahlungen verlangen. Somit bleibt die Frage zu klären, was hierunter zu verstehen ist.

**Beispiel:**

Nach Fertigstellung eines Reihenhauses stellt der Schreiner eine Abschlagsrechnung für die eingebauten Fenster. Der Auftraggeber stellt an zwei Fenstern Kratzer fest und verweigert die Zahlung.

Nach der gesetzlichen Neuregelung hat der Unternehmer auch dann einen Abnahme- und Schlusszahlungsanspruch, wenn „unwesentliche Mängel" festgestellt werden. Nach der hier vertretenen Ansicht kann nichts anderes für den Abschlagszahlungsanspruch gelten. Die abschlagszahlungsfähige Teilleistung ist also

---

[22] Vgl. Bundestags-Drucksache 14/1246, S. 6. Deshalb ist vorgesehen, mit Hilfe des neuen § 27a AGB-Gesetz eine Rechtsverordnung zu schaffen, die der besonderen Interessenlage beim Hausbau entspricht.

dann „vertragsgemäß", wenn sie **im Wesentlichen mangelfrei ist**.[23])

### 3.4 Welchen Abschlagszahlungsanspruch hat der Auftragnehmer für Stoffe oder Bauteile?

Auch hier wurde eine Formulierung gewählt, die sich an die Regelung des § 16 Nr. 1 Abs. 1 Satz 3 VOB/B anlehnt.[24])

**Beispiel:**

Der Auftragnehmer kauft für die Durchführung einer Baumaßnahme Baustoffe (z. B. Steine, Hölzer, usw.) ein. Er will hierfür – vor Lieferung und Einbau derselben – eine Abschlagsrechnung stellen.

Nach § 632a BGB sind nur erforderliche Stoffe oder Bauteile, **die eigens angefertigt oder angeliefert sind, abschlagszahlungsfähig.** Weil hier die Baustoffe nicht für die Baumaßnahme „eigens angefertigt" wurden, hat der Auftragnehmer noch keinen Abschlagszahlungsanspruch.

Der Abschlagszahlungsanspruch des Auftragnehmers entsteht allerdings dann, wenn die Stoffe oder Bauteile **„angeliefert"** sind. Im Gegensatz zum Text der VOB wird hier nicht gesagt, dass die genannten Materialien **auf die Baustelle** angeliefert sein müssen. Dieser textliche Unterschied erklärt sich aber wohl nur daraus, dass sich § 632a BGB auf alle Werkverträge bezieht. Somit wird man für Bauleistungen – ebenso wie § 16 Nr. 1 Satz 3 VOB/B – fordern müssen, dass der Abschlagszahlungsanspruch für diese Teile erst entsteht, wenn sie auf die Baustelle angeliefert sind, sich also „im Bereich der Baustelle befinden".[25])

---

[23]) Ebenso Stapenhorst in DB 2000, 909 m. w. H. Für die entgegengesetzte Meinung spricht allerdings die Begründung zum Entwurf in Bundestags-Drucksache 14/1246, S. 6.

[24]) Allerdings vertritt Kniffka die Meinung, dass nach dem möglicherweise unklaren Wortlaut auch hier der Anspruch auf **„in sich abgeschlossene** Leistungsteile" beschränkt wird (a.a.O., S. 229).

[25]) Vgl. Ingenstau/Korbion, B § 16 Rdn. 52.

**Beispiel:**

Der Schreiner fertigt für eine Baumaßnahme Einbauschränke.

Hier handelt es sich um ein „eigens angefertigtes Bauteil", das somit bereits **vor Anlieferung zur Baustelle** abschlagszahlungsfähig ist.

In Übereinstimmung mit der Auslegung des § 16 Nr. 1 VOB/B setzt der Begriff „eigens angefertigt" nicht voraus, dass es sich um eine Sonderanfertigung handelt. Auch eine **Serienfertigung** von Bauteilen (z. B. Kunststofffenstern) kann genügen, wenn die Fertigung (zum Teil) auf einem konkreten Auftrag beruht. Somit sind reine **Vorratsfertigungen** nicht abschlagszahlungsfähig.[26]

### 3.5 Kann der Auftraggeber für Abschlagszahlungen Sicherheitsleistungen fordern?

Im Gegensatz zu § 16 VOB/B hat der Auftraggeber nach § 632a BGB einen **generellen Anspruch** darauf, dass ihm für die geleisteten Abschlagszahlungen Eigentum an den abschlagszahlungsfähigen Teilleistungen bzw. Stoffen oder Bauteilen übertragen oder Sicherheit hierfür geleistet wird.

Der Unterschied zwischen der VOB und dem BGB resultiert allerdings im Wesentlichen daraus, dass im allgemeinen Werkvertragsrecht ein in sich abgeschlossener Leistungsteil nicht automatisch (durch Verbindung mit dem Grundstück; § 946 BGB) in das Eigentum des Auftraggebers bzw. Grundstückseigentümers übergeht. Sofern daher ein Auftragnehmer für den Eigentümer eines Grundstücks Bauleistungen erbringt, wobei diese Bauleistungen mit dem Grundstück des Auftraggebers fest verbunden sind, erübrigt sich eine gesonderte Eigentumsübertragung oder Sicherheitsleistung.

---

[26] Vgl. Ingenstau/Korbion, a.a.O., Rdn. 50.

**Beispiel:**

Ein Subunternehmer ist für einen Generalunternehmer tätig (der nicht Eigentümer des Grundstücks ist).

Hier entsteht ein Abschlagszahlungsanspruch für einen in sich abgeschlossenen Leistungsteil nur bei gleichzeitiger Sicherheitsleistung. Aufgrund der Regelung des § 946 BGB scheidet nämlich eine Eigentumsübertragung aus. Der Auftragnehmer stellt sich hiermit deutlich **schlechter als nach der VOB-Regelung.**

Bei **eingebauten Stoffen oder Bauteilen** stellt sich die gleiche Problematik. Obwohl hier der Auftragnehmer sein Eigentum verloren hat, andererseits aber der Generalunternehmer nicht Eigentümer dieser Teile ist, bleibt der Auftragnehmer verpflichtet, dem Auftraggeber (Generalunternehmer) Sicherheit für die erhaltenen Abschlagszahlungen zu leisten.

Lediglich bei eigens **angefertigten** Bauteilen, die **noch nicht angeliefert sind** und somit im Eigentum des Auftragnehmers verbleiben, gewährleistet die vorliegende Fassung des § 632a BGB für Bauleistungen eine angemessene Regelung, weil hier der Auftraggeber ohne Sicherheitsleistung oder Eigentumsübertragung schutzlos wäre.

### 3.6 Auf welche „Sicherheit" hat der Auftraggeber einen Anspruch?

Das Gesetz macht keine speziellen Ausführungen dazu, wie die Sicherheit auszusehen hat. Somit ist davon auszugehen, dass die Sicherheitsleistung den Anforderungen der einschlägigen Bestimmungen des BGB entsprechen muss (§§ 232 ff.). In der Praxis wird sich wohl die **Bankbürgschaft** durchsetzen.

Zum **Eigentumserwerb** sind die allgemeinen Grundsätze des BGB (§ 929 f.) maßgeblich.

### 3.7 Wann ist die Sicherheit zurückzugeben?

Wurde dem Auftraggeber nicht das Eigentum übertragen, sondern eine Sicherheitsleistung gewährt, so ist diese zurückzugeben, wenn der **Zweck** der Sicherheitsleistung **entfallen** ist.

Sofern der Auftraggeber **Grundstückseigentümer** ist, ist somit die Sicherheit zurückzugeben, sobald er Eigentümer der Leistung z. B. durch Verbindung mit dem Grundstück (§ 946 BGB) geworden ist.

Problematisch ist der Fall, in dem der Auftraggeber nicht Eigentümer des Grundstücks ist, weil hier durch Einbau kein „originärer Eigentumserwerb" stattfindet. Somit wird man dem Auftragnehmer (Subunternehmer) erst dann ein Recht auf Rückgabe der Sicherheit einräumen können, wenn der Auftraggeber zur Abnahme verpflichtet ist oder – z. B. gemäß § 641 Abs. 2 BGB – eine diesbezügliche Vergütung vom Auftraggeber erhalten hat.

### 3.8 Sind abweichende Abschlagszahlungsvereinbarungen zulässig?

Auch der neue § 632a BGB ist nicht zwingendes Recht. Somit haben die Vertragspartner die Möglichkeit, **individuell** abweichende Vereinbarungen zu treffen. Derartige abweichende Regelungen sind auch **dringend zu empfehlen,** weil – wie dargelegt – die **neuen gesetzlichen Regelungen zum Teil den Bedürfnissen der Bauwirtschaft nicht entsprechen.**

**Beispiel für eine abweichende Regelung:**

Die Vertragsparteien einigen sich auf einen Zahlungsplan, in dem die einzelnen Abschlagszahlungsschritte festgelegt werden.

Auch ist möglich, z. B. individuell die Regelung des § 16 Nr. 1 VOB/B zu vereinbaren, wonach Abschlagszahlungen „in möglichst kurzen Zeitabständen" vereinbart werden.

## 3.9 Können abweichende Vereinbarungen durch Allgemeine Geschäftsbedingungen getroffen werden?

Allgemeine Geschäftsbedingungen unterliegen einer besonderen Wirksamkeitskontrolle nach dem AGB-Gesetz. Hierzu wird auf oben Ziff. II 6.2 verwiesen. Weiterhin zulässig ist die **komplette Vereinbarung der VOB/B,** die mit § 16 Nr. 1 eine praxisnahe Regelung beinhaltet, die von der Neuregelung unbeeinflusst bleibt.[27]

Problematisch sind jedoch **Einzelbestimmungen,** die von „wesentlichen Grundgedanken" des Gesetzes abweichen (§ 9 Abs. 2 Ziff. 1 AGB-Gesetz).

**Beispiel:**

In seinen vorformulierten Vertragsbedingungen sieht der Auftraggeber zum Thema „Abschlagszahlungen" folgende Regelung vor:

Der Auftragnehmer hat keinen Anspruch auf Abschlagszahlung.

Nach unserer Wertung werden hier wesentliche Grundgedanken der neuen gesetzlichen Regelung abgeändert. Die Klausel verstößt daher gegen § 9 Abs. 2 Nr. 1 AGB-Gesetz und ist als Allgemeine Geschäftsbedingung unwirksam. **Statt der unwirksamen Regelung** gilt gemäß § 6 Abs. 2 AGB-Gesetz **die gesetzliche Regelung**[28]), so dass dem Auftragnehmer unter den Voraussetzungen des § 632a BGB bzw. § 641 Abs. 2 BGB ein Abschlagszahlungsanspruch zusteht.

**Beispiel:**

Die vorformulierten Vorbemerkungen des Auftraggebers beinhalten folgende Klausel:

Abschlagszahlungsansprüche hat der Auftragnehmer nur für bereits eingebaute Baustoffe und Bauteile.

Nach unserer Wertung dürfte auch diese Klausel eine unangemessene und somit unwirksame Abweichung von der gesetzlichen

---

[27]) Vgl. Kiesel, NJW 2000, 1676.
[28]) Vgl. hierzu oben, Ziff. II 6.6.

Regelung beinhalten. Stellt beispielsweise der Auftragnehmer in seiner Werkstatt hochwertige Leistungsteile her, so ist er bei der hier verwendeten Klausel gezwungen, diese bis zu deren Einbau vorzufinanzieren, weil ihm keine Möglichkeit verbleibt, etwa über die nach § 632a BGB eingeräumte Möglichkeit der Gestellung von Sicherheiten einen Abschlagszahlungsanspruch zu erlangen. Der maßgebliche Zweck des Gesetzes, das Vorleistungs- und Vorfinanzierungsrisiko des Auftragnehmers zu mindern, wird hier in unbilliger Weise eingeschränkt.

Abschlagszahlungsklauseln des Auftragnehmers, die den § 632a BGB **zu Gunsten des Auftragnehmers** abändern, dürften **zulässig** sein, **soweit** der Auftragnehmer Formulierungen wählt, die gewährleisten, dass es **zu keinen Überzahlungen kommt.**

**Beispiel:**

Der Auftragnehmer sieht zum Punkt „Abschlagszahlungen" die Regelung des § 16 Nr. 1 VOB/B vor.

Nach der hier vertretenen Meinung ist dies auch dann zulässig, wenn die VOB nicht als Ganzes[29] vereinbart wird. Der § 16 Nr. 1 VOB/B gewährleistet nämlich, dass der Auftragnehmer nur einen dem nachgewiesenen Wert seiner Leistung entsprechenden Vergütungsanspruch erhält (vgl. § 16 Nr. 1 Abs. 1 VOB/B).[30]

**Beispiel:**

Der Auftragnehmer legt in seinen Allgemeinen Geschäftsbedingungen fest, dass ihm ein Abschlagszahlungsanspruch für bereitgestellte Bauteile zusteht, ohne dass der Auftraggeber Anspruch auf Sicherheit hat.

Eine solche Klausel dürfte eine „unangemessene Benachteiligung" des Auftraggebers im Sinne von § 9 Abs. 2 Nr. 1 AGB-Gesetz darstellen mit der Folge, dass sie unwirksam ist. Die Klausel er-

---

[29] Vgl. zum Begriff Ziff. II 6.2 f.
[30] Ebenso Kniffka, a.a.O., S. 229.

möglicht objektiv einem Auftragnehmer, eingekaufte Baustoffe mehreren Bestellern in Rechnung zu stellen.

## 4. Wann hat der Auftragnehmer einen Anspruch auf Abnahme?

### 4.1 Welchen Inhalt hat der neue § 640 BGB?

Die Abnahme stellt die „Anerkennung des Werkes" durch den Auftraggeber dar. Die Abnahme hat viele vorteilhafte Rechtsfolgen zugunsten des Auftragnehmers. Unter anderem wird hierdurch die Fälligkeit der Vergütung des Auftragnehmers ausgelöst (§ 641 BGB), die Beweislast zu Gunsten des Auftragnehmers geändert, die Gefahr des zufälligen Untergangs der Leistung auf den Auftraggeber verlagert und der Beginn der Gewährleistungsfrist gesetzt. **Die bisherige gesetzliche** Regelung ermöglichte dem Auftraggeber, auch bei **unwesentlichen** Mängeln die Abnahme zu verweigern und damit u. a. die Fälligkeit des Vergütungsanspruchs des Auftragnehmers zu verhindern. Die **Neuregelung** bestimmt nun, dass „wegen **unwesentlicher Mängel" die Abnahme nicht verweigert werden kann.** Weiterhin bestimmt die Neuregelung, dass es der Abnahme gleichsteht, „wenn der Besteller das Werk nicht innerhalb einer ihm vom Unternehmer bestimmten angemessenen Frist abnimmt, obwohl er dazu verpflichtet ist" (§ 640 Abs. 1 BGB).

### 4.2 Wann ist die Leistung abnahmefähig?

Der § 640 BGB bestimmt, dass **„unwesentliche"** Mängel die Abnahmefähigkeit nicht hindern. Aus der gesetzlichen Begründung[31] ergibt sich, dass man durch diese Begriffswahl gewährleisten will, die Rechtsprechung zu dem von der VOB in § 12 Nr. 3 erwähnten Begriff des **wesentlichen Mangels** „aufzugreifen" und **eine entsprechende Auslegung** will. Man habe allerdings eine „negative Formulierung gewählt und von unwesentlichen Mängel gespro-

---

[31] Vgl. Bundestags-Drucksache 14/1246, S. 17.

chen. Andernfalls könnte man in dem neuen Satz eine – nicht beabsichtigte – Beweislastumkehr zu Lasten des Bestellers sehen, die auch sachlich nicht gerechtfertigt wäre".

Unter Zugrundelegung dieser Äußerungen wird man zu dem Ergebnis kommen müssen, dass ein „unwesentlicher Mangel" dann nicht mehr vorliegt, wenn von einem „wesentlichen Mangel" im Sinne von § 12 Nr. 3 VOB/B gesprochen werden muss. Es gibt also **keine Grauzone** von Mängeln, die man zwar einerseits nicht mehr als „unwesentlich" im Sinne des neuen § 640 Abs. 1 Satz 2 BGB, aber auch noch nicht als „wesentlich" im Sinne des § 12 Nr. 3 VOB/B bezeichnen muss.[32]) **Jeder noch nicht wesentliche Mangel ist „unwesentlich" im Sinne von § 640 Abs. 1 BGB.**

Somit ist ein nicht mehr unwesentlicher Mangel anzunehmen, wenn der Bauleistung die vertraglich zugesicherten Eigenschaften fehlen, wenn sie nicht den anerkannten Regeln der Technik entspricht oder sonst mit beachtlichen Fehlern behaftet ist, sofern hierdurch der Wert oder die Tauglichkeit zu dem gewöhnlichen oder nach dem Vertrag vorausgesetzten Gebrauch **aufgehoben** oder **wesentlich gemindert** wird.[33])

**Beispiele aus der Rechtsprechung:**

16% des verlegten Fliesenmaterials zeigen farblich unzulässige Abweichungen.[34])

Die im Vertrag vereinbarte Estrichdicke weicht erheblich vom Auftrag ab.[35])

Der Küchenboden hat ein Gefälle vom Bodeneinlauf weg hin zu den Schränken.[36])

---

[32]) Diese Befürchtung hegt Peters, in NZ Bau 2000, 171.
[33]) Vgl. Ingenstau/Korbion, B § 12 Rdn. 83.
[34]) Vgl. LG Bamberg, BauR 82, 498.
[35]) Vgl. OLG Karlsruhe, BauR 95, 246.
[36]) Vgl. OLG Hamm, NJW-RR 89, 1180.

In all diesen Fällen sind die Mängel wesentlich und somit nicht mehr unwesentlich.

## 4.3 Unter welchen Voraussetzungen ist eine „stillschweigende Abnahme" möglich?

Die Abnahme ist eine Hauptpflicht des Bestellers. Sie muss allerdings nicht förmlich erklärt werden, sondern kann – wie bisher – **auch stillschweigend** erfolgen, sofern das Werk abnahmefähig ist. Allerdings wird – im Vergleich zur bisherigen Rechtslage – die **stillschweigende Abnahme früher anzunehmen sein** als bisher.

**Beispiel:**

Die Auftragssumme beträgt 100.000,– DM. Der Auftraggeber bezahlt 95.000,– DM und behält 5.000,– DM wegen ‚noch zu beseitigender Mängel' ein. Bei den noch zu beseitigenden Mängel handelt es sich um ‚unwesentliche Mängel' im Sinne des § 640 Abs. 1 BGB.

Weil unwesentliche Mängel nun nicht mehr die Abnahme hindern, ist in der erfolgten Zahlung die stillschweigende Abnahme zu sehen.

Auch in der dem Unternehmer gegenüber zum Ausdruck gebrachte **Ingebrauchnahme** des im wesentlichen funktionstüchtigen Werkes ist eine stillschweigende Abnahme zu sehen, sofern eine gewisse, von den Umständen des Einzelfalles abhängige Benutzungsdauer des Werkes verstrichen ist.

## 4.4 Welche neue Abnahmefiktion wurde in das BGB aufgenommen?

Die Neufassung des § 640 Abs. 1 BGB räumt nun darüber hinaus dem Auftragnehmer die Möglichkeit ein, die Abnahme durch eine **Abnahmefiktion** herbeizuführen.

**Beispiel:**

Weil der Auftragnehmer der Ansicht ist, dass sein Werk abnahmefähig hergestellt ist, schickt er dem Auftraggeber ein Schreiben[37]), in dem er ihn auffordert, das Werk innerhalb einer genannten Frist abzunehmen.

Gemäß § 640 Abs. 1 Satz 3 BGB wird nun die Abnahme nach Fristablauf fingiert, wenn

- die dem Auftraggeber gesetzte Frist zur Abnahme **angemessen** und
- das abzunehmende Werk **abnahmefähig,** also höchstens mit **unwesentlichen** Mängel behaftet ist.

### 4.4.1 Welche Abnahmefrist ist „angemessen"?

Hierzu macht das Gesetz keine Aussagen. Hier ist zu verlangen, dass die dem Auftraggeber gesetzte Frist gewährleistet, dass sich der Auftraggeber bzw. sein Erfüllungsgehilfe (z. B. Architekt) vor dem Termin ein ausreichendes Bild von der Leistung machen und zeitlich disponieren kann.

Bei **Bauleistungen** wird man – in Anlehnung an § 12 Nr. 5 VOB/B – eine Frist von **12 Werktagen** zwischen dem Zugang der Aufforderung zur Abnahme und dem Abnahmetermin als angemessen erachten müssen.[38])

### 4.4.2 Was gilt, wenn dem Auftraggeber eine zu kurze Frist zur Durchführung der Abnahme gesetzt wird?

Ist die dem Auftraggeber gesetzte Frist nicht angemessen, so wird man nach der hier vertretenen Ansicht davon auszugehen haben, dass eine solche Frist nicht **wirkungslos** ist, sondern eine „angemessene" Frist in Gang setzt[39]), sofern die Leistung abnahmefähig ist. Dies deshalb, weil die gesetzliche Fiktion des § 640 Abs. 1 Satz 3 BGB gegenüber der bisherigen Rechtslage nur klarstellenden Inhalt hat. Es soll ein eindeutiger Abnahmezeitpunkt für den Fall festgelegt werden, dass kein Grund für den Auftraggeber

---

[37]) Vgl. hierzu Formular im Anhang S. 95.
[38]) Wohl ebenso Kiesel, a.a.O., S. 1677.
[39]) Ebenso Peters, a.a.O., S. 171.

besteht, die Abnahme zu verweigern oder hinauszuschieben. Somit erscheint sachgerecht, entsprechend der Rechtsprechung bei Fristsetzung zur Herbeiführung einer Verzugslage zu verfahren, wonach eine zu kurze Frist eine angemessene Frist in Gang setzt.[40])

### 4.4.3 Muss der Auftragnehmer sein Abnahmeverlangen schriftlich äußern?

Das Gesetz macht hierzu keine Aussagen. Somit ist davon auszugehen, dass die neue Abnahmefiktion auch bei einem nachgewiesenen mündlichen Abnahmeverlangen mit Fristsetzung eintreten kann. Allerdings trägt der Auftragnehmer für die diesbezüglichen Voraussetzungen die Beweislast. Somit ist ihm **dringend zu raten,** sein Abnahmeverlangen **schriftlich** zu äußern.

### 4.4.4 Tritt die Abnahmefiktion auch bei wesentlichen Mängeln ein?

Wie ausgeführt, ist die Leistung nur dann abnahmefähig, wenn sie höchstens mit „unwesentlichen Mängeln"[41]) behaftet ist. Nur dann muss der Auftraggeber die Leistung abnehmen.

Bei Vorliegen wesentlicher Mängel kann nach dem gesetzlichen Wortlaut des § 640 Abs. 1 BGB die Abnahme auch durch Fiktion nicht eintreten, unabhängig davon, ob der Auftraggeber sich gegen die Abnahmefähigkeit ausdrücklich zur Wehr setzt oder nicht. Nach § 640 Abs. 1 BGB letzter Halbsatz ist nämlich Voraussetzung für die hier eintretenden Rechtsfolgen, dass der Auftraggeber zur Abnahme verpflichtet ist, dass also das Werk nicht mit wesentlichen Mängeln behaftet ist.

Kann allerdings der Auftragnehmer – ggf. unter Zuhilfenahme eines Gutachters[42]) – beweisen, dass die Leistung nur mit unwe-

---

[40]) Vgl. BGH, NJW 85, 2640.
[41]) Zum Begriff vgl. Ziff. 4.2.
[42]) Vgl. hierzu unten, Ziff. III 7.

sentlichen Mängeln behaftet ist, treten die Abnahmewirkungen gemäß § 640 Abs. 1 Satz 2 BGB ein.[43]

### 4.4.5 Gilt die neue Abnahmefiktion auch für die vorbehaltlose Abnahme trotz Mangelkenntnis?

Nach der alten Fassung des § 640 Abs. 2 BGB stehen dem Auftraggeber insbesondere keine Gewährleistungsansprüche für solche Mängel zu, die er bei der Durchführung einer Abnahme kennt und sich dennoch seine Rechte wegen des Mangels bei der Abnahme nicht vorbehält.

Die Neufassung des § 640 Abs. 2 BGB lautet nun wie folgt:

„Nimmt der Besteller ein mangelhaftes Werk **gemäß Abs. 1 Satz 1** ab, obschon er den Mangel kennt, so stehen ihm die in den §§ 633, 634 BGB bestimmten Ansprüche nur zu, wenn er sich seine Rechte wegen des Mangels bei der Abnahme vorbehält."

Durch den eingefügten Zusatz „gemäß Abs. 1 Satz 1" hat der Gesetzgeber klargestellt, dass diese Rechtswirkungen des Abs. 2 nicht eintreten, wenn die Abnahme durch die neu eingeführte Abnahmefiktion erreicht wird. Der Auftraggeber behält also bezüglich ihm bekannter Mängel die Ansprüche aus den §§ 633, 634 BGB.

### 4.5 Sind abweichende Vereinbarungen zu § 640 BGB zulässig?

#### 1. Zur Abnahmefähigkeit:

Wie ausgeführt, darf nun die Abnahme wegen unwesentlicher Mängel nicht mehr verweigert werden. Es ist jedoch den Vertragsparteien freigestellt, durch **individuelle Vereinbarungen** z. B. strengere Bedingungen vorzusehen.

---

[43] Vgl. hierzu ebenso Peters, a.a.O., S. 171.

**Beispiel:**

Die Vertragsparteien vereinbaren, dass eine bestimmte Fugenfarbe bei Fliesen unbedingt gewährleistet sein muss und dass auch unwesentliche Abweichungen die Abnahme ausschließen.

Derartige Vereinbarungen sind **individuell zulässig.**

Sofern allerdings ein Vertragspartner dem anderen Vertragspartner **Allgemeine Geschäftsbedingungen** stellt, ist zu beachten, dass solche Allgemeinen Geschäftsbedingungen gemäß § 9 Abs. 2 Ziff. 1 AGB-Gesetz unangemessen bzw. **unwirksam** sind, wenn sie mit „wesentlichen Grundgedanken der gesetzlichen Regelung" nicht vereinbar sind.[44] Insoweit ist zu berücksichtigen, dass die Abnahmeregelung des BGB hohen Gerechtigkeitsgehalt besitzt, weil – wie in Ziff. 4.1 ausgeführt – von der Abnahme eine Vielzahl maßgeblicher Rechtsfolgen abhängen.

**Beispiel:**

Der Auftraggeber von Bauleistungen sieht in seinen Besonderen Vertragsbedingungen zum Punkt „Abnahme" folgende Regelung vor:

Auch unwesentliche Mängel berechtigen den Auftraggeber, die Abnahme zu verweigern.

Diese Klausel weicht nun – im Gegensatz zur bisherigen Rechtslage – von „wesentlichen Grundgedanken der gesetzlichen Regelung" ab und ist nach der hier vertretenen Ansicht nach § 9 Abs. 2 Ziff. 1 AGB-Gesetz **unwirksam.**

**Umgekehrt** ist **unzulässig,** wenn der Auftragnehmer etwa folgende vorformulierte Klausel in seine Vertragsbedingungen aufnimmt:

---

[44] Vgl. oben, Ziff. II 6.2.

Der Auftraggeber ist zur Abnahme auch dann verpflichtet, wenn die Mängel nicht mehr „unwesentlich" im Sinne des § 640 Abs. 1 BGB sind.

Anstelle der unwirksamen Klauseln gilt gemäß § 6 Abs. 2 AGB-Gesetz die **gesetzliche Regelung**[45]), so dass die Abnahme unter den Voraussetzungen des § 640 BGB eintritt.

## 2. Zur Abnahmefiktion:

Nach dem gesetzlichen Wortlaut des § 640 Abs. 1 Satz 3 BGB soll die Abnahmefiktion nur dann eintreten, wenn der Besteller zur Abnahme verpflichtet ist. Mit dieser Formulierung hat das Gesetz letztlich einer Entwicklung der Rechtsprechung zur alten Fassung des § 640 BGB entsprochen. Danach hat die Rechtsprechung eine Klage des Auftragnehmers auf Vergütung bei fehlender Abnahme dann als schlüssig angesehen, wenn der Unternehmer vorgetragen hat, dass das Werk mangelfrei hergestellt worden und zum anderen eine von ihm gesetzte angemessene Frist zur Abnahme verstrichen sei.

Wenn nun etwa der **Auftraggeber** in seinen Allgemeinen Geschäftsbedingungen formulieren würde:

„Die Abnahmewirkungen treten nur ein, wenn der Auftraggeber die Leistung förmlich abnimmt. Die Abnahmefiktion des § 640 Abs. 1 Satz 3 BGB wird ausgeschlossen",

würde er nach der hier vertretenen Ansicht eine gesetzliche Regelung mit wesentlichem Gerechtigkeitsgehalt unzulässig abändern. Die Klausel wäre daher nach § 9 Abs. 2 Ziff. 1 AGB-Gesetz nichtig. Anstelle der nichtigen Regelung würde gemäß § 6 Abs. 2 AGB-Gesetz die gesetzliche Regelung gelten."[46])

---

[45]) Vgl. oben, Ziff. II 6.2.
[46]) Kiesel a.a.O., S. 1678, hält § 640 I 3 „für abänderbar", ohne jedoch zwischen AGB und Individualvereinbarung zu differenzieren.

## 4.6 Was gilt, wenn die Vertragspartner anstelle der gesetzlichen Regelung die VOB/B vereinbaren?

Nach der hier vertretenen Meinung **bietet § 12 VOB/B (Abnahme)** ein in **sich geschlossenes Regelsystem** an, das – wie schon bisher – an die Stelle der gesetzlichen Regelung tritt, also diese ersetzt.[47] Vereinbaren daher die Vertragspartner die VOB/B, ohne sie in einzelnen Punkten im Kerngehalt abzuändern[48], so vollzieht sich die Abnahme nach den Regeln des § 12 VOB/B und nicht nach § 640 BGB.

Zum Thema **„Abnahmefähigkeit"** ergeben sich hierdurch keine materiellen Änderungen. Zum Thema **„Abnahmefiktion"** stellt sich der Auftragnehmer bei der Vereinbarung der **VOB/B besser.** Die BGB-Regelung bringt hier keine weitergehenden Möglichkeiten als die „Fertigstellungsmitteilung" nach § 12 Nr. 5 Abs. 1 VOB/B. Andererseits kann beispielsweise der Auftraggeber bei der Abnahmefiktion durch schriftliche Fertigstellungsmitteilung (§ 12 Nr. 5 Abs. 1 VOB/B) ihm bisher **bekannte** Gewährleistungsansprüche nicht mehr geltend machen, wenn er sich diese Rechte bis zum Ablauf der Frist von 12 Werktagen dem Auftragnehmer gegenüber nicht vorbehalten hat (vgl. § 12 Nr. 5 Abs. 3 VOB/B). Diese Rechtswirkungen wurden im BGB ausdrücklich ausgeschlossen.[49]

**Ändert der Auftragnehmer die VOB in ihren Kerngehalt ab**[50], so verstoßen die genannten Abnahmefiktionen der VOB/B gegen gesetzliche Grundgedanken[51] und sind **unwirksam.** Die nun geänderte Fassung des § 640 BGB ändert hieran nichts, weil auch die Neufassung die genannten Abnahmefiktionen der VOB nicht kennt.

---

[47]) Ebenso Kiesel, a.a.O., S. 1678. Anders allerdings Kniffka, der die gesetzliche Regelung für unmittelbar auf VOB-Verträge anwendbar erachtet (a.a.O., S. 231).
[48]) Vgl. oben, Ziff. II 6.3 ff.
[49]) Vgl. oben, Ziff. 4.4.5.
[50]) Vgl. oben, Ziff. II 6.3.
[51]) Vgl. hierzu Ingenstau/Korbion, B § 12 Rdn. 119.

Anstelle der nichtigen Regelung tritt – wie immer – die gesetzliche Regelung, hier § 640 BGB.[52]

## 5. Welche Rechte hat der Auftraggeber, wenn er eine mangelhafte Leistung abnimmt?

### 5.1 Welche Neuregelung wurde hierzu eingeführt?

Gemäß § 641 BGB ist die Vergütung bei der Abnahme des Werkes zu entrichten. Im Hinblick darauf, dass der Auftragnehmer nach der Neuregelung auch dann einen Anspruch auf Abnahme hat, wenn die Leistung mit „unwesentlichen Mängeln" behaftet ist, war notwendig zu regeln, wie sich das Bestehen von Mängeln auf die Höhe der fälligen Vergütung auswirkt. Somit wurde in § 641 BGB folgender Abs. 3 eingefügt:

**„Kann der Besteller die Beseitigung eines Mangels verlangen, so kann er nach der Abnahme die Zahlung eines angemessenen Teils der Vergütung verweigern, mindestens in Höhe des 3-Fachen der für die Beseitigung des Mangels erforderlichen Kosten."**

### 5.2 Wie wird die Höhe des Leistungsverweigerungsrechts des Auftraggebers ermittelt?

Ausgangspunkt sind nach der neuen gesetzlichen Bestimmung die „erforderlichen Kosten" zur Mängelbeseitigung, die der Auftraggeber ggf. auf Kosten des Auftragnehmers durch einen **Sachverständigen** feststellen lassen kann, sofern und soweit dies **erforderlich** ist. Dieser so ermittelte Betrag ist nach dem Willen des Gesetzes „mindestens" zu verdreifachen. Dieser, in der Rechtsprechung als **„Druckzuschlag"** bezeichnete Betrag[53] soll den

---

[52] Vgl. oben, Ziff. II 6.6.
[53] Vgl. z. B. BGH, BB 1974, 262. Allerdings sieht die bisherige Rechtsprechung – im Gegensatz zum Gesetz – nicht zwingend einen Druckzuschlag von „mindestens" dem 3-Fachen vor.

Auftragnehmer veranlassen, zügig die Nachbesserung vorzunehmen.

Das Gesetz macht deutlich, dass der Auftraggeber das Recht besitzt, **„mindestens"** das 3-Fache der für die Beseitigung der Mängel erforderlichen Kosten zurückzuhalten. Im Einklang mit der diesbezüglich geltenden Rechtsprechung wird man somit dem Auftraggeber das Recht einzuräumen haben, ein **höheres Zurückbehaltungsrecht** auszuüben, sofern entsprechende Gründe vorhanden sind. Dabei trifft insoweit den **Auftraggeber die Beweislast.**

### Beispiel:

Der Auftragnehmer erweist sich schon während der Vertragsabwicklung als äußerst unzuverlässig und nicht nachbesserungswillig.

### Beispiel:

Das Dach einer neu errichteten Ausstellungshalle für Möbel ist undicht und der Auftragnehmer hat bisher zwei vergebliche Nachbesserungsversuche unternommen.[54]

### Beispiel:

Einzelne Ziegel eines Daches sind schadhaft. Der Mängelbeseitigungsaufwand beträgt ca. 100,– DM.

In allen Fällen kann gerechtfertigt sein, deutlich mehr als das 3-Fache der Mängelbeseitigungskosten zurückzuhalten, um den Auftragnehmer zu einer umgehenden Nachbesserung zu veranlassen.

Problematisch sind weiterhin die Fälle, in denen der Auftragnehmer zu Recht einwendet, dass die Mängel **vom Auftraggeber mitverantwortlich** zu vertreten sind.

---

[54] Vgl. OLG Oldenburg, NJW-RR 1996, 817.

**Beispiel:**

Die ausgeführten Arbeiten sind aufgrund eines Planungsfehlers des Architekten des Auftraggebers mangelhaft. Andererseits hat der Auftragnehmer es versäumt, gegen die erkennbar mangelhafte Planung Bedenken anzumelden. Der Auftraggeber muss sich das Mitverschulden seines Architekten als eigenes Verschulden zurechnen lassen.

Würde man hier dem Auftraggeber das Recht einräumen, das mindestens 3-Fache der für die Beseitigung der Mängel erforderlichen Kosten bis zu deren Beseitigung zurückhalten zu können, so würde man hiermit eine nach der Abnahme nicht mehr bestehende Vorleistungspflicht des Auftragnehmers festschreiben. Nach der hier vertretenen Ansicht kann somit in diesem Fall der Auftraggeber zwar mindestens das 3-Fache der für die Beseitigung der Mängel erforderlichen Kosten zurückhalten; dem Auftragnehmer ist jedoch nach Treu und Glauben das Recht zuzubilligen, die **Mangelbeseitigung von einer dem Mitverschuldensanteil** des Auftraggebers entsprechenden **Sicherheit** abhängig zu machen.[55]

### 5.3 Sind abweichende Vereinbarungen zulässig?

**5.3.1** Durch **individuelle Vereinbarungen** sind grundsätzlich abweichende Vereinbarungen uneingeschränkt zulässig.

**5.3.2** Stellt allerdings ein Vertragspartner dem anderen Vertragspartner **Allgemeine Geschäftsbedingungen,** so ist zu beachten, dass die hier getroffenen Festlegungen hohen Gerechtigkeitsgehalt besitzen. Abweichende Regelungen sind daher einer Wirksamkeitskontrolle nach § 9 Abs. 2 Ziff. 1 AGB-Gesetz unterworfen.

**Beispiel:**

Der Auftraggeber legt in seinen vorformulierten „Besonderen Vertragsbedingungen" fest:

---

[55] Vgl. hierzu auch Ingenstau/Korbion, B § 13 Rdn. 603.

Bis zur ordnungsgemäßen Mängelbeseitigung werden alle Zahlungen eingestellt, unabhängig von der Schwere des Mangels und den zur Beseitigung erforderlichen Aufwendungen.

Eine derartige Festschreibung eines unbegrenzten Zurückbehaltungsrechts verstößt gegen § 9 AGB-Gesetz.[56])

Ebenfalls unzulässig dürften Klauseln sein, in denen sich der Auftraggeber **generell ein Zurückbehaltungsrecht in Höhe des 5-Fachen** der voraussichtlichen Mängelbeseitigungskosten einräumt.

**Umgekehrt** widerspricht es dem wesentlichen Grundgedanken der gesetzlichen Regelung des § 641 BGB, wenn der **Auftragnehmer** in seinen Vertragsbedingungen etwa folgende Klausel vorsieht:

„Bei etwa auftretenden Mängeln hat der Auftraggeber nur einen Nachbesserungsanspruch. Er ist aber nicht berechtigt, Zahlungen bis zur Mängelbeseitigung zurückzuhalten."

oder:

„Bei auftretenden Mängeln ist der Auftraggeber nur berechtigt, bis zur Beseitigung des Mangels ein Zurückbehaltungsrecht in Höhe des Werts der Nachbesserungsaufwendungen auszuüben."

Beide Klauseln schränken in einer den gesetzlichen Kerngehalt verletzenden Weise das Zurückbehaltungsrecht des Auftraggebers ein und sind somit nach der hier vertretenen Meinung gemäß § 9 Abs. 2 Ziff. 1 AGB-Gesetz unwirksam.

### 5.3.3 Was gilt bei Vereinbarung der VOB/B?

Vereinbaren die Vertragsparteien die VOB/B, so treffen sie eine Regelung, die zur Höhe des „Druckzuschlags" keine

---

[56]) Vgl. hierzu OLG Köln, Schäfer/Finnern/Hochstein, § 641 BGB, Nr. 2.

Aussagen macht, sondern sich an gesetzlichen Grundlagen ausrichtet.[57] Nach der hier vertretenen Ansicht gelten somit die Grundsätze des neuen § 641 Abs. 3 BGB auch für den VOB-Vertrag.

## 6. Welche Sonderregelung gilt für Zahlungsansprüche von Subunternehmern?

### 6.1 Welchen Inhalt hat die Neuregelung?

Laut der gesetzlichen Begründung[58] sei in der Praxis immer wieder zu beobachten, dass z. B. der Bauträger nach Herstellung des einzelnen Gewerks die Raten vom Bauherrn erhält, ohne diese anteilig an die ausführenden Handwerker weiterzuleiten. Ihm gegenüber würden Mängel geltend gemacht. Dem soll ein neuer § 641 Abs. 2 BGB abhelfen, der folgenden **Wortlaut** hat:

„Die Vergütung des Unternehmers für ein Werk, dessen Herstellung der Besteller einem Dritten versprochen hat, wird spätestens fällig, wenn und soweit der Besteller von dem Dritten für das versprochene Werk wegen dessen Herstellung seine Vergütung oder Teile davon erhalten hat. Hat der Besteller dem Dritten wegen möglicher Mängel des Werks Sicherheit geleistet, gilt dies nur, wenn der Unternehmer dem Besteller Sicherheit in entsprechender Höhe leistet."

### 6.2 Welche Fälligkeitsvoraussetzungen sind für den Vergütungsanspruch des Subunternehmers notwendig?

Allein die Tatsache, dass der Besteller (z. B. Bauträger) von dem Dritten (z. B. Bauherrn) die Vergütung erhalten hat, begründet noch keinen fälligen Vergütungsanspruch des Subunternehmers gegen seinen Auftraggeber. Vielmehr ist – wie stets – Vorausset-

---

[57] Vgl. hierzu Ingenstau/Korbion B § 13 Rdn. 594 f.
[58] Bundestags-Drucksache 14/1246, S. 7.

zung, dass der Subunternehmer eine **prüffähige Rechnung** bezüglich der von ihm erbrachten Leistungen vorlegt. Weiterhin wird man der Stellung der Bestimmung (nach § 640 BGB) entnehmen müssen, dass diese Fälligkeitsregelung sich nicht auf Abschlagszahlungen, sondern nur auf die **Schlussvergütung** bezieht.[59]

Fraglich ist allerdings, ob der Besteller gegen den Anspruch des Subunternehmers einwenden kann, die Leistung sei **nicht abnahmefähig** und somit der Vergütungsanspruch nicht fällig.

Nach der hier vertretenen Meinung ist die **Abnahmefähigkeit der Leistung nicht mehr zu prüfen.** Wenn der Besteller seinem Auftraggeber die erbrachten Leistungen des Subunternehmers in Rechnung stellt und hierfür auch Zahlung erhält, so bringt er hiermit schlüssig zum Ausdruck, dass er die Leistung seines Subunternehmers für abnahmefähig und abgenommen erachtet. Der Besteller, der einerseits von seinem Auftraggeber Zahlung kassieren, andererseits gegenüber seinem Subunternehmer die Untauglichkeit der Leistung behaupten könnte, würde sich unzulässig zu seinem eigenen Verhalten in Widerspruch setzen.[60]

### 6.3 Wie hoch ist der Anspruch des Unternehmers gegen den Besteller?

Der Besteller ist nicht verpflichtet, den gesamten erhaltenen Betrag an den (die) Subunternehmer weiterzuleiten. Vielmehr hat der Subunternehmer nach der hier vertretenen Ansicht nur einen Zahlungsanspruch entsprechend den Preisen seines Vertrages. Hat der Auftraggeber hierauf nur einen **Teil** geleistet, wird nur der entsprechende Teil der Rechnung des Subunternehmers fällig.

Fraglich ist, ob bzw. inwieweit Mängel den Zahlungsanspruch reduzieren können.

---

[59] Ebenso Kniffka, a.a.O., S. 231.
[60] Ebenso die bisherige Rechtsprechung; vgl. z. B. OLG Köln, Schäfer/Finnern/Hochstein Nr. 47 zu § 631 BGB; anderer Ansicht Stapenhorst, DB 2000, 910.

Nach der hier vertretenen Ansicht ergibt sich aus dem Wortlaut des Gesetzes, dass **Mängel** den Zahlungsanspruch des ausführenden Unternehmers nur dann und insoweit reduzieren, als **der „Dritte"** (z. B. Bauherr) gegenüber dem Besteller **Einbehalte vorgenommen** hat. Wie zur Abnahme gebietet sich diese Auslegung schon aus der Begründung zu dem Gesetz, wonach für treuwidrig angesehen wird, einerseits die Raten vom Bauherrn zu erhalten, sie aber nicht an die ausführenden Auftragnehmer weiterzuleiten.[61])

Selbstverständlich bleibt der Subunternehmer dem Besteller gegenüber verpflichtet, evtl. Mängel nachzubessern.

### 6.4 Wann hat der Besteller Anspruch auf Sicherheitsleistung gegen den Unternehmer?

Sofern der Besteller seinem Auftraggeber wegen möglicher Mängel des Werks Sicherheit geleistet hat, hat der Unternehmer gegen den Besteller nur dann einen Vergütungsanspruch, wenn er dem Besteller Sicherheit „in entsprechender Höhe" geleistet hat. Der Begriff „entsprechender Höhe" ist unklar. Nach der hier vertretenen Meinung ist dies so auszulegen, dass der Auftragnehmer eine **seiner Auftragssumme** entsprechende Sicherheit leistet. Hätte der Gesetzgeber gewollt, dass der Subunternehmer eine Sicherheit in **Höhe der Sicherheit des Auftraggebers** erbringen muss, hätte er dies z. B. durch die Formulierung „in gleicher Höhe" zum Ausdruck bringen können.

**Beispiel:**

Der Generalunternehmer gewährt seinem Auftraggeber eine Vertragserfüllungsbürgschaft in Höhe von 5% der Auftragssumme.

Hier hat der Unternehmer nur dann einen fälligen Vergütungsanspruch gegen seinen Auftraggeber, wenn er diesem ebenfalls in

---

[61]) Ebenso im Ergebnis Kniffka, a.a.O., S. 231. Anderer Ansicht Stapenhorst, a.a.O., der insoweit ausführt: „Hätte der Gesetzgeber dies gewollt, hätte formuliert werden müssen: ...... wird spätestens fällig **und durchsetzbar, wenn ......**".

Höhe von 5% seiner Auftragssumme eine entsprechende Sicherheit stellt.

## 6.5 Hat der Subunternehmer einen Auskunftsanspruch gegen seinen Auftraggeber, ob Zahlung geleistet wurde?

Die genannte Regelung wird nur dann funktionieren, wenn man einen Auskunftsanspruch des Unternehmers gegen den Besteller anerkennt, ob bzw. in welcher Höhe er bereits Zahlungen für die geleisteten Arbeiten erhalten hat. Das Gesetz sagt hierzu nichts.

Nach der hier vertretenen Ansicht besteht nach § 242 BGB ein derartiger Auskunftsanspruch. Wenn der Besteller verpflichtet ist, dem leistenden Subunternehmer die erhaltene Vergütung anteilig weiterzuleiten, so muss er auch verpflichtet sein, Auskunft darüber zu geben, ob er die Vergütung durch seinen Bauherrn erhalten hat.[62]

## 6.6 Sind abweichende Vereinbarungen zulässig?

Hier stellt sich insbesondere die Frage, inwieweit der Auftraggeber die genannte Neuregelung dazu nutzen kann, das hier verankerte Prinzip zur generellen Zahlungsregelung zu machen.

**Beispiel:**

Der Auftraggeber legt in seinen Allgemeinen Geschäftsbedingungen fest:

Der Auftragnehmer erhält nur dann und insoweit Zahlung, als der Auftraggeber seinerseits Zahlungen von seinem Auftraggeber erhält.

Diese bisher allgemein für unwirksam erachtete Klausel[63] bleibt auch nach dieser Neuregelung unzulässig. Die Neuregelung macht deutlich, dass der Zahlungsanspruch des Unternehmers

---

[62] Ebenso Peters a.a.O., S. 171 und Kiesel a.a.O., S. 1678.
[63] Vgl. Glatzel/Hofmann/Frikell, a.a.O., Ziff. II 2.16.3.

**spätestens** mit Zahlung durch den Bauherrn fällig wird. Im Übrigen bleibt die Rechtslage wie bisher.[64]

## 7. Welche Grundsätze gelten zur neuen Fertigstellungsbescheinigung?

### 7.1 Was bewirkt die „Fertigstellungsbescheinigung"?

Die Neuregelung des § 640 BGB räumt dem Auftragnehmer zwar die Möglichkeit ein, einfacher als bisher die Abnahme und damit u. a. die Fälligkeit seines Vergütungsanspruchs zu erreichen; dem Auftraggeber bleibt aber immer noch die Möglichkeit, die Abnahmefähigkeit der Leistung zu bestreiten, indem er z. B. das Vorliegen von wesentlichen Mängeln behauptet. Durch einen neu eingefügten § 641a BGB will man dazu beitragen, derartige Konfliktfälle in unbürokratischer Weise zu lösen und dem vertragstreuen Auftragnehmer zur Abnahme zu verhelfen.

Nach § 641a des neu gefassten BGB **steht es der Abnahme gleich,** wenn dem Unternehmer von einem Gutachter eine **Bescheinigung** darüber erteilt wird,

1. dass das versprochene Werk oder das abnahmefähige Teilgewerk hergestellt ist[65] und

2. das Werk frei von Mängeln ist, die der Besteller gegenüber dem Gutachter behauptet hat oder die für den Gutachter bei einer Besichtigung feststellbar sind (Fertigstellungsbescheinigung).

---

[64] Dies verkennt Stapenhorst, a.a.O., S. 911, wenn er ausführt: „Denn mit dem Recht, Zahlungen vom Besteller nach Erhalt des Geldes vom Bauherrn verlangen zu können, muss – wenn so vereinbart – auch die Pflicht einhergehen, bis zu diesem Zeitpunkt warten zu müssen."

[65] Somit kann auch ein **gekündigter Werkvertrag** durch Fertigstellungsbescheinigung abgenommen werden, weil sich hier das versprochene Werk auf den bis zur Kündigung erbrachten Leistungsteil beschränkt (vgl. ebenso Kniffka, a.a.O., S. 232. Allerdings dürfen **„unbedeutende Restarbeiten"** fehlen, vgl. Bundestags-Drucksache 14/1246, S. 9.

## 7.2 Wann ist die Erteilung einer Fertigstellungsbescheinigung ausgeschlossen?

Der § 641a Abs. 1 Nr. 2 des neu gefassten BGB macht deutlich, dass das Werk **frei von Mängeln** sein muss, die **der Besteller behauptet** oder die der **Gutachter feststellt.**

Somit muss die Leistung zwar nicht „objektiv mängelfrei" sein, weil denkbar ist, dass der Besteller oder der Gutachter Mängel übersieht; aus der hier gewählten Formulierung wird jedoch deutlich, dass etwa festgestellte – im Sinne von § 640 Abs. 1 – **unwesentliche Mängel** die Ausstellung einer Fertigstellungsbescheinigung verhindern.[66]

**Auch** dann, wenn eine **objektiv mangelfreie Leistung** vorliegt, kann der Gutachter nach § 641a Abs. 1 Satz 2 BGB dann keine Fertigstellungsbescheinigung ausstellen, wenn das **Verfahren nach den Abs. 2–4** dieser Bestimmung **nicht eingehalten** wird. Im Streitfall muss dies der Auftraggeber beweisen.

## 7.3 Welches Verfahren ist bei der Benennung des Gutachters einzuhalten?

Der Gutachter darf nur dann eine Fertigstellungsbescheinigung für eine mangelfreie Leistung ausstellen, wenn das Verfahren nach dem neuen § 641a Abs. 2–4 BGB eingehalten wurde. Dies bedeutet für die Benennung des Gutachters folgendes:

- Die Vertragsparteien müssen sich auf einen Sachverständigen **einigen.** In diesem Fall kann **jeder** – auch ein nicht öffentlich-bestellter und vereidigter Sachverständiger – **Gutachter** im Sinne des Gesetzes **sein.**

---

[66] Dies ist praxisfern, weil Bauleistungen in den seltensten Fällen „mangelfrei" sind. Auch ist die Regelung im Hinblick auf die Neufassung des § 640 BGB nicht konsequent. Eine deshalb vorzunehmende „einschränkende Auslegung" des Gesetzestextes dahingehend, dass „unwesentliche Mängel" die Ausstellung einer Fertigstellungsbescheinigung nicht hindern (so Stapenhorst, a.a.O., S. 913), dürfte jedoch für Sachverständige nicht ungefährlich sein, bevor eine insoweit einschlägige Rechtsprechung vorliegt.

- Der Auftragnehmer kann aber auch **alternativ** von vorneherein sich dafür entscheiden, dass „eine Industrie- und Handelskammer, eine Handwerkskammer, eine Architektenkammer oder eine Ingenieurkammer" einen öffentlich-bestellten und vereidigten Sachverständigen bestimmt (§ 641a Abs. 2 Ziff. 2 BGB). Diese Möglichkeit steht also dem Auftragnehmer auch dann zu, wenn beispielsweise der Auftraggeber durchaus bereit wäre, sich mit ihm auf einen Sachverständigen zu einigen.
- Auftraggeber des Gutachters ist der Auftragnehmer. Dabei ist dem Auftragnehmer dringend zu empfehlen, diesen Auftrag schriftlich zu vereinbaren.[67]

Selbstverständlich ist der Gutachter verpflichtet, sein Gutachten unparteiisch und objektiv zu erstellen (vgl. § 641a Abs. 2 BGB a. E.).

### 7.4 Wie sollten die Vertragsparteien vorgehen, wenn sie sich auf einen Gutachter geeinigt haben?

Haben sich die Vertragspartner gemäß § 641a Abs. 2 Ziff. 1 BGB auf einen Gutachter geeinigt, so ist es nach dem Gesetz dennoch Sache des Auftragnehmers, nun den Gutachtervertrag abzuschließen (§ 641a Abs. 2 Satz 2 BGB). Es ist zwar nicht Pflicht, jedoch dringend zu empfehlen, den Gutachtervertrag **schriftlich niederzulegen.**[68]

Der Auftraggeber sollte die von ihm gerügten Mängel **möglichst genau bezeichnen.** Zwar sieht der § 641a Abs. 1 Ziff. 2 BGB der Neuregelung vor, dass der Gutachter nicht nur die vom Auftraggeber behaupteten Mängel prüft, sondern auch diejenigen, die für ihn „bei der Besichtigung feststellbar sind". Es liegt jedoch in der Natur der Sache, dass er sich in erster Linie um die gerügten Mängel kümmern wird.

---

[67] Vgl. Muster, S. 96.
[68] Muster einer Vereinbarung siehe Anhang S. 98.

## 7.5 Kann und sollte der Gutachterauftrag über das gesetzlich Notwendige hinaus erweitert werden?

Ja. Dies ist nach der hier vertretenen Meinung **in jedem Fall günstig.** Sollte der Gutachter Mängel feststellen, so erhält der Auftragnehmer – wie ausgeführt – keine Fertigstellungsbescheinigung. Andererseits kommt nun in Betracht, dass der Auftraggeber verpflichtet ist, gemäß § 640 Abs. 1 BGB die Abnahme durchzuführen, nämlich dann, wenn festzustellen ist, dass lediglich unerhebliche Mängel vorliegen.[69] Somit bietet sich an, den Gutachter auch zu beauftragen, **Aussagen über die Art und Bedeutung des Mangels** zu machen. Zwar kann der Gutachter nicht festlegen, dass die Mängel z. B. „unwesentlich" sind (dies ist eine Rechtsfrage); die abgefragten Hinweise über die **Folgen des Mangels** können jedoch den Vertragsparteien diesbezüglich Hilfestellung geben.

Weiterhin sollte der Gutachter befragt werden, wie hoch er die **Mängelbeseitigungskosten** schätzt. Dies ist schon deshalb wichtig, weil nun der Auftraggeber sein Zurückbehaltungsrecht gemäß § 641 Abs. 3 BGB bestimmen kann.[70]

Schließlich kann sich auch empfehlen, den Gutachter nach **tauglichen Nachbesserungsmaßnahmen** zu befragen.

Sollte zwischen den Vertragspartnern auch die Richtigkeit **des Aufmaßes oder einer Stundenlohnabrechnung** streitig sein, so kann sich empfehlen, auch diese Frage in den Gutachterauftrag mit einzubeziehen. Zu den diesbezüglichen **Folgen** vgl. § 641a Abs. 1 letzter Satz BGB.[71]

---

[69] Sofern der Auftraggeber bereits zur Abnahme aufgefordert wurde, sind bei Vorliegen lediglich unerheblicher Mängel die Abnahmewirkungen nach § 640 Abs. 1 Satz 3 eingetreten.
[70] Vgl. hierzu oben, Ziff. 5.1.
[71] Vgl. hierzu auch unten, Ziff. 7.6, 7.8 und 7.17.

### 7.6 Wie sollte der Auftragnehmer vorgehen, wenn er alleine den Gutachter auswählt?

Wie ausgeführt[72]), hat der Auftragnehmer alternativ die Möglichkeit, von sich aus und von vornehrein die Abnahme dadurch zu ersetzen, dass er einen Gutachter beauftragt, die Mangelfreiheit seiner Leistung festzustellen. Auch in diesem Fall sollte der Gutachterauftrag grundsätzlich ebenso gestaltet sein, wie im Falle der einvernehmlichen Festlegung eines Gutachters.

Allerdings sollte der Auftragnehmer beachten, dass er durch die erteilte Fertigstellungsbescheinigung nur einen **Abnahmeersatz** erhält, aber **noch keinen durch Urkunden belegbaren fälligen Vergütungsanspruch**. Für ihn ist daher besonders wichtig, die Möglichkeit zu nutzen, die § 641a Abs. 1 letzter Satz BGB bietet, in dem es heißt:

**„Es wird vermutet, dass ein Aufmaß oder eine Stundenlohnabrechnung, die der Unternehmer seiner Rechnung zugrundelegt, zutreffen, wenn der Gutachter dies in der Fertigstellungsbescheinigung bestätigt."**

Diese, für den etwa durchzuführenden Urkundenprozess[73]) so notwendige Bestätigung wird der Gutachter in der Regel nicht automatisch vornehmen – weil es sich hier um abnahmefremde Themen handelt –, sondern nur, wenn dies beantragt wird und er hierzu in der Lage ist.

### 7.7 Wie muss der Gutachter bei der Mängelfeststellung vorgehen?

Nach § 641a Abs. 1 BGB muss der Gutachter feststellen, ob das

– versprochene Werk ganz oder zum Teil hergestellt ist und
– frei von Mängeln ist, die der Besteller gegenüber dem Gutachter behauptet hat oder die für den Gutachter bei der Besichtigung feststellbar wären.

---

[72]) Ziff. 7.3.
[73]) Vgl. unten, Ziff. 7.17.

Es ist zu beachten, dass nur der **ordnungsgemäß bestellte Gutachter,** der das Verfahren nach § 641a Abs. 2 bis 4 BGB einhält, eine **rechtswirksame Fertigstellungsbescheinigung** ausstellen darf. Entsprechend sorgfältig hat sich diesbezüglich der Gutachter zu verhalten. Dies bedeutet:

- Der Gutachter muss sich unparteiisch verhalten (§ 641a Abs. 2 BGB a. E.).

- Der Gutachter muss mindestens einen Besichtigungstermin abhalten.

- Der Gutachter muss den Beteiligten eine **Einladung für einen Besichtigungstermin** zugehen lassen. Dabei muss zwischen dem Zugang der Einladung und dem Besichtigungstermin eine Frist von **mindestens 2 Wochen** liegen. Dem Gutachter ist zu empfehlen, mehrere Termine anzubieten, um den Vertragsparteien eine entsprechende Dispositionsmöglichkeit zu eröffnen.

- Mit der Einladung sollte der Gutachter den Auftraggeber auffordern, etwaige Mängelrügen vorzubringen, sofern dies noch nicht geschehen ist. Dabei sollte der Gutachter den Auftraggeber auffordern, die Mängelrügen möglichst zu konkretisieren, also möglichst genau anzugeben, welche Leistungen er für mangelhaft erachtet.

- Ob das Werk frei von Mängeln ist, beurteilt der Gutachter nach einem **schriftlichen Vertrag,** den ihm der Unternehmer vorzulegen hat (§ 641a Abs. 3 Satz 2 BGB).

Das Gesetz nennt diese Voraussetzung ausdrücklich, weil der Gutachter nicht in der Lage ist, eine Art Beweisaufnahme über den Vertragsinhalt durchzuführen. Deshalb muss der Inhalt des Vertrages aus eindeutigen vertraglichen Vereinbarungen erkennbar sein. Deshalb gilt: **Je konkreter und genauer die vertraglichen Vereinbarungen sind, desto leichter kann der Gutachter feststellen, ob der Werkvertrag korrekt erfüllt wurde.** Somit ist den Vertragspartnern in Zukunft dringend zu empfehlen, ihre Werkverträge nicht nur schriftlich abzuschließen, sondern durch ein möglichst konkretisiertes Leistungsverzeichnis die vereinbarte Leistung darzustellen. Dies gilt auch und gerade im Falle des Abschlusses eines **Pauschalvertrags**, weil hier sehr häufig nur das Leistungsziel, nicht jedoch die Einzelleistungen im Detail beschrieben werden.

– Will der Gutachter die Bescheinigung erteilen, so muss er beachten, dass nach § 641a Abs. 5 BGB dem Besteller eine **Abschrift der Bescheinigung** zuzuleiten ist, weil die Rechtswirkungen der Bescheinigung „in Ausübung von Fristen, Zinsen und Gefahrübergang" erst mit Zugang der Bescheinigung beim Besteller eintreten.

### 7.8 Welchen „Prüfungsmaßstab" muss der Gutachter anlegen?

Hierzu macht das Gesetz keine Ausführungen. Es ist jedoch zu beachten, dass der § 641a Abs. 1 BGB letztlich nichts anderes ist als eine **Abnahme, die mittels Gutachter durchgeführt wird**. Hier findet also kein „Beweissicherungsverfahren", sondern eine **kritische Besichtigung** der Leistung des Unternehmers statt, wie sie der Üblichkeit bei förmlichen Abnahmen entspricht. Der Gutachter ist also nach der hier vertretenen Meinung z. B. nicht gehalten, von sich aus schwierige technische Untersuchungen anzustellen, sofern die Besichtigung der Leistung hierfür keinen Anlass bietet.

Bezüglich der Prüfung von **Aufmaß und Stunden-Zahl** (§ 641a Abs. 1 Satz 4 BGB) kann der Gutachter zwar in der Regel die Aufmaßprüfung vornehmen. Bezüglich der abzurechnenden Stunden wird er sich aber darauf zu beschränken haben, ob die geltend gemachten Stunden im Hinblick auf die Leistung angemessen sind.[74]

### 7.9 Wie muss der Gutachter vorgehen, wenn nur ein mündlicher Werkvertrag vorliegt?

Nach § 641a Abs. 3 Satz 2 BGB ist für die Tätigkeit des Gutachters ein **schriftlicher Werkvertrag notwendig**. Somit ist in Zu-

---

[74] Ebenso Kniffka, a.a.O., S. 234.

kunft noch dringender als bisher zu empfehlen, auch solche Werkverträge in schriftlicher Form abzuschließen.

Sofern allerdings die Vertragsparteien den Vertragsinhalt **übereinstimmend beurteilen,** ist selbstverständlich möglich, das mündlich Vereinbarte nun **nachträglich** in einem schriftlichen Vertrag zu erfassen und dies dem Gutachter als Basis für seine Prüfung bzw. Fertigstellungsmitteilung zur Verfügung zu stellen.

Soweit die Vertragspartner den Vertragsinhalt übereinstimmend, jedoch nicht detailliert darlegen, ist in Analogie zu § 641a Abs. 3 vorletzter Satz BGB von den diesbezüglich gültigen „**allgemein anerkannten Regeln der Technik**" auszugehen.

Ist dagegen der Vertragsinhalt bei einem mündlichen Vertrag **streitig, kann der Gutachter keine Fertigstellungsbescheinigung ausstellen.**

**Beispiel:**

Der Auftraggeber des Dachdeckers behauptet, dass die Vertragspartner mündlich eine Dacheindeckung mit einem Tonziegel vereinbart hätten. Der Auftragnehmer behauptet demgegenüber, dass ein Betonziegel vereinbart war.

Diesen Streit kann der Gutachter nicht lösen, weil er nicht in der Lage ist, eine Beweisaufnahme durchzuführen. Er muss die Fertigstellungsbescheinigung verweigern.

**7.10 Wie muss der Gutachter vorgehen, wenn der Vertragsinhalt zwar schriftlich, jedoch unklar niedergelegt ist?**

Insoweit sieht das Gesetz in § 641a Abs. 3 Satz 4 BGB vor, Unklarheiten durch „die allgemein anerkannten Regeln der Technik" zu lösen.

**Beispiel:**

Im Werkvertrag war lediglich vereinbart, dass „rote Dachziegel" aufzubringen sind. Der Auftragnehmer verwendet rote Betondachziegel. Der Auftraggeber wendet ein, dass die Leistung gemäß

§ 633 BGB mangelhaft sei, weil hier eine „zugesicherte Eigenschaft" fehlt.

Weil der schriftliche Vertrag keine näheren Angaben enthält, hat der Gutachter lediglich zu prüfen, ob die erbrachte Leistung entsprechend den „allgemein anerkannten Regeln der Technik" ausgeführt wurde.

Gerade dann, wenn es dem Auftraggeber darum geht, dass die vereinbarte Leistung über die anerkannten Regeln der Technik hinaus bestimmte Eigenschaften erfüllen muss, ist ihm somit dringend zu raten, auf eine sorgfältige Formulierung im Werkvertrag zu achten.

### 7.11 Wie hat der Gutachter vorzugehen, wenn ein Vertragspartner Vertragsänderungen behauptet?

„Hierzu bestimmt der § 641a Abs. 3 Satz 3 BGB, dass **„Änderungen dieses Vertrages nur zu berücksichtigen sind,**

- wenn sie schriftlich vereinbart sind
- oder von den Vertragsteilen übereinstimmend gegenüber dem Gutachter vorgebracht werden".

**Beispiel:**

Die Vertragspartner haben im „Hauptvertrag" vereinbart, dass der Dachdecker „rote Dachziegel" aufbringt. Der Auftraggeber behauptet nun, man habe sich nachträglich in mündlicher Form auf rote Tondachziegel geeinigt. Der Auftragnehmer bestreitet dies.

Der Gutachter muss diese behauptete Vertragsänderung unberücksichtigt lassen, weil es weder schriftliche Vereinbarungen gibt, noch ein diesbezügliches Einvernehmen zwischen den Vertragspartnern erkennbar ist.

### 7.12 Welchen Inhalt hat die Fertigstellungsbescheinigung des Gutachters?

Gemäß § 641a Abs. 1 BGB muss der Gutachter bescheinigen, dass

– das versprochene Werk (oder Teilgewerk nach § 641 Abs. 1 Satz 2 BGB) hergestellt

– und frei von Mängeln ist, die

– der Besteller gegenüber dem Gutachter behauptet hat

– oder die für den Gutachter bei der Besichtigung feststellbar sind.

Für den Gutachter empfiehlt sich, entsprechend dieser „gesetzlichen Gliederung" auch tätig zu werden.

Eine spezielle **Begründung** fordert das Gesetz nicht. Sofern jedoch der Auftraggeber bestimmte Mängel gerügt hat, ist zu empfehlen, darzulegen, weshalb die Einwendungen des Auftraggebers nach Meinung des Gutachters nicht zutreffen.

### 7.13 Was gilt, wenn der Besteller dem Gutachter den Zutritt zum Werk verweigert?

Nach § 641a Abs. 4 BGB ist der Besteller verpflichtet, eine Untersuchung des Werkes durch den Gutachter zu gestatten, wenn das in den Abs. 2 und 3 aufgeführte Verfahren eingehalten wurde. Verweigert der Auftraggeber dennoch die Untersuchung durch den Gutachter, so wird vermutet, „dass das zu untersuchende Werk vertragsgemäß hergestellt worden ist". Dann ist die Fertigstellungsbescheinigung dem Auftragnehmer zu erteilen. Das gleiche gilt, wenn der Auftraggeber dem Gutachter zwar grundsätzlich gestattet, die Leistung zu besichtigen, aber ohne sachlichen Grund den zu vereinbarenden Besichtigungstermin unangemessen hinauszögert bzw. verschiebt.[75]

### 7.14 Wie sind Mängelrügen zu behandeln, die der Besteller nach Abschluss der Besichtigung vorbringt?

Wie ausgeführt, bleiben vom Besteller geltend gemachte Mängel bei der Erteilung der Bescheinigung dann unberücksichtigt, wenn

---

[75] Vgl. hierzu Bundestags-Drucksache 14/1246, S. 10.

sie nach Abschluss der Besichtigung durch den Gutachter vorgebracht werden.

Dies bedeutet jedoch nicht, dass der Besteller seine Mängelrechte gänzlich verliert. Zwei Fälle sind zu unterscheiden:

- Der Gutachter stellt die **Mangelfreiheit** fest und **erstellt die Bescheinigung.**

  Dies bedeutet, dass nun die Abnahme ersetzt und insoweit die Voraussetzung für die Fälligkeit des Vergütungsanspruchs des Auftragnehmers gegeben ist. Dem Auftraggeber steht somit gegen den Zahlungsanspruch des Auftragnehmers auch dann **kein Zurückbehaltungsrecht** zu, wenn der behauptete Mangel besteht.

  Sofern der Auftragnehmer den nachträglich gerügten Mangel nicht anerkennt, kann nun der Auftraggeber gegenüber dem Auftragnehmer Nachbesserungsansprüche geltend machen. Im Hinblick auf die bereits vollzogene Abnahme muss der Auftraggeber allerdings **beweisen,** dass der Mangel zum Zeitpunkt der Abnahme bereits vorlag und dem Auftragnehmer zuzurechnen ist.

- Sofern der Gutachter bei seinem Besichtigungstermin **Mängel feststellt,** darf er dem Auftragnehmer die Fertigstellungsbescheinigung nicht erteilen.[76] In diesem Fall ist die vom Besteller verspätet vorgebrachte Mängelrüge unschädlich. Mangels Abnahme ist die Umkehr der Beweislast für die vom Auftraggeber verspätet behaupteten Mängel auch noch nicht eingetreten.

### 7.15 Wer trägt die Kosten des Gutachters?

Gemäß § 641 Abs. 2 Satz 2 BGB wird der Gutachter vom Unternehmer beauftragt, und zwar auch dann, wenn sich beide Vertragsparteien gemäß § 641a Abs. 2 Ziff. 1 BGB auf einen Gutachter einigen. Deshalb hat der Gutachter in jedem Fall einen Zahlungsanspruch gegen den Auftragnehmer. Der Auftragnehmer

---

[76] Vgl. oben, Ziff. 7.2.

kann sich allerdings dann beim Auftraggeber schadlos halten, also von diesem die Bezahlung des Gutachters z. B. dann verlangen, wenn er sich mit der Abnahme in **Schuldnerverzug** befindet.

**Beispiel:**

Der Auftragnehmer verlangt vom Auftraggeber die Abnahme. Der Auftraggeber verweigert die Abnahme wegen ‚wesentlicher Mängel'. Der Gutachter stellt die Mangelfreiheit der Leistung fest.

Weil sich hier der Auftraggeber mit einer Hauptpflicht (Abnahme) in Verzug befindet, kann der Auftragnehmer die **Gutachterkosten als Verzugsschaden** geltend machen.

### 7.16 Welche Vergütung kann der Gutachter verlangen?

Diese ist frei zu vereinbaren. Der Auftragnehmer sollte allerdings beachten, dass er gegebenenfalls nur solche Kosten an den Auftraggeber weitergeben kann, die zu einer „zweckentsprechenden Rechtsverfolgung **notwendig**" waren.[77] Daraus folgt, dass nur die „üblichen" Sachverständigenkosten ersatzfähig sind.[78]

### 7.17 Wie kann der Auftragnehmer nach Erhalt der Fertigstellungsbescheinigung weiter vorgehen?

Aufgrund der Fertigstellungsbescheinigung besitzt der Auftragnehmer eine die Abnahme ersetzende **Urkunde.** Gemäß § 641a Abs. 1 letzter Satz BGB ergibt sich ggf. auch aus dieser Urkunde, dass das **Aufmaß oder die Stundenlohnabrechnung,** die der Auftragnehmer seiner Rechnung zugrunde gelegt hat, zutrifft[79], sofern der Gutachterauftrag auf diese Prüfung erstreckt wurde.

Diese Urkunde eröffnet zusammen mit dem vom Auftragnehmer vorgelegten schriftlichen Vertrag den Weg in den **Urkundenprozess.** In diesem Prozess kann der Auftraggeber nur urkundliche

---

[77] Bundestags-Drucksache 14/1246, S. 9.
[78] Stapenhorst, a.a.O., S. 913, begrenzt die ersatzfähigen Kosten auf diejenigen des Gesetzes zur Entschädigung von Zeugen und Sachverständigen.
[79] Vgl. hierzu oben, Ziff. 7.5.

und solche Einwendungen geltend machen, die sich mit einer Parteivernehmung des Unternehmers beweisen lassen (§ 595 Abs. 2 ZPO). Weil dies nur in seltensten Fällen in Betracht kommt, erhält der Auftragnehmer über diesen Weg die Möglichkeit, nicht nur die Abnahme zu erreichen, sondern auch einen **vollstreckbaren Zahlungsanspruch** zu erhalten. Dabei ist die Vollstreckung aus dem Urkundenvorbehaltsurteil ohne Sicherheitsleistung möglich.[80]

## 7.18 Was kann der Auftraggeber tun, wenn er mit der Erteilung der Fertigstellungsbescheinigung nicht einverstanden ist?

Es bleibt der Rechtsprechung vorbehalten, hier – bezogen auf den jeweiligen Einzelfall – die Rechtsschutzmöglichkeiten des Auftraggebers zu konkretisieren. Zwei Möglichkeiten liegen auf der Hand:

Zum einen kommt in Betracht, dass der Auftraggeber **formale Mängel** geltend macht. Wie ausgeführt, darf die Fertigstellungsbescheinigung nur erteilt werden, wenn das Verfahren nach § 641a Abs. 2 bis 4 BGB eingehalten worden ist.

**Beispiel:**

Der Sachverständige hat eine schriftliche Einladung zu einem Besichtigungstermin ausgesprochen, ohne die in § 641a Abs. 3 BGB verankerte 2-Wochenfrist zu beachten. Weil der Besteller daraufhin die Untersuchung des Werks verweigert hat, hat der Sachverständige nach Abs. 4 die Bescheinigung erteilt.

Bei derartigen Mängeln wird der Auftraggeber schon im Urkundenprozess die Möglichkeit haben, ein für ihn negatives Urteil zu verhindern.

Ist dagegen der Besteller lediglich mit dem **materiellen Inhalt der Fertigstellungsbescheinigung** nicht einverstanden, ohne dass

---

[80] Der Besteller kann die Vollstreckung nach § 711 ZPO abwenden, in dem er seinerseits Sicherheit leistet, sofern der Unternehmer Sicherheit geleistet hat.

offenkundige Fehler des Sachverständigen erkennbar sind, ist der Besteller in der Regel darauf beschränkt, nach Durchführung eines verlorenen Urkundenprozesses im sog. Nachverfahren nach § 599 Abs. 1 ZPO seine Rechte geltend zu machen. Dabei muss gesehen werden, dass – analog zur Abnahme – eine **Umkehr der Beweislast** zu Gunsten des Auftragnehmers eingetreten ist. Es ist somit nun Sache des Auftraggebers, im Nachverfahren zu beweisen, dass die Leistung zum Zeitpunkt des Zugangs der Fertigstellungsmitteilung (§ 641a Abs. 5 BGB) – identisch mit dem Termin der Abnahme – die auftraggeberseitig behaupteten Mängel bereits vorlagen.

### 7.19 Was kann der Auftragnehmer tun, wenn der Gutachter ihm die Fertigstellungsbescheinigung nicht erteilt?

Erteilt der Gutachter die Fertigstellungsbescheinigung nicht (etwa weil Mängel vorliegen), so war bei **richtiger Formulierung des Gutachterauftrags**[81]) seine Tätigkeit keinesfalls nutzlos. Der Auftragnehmer kann nun aus der Begründung entnehmen, welche Mängel auch nach Ansicht des Gutachters gegeben sind. Vornehmlich **drei Varianten** kommen in Betracht:

1. Der Gutachter hat **wesentliche Mängel** festgestellt, so dass eine Abnahme nach § 640 BGB ausscheidet.

   Teilt der Auftragnehmer die Meinung des Gutachters nicht, kann er nun seine Rechte in einem Rechtsstreit geltend machen. Weil sich der Besteller im Rechtsstreit vielfach gerade auf die festgestellten Mängel berufen wird, kann dies zu einer maßgeblichen Prozessbeschleunigung führen.

2. Der Gutachter stellt nur **unerhebliche Mängel** fest. Hier kann die Abnahme zwar nicht durch Fertigstellungsbescheinigung, jedoch mit Hilfe der Grundsätze des § 640 BGB erreicht werden. Hatte der Auftragnehmer bereits vorher die Abnahme beantragt, so ist die Abnahme aufgrund der gesetzlichen Fiktion des § 640 Abs. 1 Satz 3 BGB anzunehmen. Der Besteller wird

---

[81]) Siehe hierzu oben, Ziff. 7.5.

in Zukunft sorgfältig prüfen, ob er trotz der bestätigten geringfügigen Mängel die Abnahme weiterhin verweigert oder stattdessen gemäß § 641 Abs. 3 BGB von der Vergütung mindestens das 3-Fache der voraussichtlichen Mängelbeseitigungskosten einbehält.

3. Schließlich kann der Auftragnehmer **die festgestellten Mängel beseitigen.** Hierzu hat der Auftraggeber ihm Gelegenheit zu geben. Verweigert der Auftraggeber dem Auftragnehmer die Mängelbeseitigung, kann dies nach Treu und Glauben (§ 242 BGB) zu einem Verlust des Mängelbeseitigungsrechts des Auftraggebers führen.

Nach der Mängelbeseitigung kann dann der Auftragnehmer die Abnahme verlangen bzw. Schlussrechnung stellen oder – sofern der Anspruch streitig bleibt – nun die Abnahme und die Fälligkeit der Vergütung durch **die erneute Beauftragung des Sachverständigen zur Ausstellung einer Fertigstellungsbescheinigung erreichen.**

## 7.20 Können die Vertragspartner die Abnahme durch Fertigstellungsbescheinigung vertraglich ausschließen?

Der § 641a BGB beinhaltet kein zwingendes Recht. Somit haben die Vertragspartner auch die Möglichkeit, durch **individuelle Vereinbarung** die Regelung des § 641a BGB auszuschließen.

Dem Auftraggeber dürfte allerdings nur sehr eingeschränkt möglich sein, den Kerngehalt des § 641a BGB durch **seine Allgemeinen Geschäftsbedingungen** zu Lasten des Auftragnehmers zu ändern. Die Abnahme zählt zu den Hauptpflichten des Bestellers. An die Durchführung der Abnahme sind maßgebliche Rechtsfolgen geknüpft. Die gesetzlichen Änderungen wurden vornehmlich deshalb vorgenommen, weil die bisherige Rechtslage objektiv die Möglichkeit eröffnete, durch Hinauszögerung der Abnahme einen fälligen Vergütungsanspruch des Vertragspartners zu verhindern. Aufgrund des hohen Gerechtigkeitsgehalts der neuen Regelung sind Abweichungen von diesen Regelungen durch Allgemeine

Geschäftsbedingungen an § 9 Abs. 2 Ziff. 1 AGB-Gesetz zu messen.

**Beispiel:**

Die vorformulierten „Besonderen Vertragsbedingungen" des Auftraggebers sehen vor:

Die Abnahme durch Fertigstellungsmitteilung (§ 641a BGB) wird ausgeschlossen.

Aufgrund der gemachten Ausführungen liegt hier eine „unangemessene Benachteiligung" im Sinne von § 9 Abs. 2 AGB-Gesetz vor, weil von wesentlichen Grundgedanken der gesetzlichen Regelung abgewichen wird. Die Klausel ist daher unwirksam.

**Beispiel:**

Die vorformulierte Klausel lautet:

Gutachter im Sinne des § 641a BGB kann nur ein öffentlich-bestellter und vereidigter Sachverständiger sein, mit dem der Auftraggeber ausdrücklich einverstanden ist.

Auch diese Klausel ist nach der hier vertretenen Ansicht wegen Verstoßes gegen § 9 AGB-Gesetz unwirksam, weil nach der maßgeblichen vertragspartnerfeindlichsten Auslegung der Auftraggeber in der Lage ist, durch Verweigerung seines Einverständnisses eine entsprechende gutachtliche Feststellung zu verhindern.

Umgekehrt ist ebenfalls bedenklich, wenn der **Auftragnehmer** durch seine Allgemeinen Geschäftsbedingungen zu seinen Gunsten „Verbesserungen" bei § 641a BGB vornimmt.

**Beispiel** einer Klausel:

Die Fertigstellungsbescheinigung ist auch bei unwesentlichen Mängeln zu erteilen.

### 7.21 Gilt diese Neuregelung auch im Rahmen eines VOB-Vertrages?

Diese wichtige Frage ist streitig.[82] Auch nach der hier vertretenen Ansicht beinhaltet die VOB/B in § 12 eine abschließende und sich auch gegenüber der Neufassung des BGB in einzelnen Punkten abgrenzende Regelung. So kennt beispielsweise die VOB/B in § 12 Nr. 5 weitergehende Möglichkeiten zur Herbeiführung einer fiktiven Abnahme. Daraus folgt, dass die Vertragsparteien, sofern sie ungeschränkt die VOB/B vereinbaren, nicht die Möglichkeit besitzen, die Abnahme ohne weiteres nach § 641a BGB zu erreichen.

Allerdings ist auch die **Gegenmeinung** vertretbar, wonach die Neuregelung auch im VOB-Vertrag anwendbar ist, weil die VOB diese Form des Abnahmeersatzes bisher gar nicht kennt und somit auch nicht ausschließt.

Bis zur Klärung des Meinungsstreits **empfiehlt sich,** im VOB-Vertrag festzulegen, dass die Abnahme auch durch Fertigstellungsbescheinigung im Sinne des § 641a BGB erfolgen kann.

Auch dann, wenn – wie häufig – der Auftraggeber im Werkvertrag die VOB zugrundelegt, sie aber durch vorrangige Vertragsbedingungen im „Kernbereich" wieder abändert, so dass die VOB ihre nach § 23 Abs. 2 Nr. 5 AGB-Gesetz privilegierte Stellung als ausgewogene Vertragsbedingung verliert, kann auch nach der hier vertretenen Ansicht die gesetzliche Regelung im Rahmen des „Rest-VOB-Vertrages" auch ohne Vereinbarung zur Anwendung kommen.

**Beispiel:**

In seinen vorformulierten Vertragsbedingungen legt der Auftraggeber fest:

Die Abnahme ist ausschließlich förmlich durchzuführen. Sie findet erst mit **Gesamtfertigstellung der Baumaßnahme** statt.

---

[82] Zustimmend Kniffka, a.a.O., S. 236; ablehnend Kiesel, a.a.O., S. 1679.

In der Rechtsprechung ist anerkannt, dass die genannte Klausel auch im Rahmen eines VOB-Vertrages nichtig ist und die VOB gleichzeitig in ihrem Kernbereich abändert.[83] Weil nach § 6 Abs. 2 AGB-Gesetz anstelle einer nichtigen Klausel die entsprechende Abnahmeregelung des BGB tritt, hat dies nach der hier vertretenen Ansicht zur Konsequenz, dass nun in jedem Fall der Auftragnehmer die Abnahme u. a. mit Hilfe der Fertigstellungsbescheinigung des § 641a BGB erreichen kann.

## 8. Hilft die Neuregelung dem Auftragnehmer, auch vor Gericht schneller zu seinem Geld zu kommen?

Die Neuregelung versucht, dem Auftragnehmer insoweit durch eine Änderung der Zivilprozessordnung im Bereich des sog. Teil- bzw. Vorbehaltsurteils zu helfen.

§ 301 ZPO ermöglicht bereits bisher den Erlass von Teilurteilen zur Entlastung und Beschleunigung eines umfangreichen Rechtsstreits. Da der Erlass von Teilurteilen immer die Gefahr einander widersprechender Entscheidungen birgt, wurde auf Lockerung der Voraussetzungen, unter denen ein Teilurteil ergehen kann, verzichtet. Der Rechtsprechung folgend[84] wurde lediglich klargestellt, dass über einen Teil eines einheitlichen Anspruchs, der nach Grund und Höhe streitig ist, durch ein Teilurteil nur dann entschieden werden kann, wenn zugleich ein Grundurteil über den restlichen Teil des Anspruchs ergeht.

Im Bereich des Vorbehaltsurteils gemäß § 302 ZPO, mit dem der Gesetzgeber bereits bisher bezweckte, der Prozessverschleppung durch missbräuchliche Aufrechnungserklärungen entgegenzutreten, findet sich hingegen eine gewichtigere Änderung. Während ein Vorbehaltsurteil bisher nicht ergehen durfte, wenn zwischen der Forderung des Auftragnehmers und der vom Auftraggeber zur

---
[83] Vgl. Ziff. II. 6.4.
[84] BGH, NJW 1989, 2821; 1992, 511.

## Abschnitt A

Aufrechnung gestellten Gegenforderung ein „rechtlicher Zusammenhang" bestand, soll dies zukünftig möglich sein. Da es im Ermessen des Richters liegt, ob er sich in diesen Fällen nunmehr für den Erlass eines Vorbehaltsurteils entscheidet, bleibt abzuwarten, welche Bedeutung die Neuregelung in der Rechtspraxis erlangt.

## Anhang zu Abschnitt A

## Musterbriefe

## 1. Vorbemerkung:

Die nachstehend abgedruckten Muster sollen dem Unternehmer und dem Besteller eine Formulierungshilfe bei Umsetzung der gesetzlichen Regelung in die Praxis geben. Die Muster basieren dabei auf den von den Verfassern zur Auslegung der gesetzlichen Regelungen vertretenen Ansicht. Das Muster zur „Fertigstellungsbescheinigung" wurde vom DIHT und vom DHKT gemeinsam entwickelt.

## 2. Abnahmeverlangen nach § 640 Abs. 1 Satz 3 BGB

An

..............................                    Datum

Betreff: Bauvorhaben ................................................................
      hier: Abnahme

Sehr geehrte Damen und Herren,

zu bezeichnetem Bauvorhaben teilen wir Ihnen mit, dass die uns übertragene Werkleistung fertiggestellt ist. Unter Hinweis auf § 640 Abs. 1 Satz 3 BGB möchten wir Sie bitten,

☐   das Gesamtgewerk

☐   folgendes Teilgewerk ............................................

nun bis spätestens ........................*)
abzunehmen.

Mit freundlichen Grüßen

---

*) Wir empfehlen, eine Frist von mindestens 12 Werktagen ab Zugang dieses Schreibens vorzusehen.

Abschnitt A

## 3. Gutachterauftrag

Nach § 641a BGB steht es der Abnahme gleich, wenn dem Auftragnehmer von einem Gutachter eine Bescheinigung darüber erteilt wird, dass

**1.** das versprochene Werk bzw. ein Teil desselben hergestellt ist und

**2.** das Werk frei von Mängeln ist, die der Auftraggeber gegenüber dem Gutachter behauptet oder die für den Gutachter bei einer Besichtigung feststellbar sind.

Dementsprechend werden Sie hiermit beauftragt, das von uns für den Auftraggeber ............. aufgrund des in Kopie anliegenden Vertrages vom ............. erstellte Gewerk zu begutachten und unparteiisch zu bescheinigen, dass

☐ das versprochene Werk

☐ der nachstehend näher bezeichnete Teil des versprochenen Werks: .............................

hergestellt und frei von Mängeln ist, die der Auftraggeber Ihnen gegenüber behauptet oder die für Sie bei der Besichtigung feststellbar wären. Wir beauftragen Sie, hierzu einen Besichtigungstermin abzuhalten und bitten hierbei die Regularien zu beachten, die § 641a Abs. 2–4 BGB zwingend vorsieht.

☐ Darüber hinaus werden Sie beauftragt, zu prüfen und zu bestätigen, dass

  ☐ das beigefügte, von uns erstellte Aufmaß

  ☐ die beigefügte, von uns erstellte Stundenlohnabrechnung

die wir unserer Rechnung zugrunde gelegt haben, zutreffen.

# BGB

☐ Für den Fall, dass Mängel festgestellt werden, beauftragen wir Sie hiermit zusätzlich

   ☐ diese Mängel näher zu bezeichnen

   ☐ die zur Beseitigung erforderlichen Kosten anzugeben

   ☐ zur Art und Weise der erforderlichen Nachbesserung Stellung zu nehmen

Als Vergütung wird vereinbart

   ☐ ein Stundensatz von ........................

   ☐ ................................................

**Anlage:** Werkvertrag vom ......................................................


..............................................    ..............................................
Ort, Datum / Firma                                Gutachter

## 4. Fertigstellungsbescheinigung

**(Muster des DIHT sowie des DHKT für eine Fertigstellungsbescheinigung)**

**Fertigstellungsbescheinigung nach § 641a BGB**
betreffend das Werk .................................. (genaue Bezeichnung).

Die Bescheinigung gilt nur für die Vertragspartner ........................ (Unternehmer) und ...................... (Besteller).

1. Aufgrund des Auftrags des Unternehmers .................................... (Name und Anschrift) vom .................. (Datum) habe ich oben beschriebenes Werk besichtigt und untersucht:

2. Eine Ortsbesichtigung hat am ............. von ............ bis ............. Uhr stattgefunden. Die Einladung zur Ortsbesichtigung wurde am ............. an Unternehmer und Besteller versandt. An der Ortsbesichtigung haben folgende Personen teilgenommen .................................................... .

   Die Ortsbesichtigung wurde um ............. Uhr geschlossen.

**oder:**

   Der Besteller hat den Zugang zur Ortsbesichtigung verweigert.

3. Das Werk entspricht den Vorgaben im Vertrag vom ............. .
   Die vom Besteller vorgetragene Mängelrüge ist nicht begründet, weil .......................... (kurze Begründung).

**oder:**

   Das Werk entspricht nicht den Vorgaben im Vertrag vom ........... (kurze Begründung).

   Die vom Besteller vorgetragene Mängelrüge ist begründet, weil ............. (kurze Begründung).

   Folgende Mängel sind wesentlich .................. Folgende Mängel sind unwesentlich .................. .

4. Aufmaß und Stundenlohnabrechnungen sind in folgenden Punkten zu beanstanden: ......................................................... (Begründung).

5. Der Besteller hat eine Abschrift dieser Bescheinigung erhalten.


Unterschrift des Sachverständigen und Rundstempel der Bestellungskörperschaft.

# Abschnitt B

# Das Bauhandwerkersicherungsgesetz (BHSG)

## 1. Welche Änderungen bringt das „Gesetz zur Beschleunigung fälliger Zahlungen" für die Bauhandwerkersicherung nach § 648a BGB?

Die Vorschrift des § 648a BGB wurde mit Wirkung zum 01. 05. 2000 in zwei Punkten geändert:

1. In § 648a Abs. 1 wird klargestellt, dass der Besteller Sicherheit nicht nur für seinen (voraussichtlichen) Vergütungsanspruch, sondern auch für sogenannte „Nebenforderungen" geltend machen kann. Diese werden von Gesetzes wegen mit 10 v. H. des zu sichernden Vergütungsanspruchs bemessen.

2. Die Vorschrift des § 648a Abs. 5 BGB wurde dahin erweitert, dass der Schadensersatzanspruch des Unternehmers nach Beendigung des Vertrages auch im Falle der Auftraggeberkündigung entsteht, wenn diese im zeitlichen Zusammenhang mit dem Sicherheitsverlangen ausgesprochen wird. Eingefügt wurde ferner die Regelung, wonach eine Schadenshöhe von 5% der Vergütung gesetzlich vermutet wird.

## 2. Warum ist die Bauhandwerkersicherung nach § 648a BGB notwendig?

**2.1** Nach § 641 Abs. 1 BGB ist der Besteller eines Werks verpflichtet, „die Vergütung bei der Abnahme des Werks zu entrichten". Dies bedeutet, dass der Unternehmer nach dem Gesetz in der Regel seine Leistung erst im vollen Umfang erbringen muss, bevor er eine Gegenleistung erhält. Diese Vorleistungspflicht wird durch die Einfügung der neuen Vorschrift des § 632a BGB nur teilweise eingeschränkt. Zwar steht dem Unternehmer danach grundsätzlich ein Anspruch auf Abschlagszahlungen zu. Diese Neuregelung gilt aber zum einen nur für Verträge, die nach dem 30. 04. 2000 abgeschlossen wurden (§ 229 Abs. 2 EGBGB). Zum anderen besteht der Anspruch auf Abschlagszahlungen nur für in sich abgeschlossene Teile des erbrachten Werkes oder für erforderliche Stoffe und Bauteile, die eigens angefertigt oder angeliefert sind. Er setzt zudem voraus, dass der Unternehmer in Höhe der Abschlagszahlung Sicherheit leistet, wenn der Besteller nicht das Eigentum an den Teilleistungen erhält.[1])

Die mit der Vorleistungspflicht des Unternehmers verbundenen Risiken bleiben daher im Grundsatz bestehen. Diese liegen insbesondere im Folgenden:

**2.1.1** Der Unternehmer trägt das volle Insolvenzrisiko. Dies gilt auch in Bezug auf Leistungsabschnitte, für die ein Anspruch auf Abschlagszahlungen besteht. Hat er seine Leistung erbracht und kann der Besteller – etwa aufgrund Insolvenz – seiner Zahlungspflicht nicht mehr nachkommen, so ist der Bauunternehmer in der Regel ohne Schutz. Insbesondere ist er nicht in der Lage, die eingebauten Materialien zurückzuholen, weil sie gemäß § 946 BGB mit der Verbindung mit dem Baugrundstück in das Eigentum des Grundstückseigentümers übergehen.

**2.1.2** Der Unternehmer ist nach dem gesetzlichen Werkvertragsrecht auch dann ohne ausreichenden Schutz, wenn der Besteller zwar zahlen kann, jedoch nicht zahlen will. Die häufig unterkapitalisierten Handwerksbetriebe scheuen langwierige Bauprozesse, so dass sie in solchen Fällen oft gezwungen sind, im Vergleichswege auf Teile des Vergütungsanspruchs zu verzichten, um innerhalb überschaubarer Zeit wenigstens einen Teil der ihnen zustehenden Vergütung zu erhalten.[2])

**2.2** Die Sicherungsmöglichkeiten außerhalb des § 648a BGB bieten dem Unternehmer nur einen unzureichenden Schutz:

---

[1]) Siehe hierzu im einzelnen Abschnitt A, Ziff. III. 3.
[2]) Zwar sieht das Gesetz zur Beschleunigung fälliger Zahlungen mit Wirkung zum 01. 05. 2000 erleichterte Voraussetzungen für den Erlass eines Teil- oder eines Vorbehaltsurteils vor (§§ 301, 302 ZPO neue Fassung). Da die Gerichte erfahrungsgemäß auch dann, wenn die Voraussetzungen für den Erlass eines Teil- oder Vorbehaltsurteils unzweifelhaft vorliegen, von diesen Möglichkeiten nur zurückhaltend Gebrauch machen, wird sich für die prozessuale Durchsetzung von Werklohnforderungen durch die Neufassungen der §§ 301 und 302 ZPO keine wesentliche Änderung ergeben.

**2.2.1** Die Bauhandwerkersicherungshypothek des § 648 BGB weist erhebliche Schwächen auf. Die Eintragung der Sicherungshypothek kann erst dann verlangt werden, wenn bereits Arbeiten erbracht worden sind. Ist zum Zeitpunkt des Antrags auf Eintragung der Bauhandwerkersicherungshypothek – wie meist – das Baugrundstück mit anderen Grundpfandrechten belastet, fällt der Handwerker bei einer Zwangsversteigerung des Grundstücks ganz oder überwiegend aus. Weiterhin ist zu beachten, dass der Besteller häufig nicht Eigentümer des Baugrundstücks ist und somit von vorne herein die Eintragung einer Bauhandwerkersicherungshypothek ausscheidet (vgl. Abschnitt C, Ziff. 5 f.). Bei Nachunternehmern fällt somit ein Schutz durch die Bauhandwerkersicherungshypothek gänzlich aus.

**2.2.2** Das Gesetz zum Schutz von Bauforderungen (GSB) ist ebenfalls nur eingeschränkt tauglich (vgl. hierzu Abschnitt D). Es bietet überdies keine Sicherheit im eigentlichen Sinne, sondern eröffnet lediglich unter bestimmten Voraussetzungen die Möglichkeit einer Durchgriffshaftung gegen Geschäftsführer von (in Insolvenz geratenen) auftraggebenden Gesellschaften.

**2.3** Auch die **VOB** bietet für den Unternehmer nur begrenzten Schutz, wenn es um die Sicherung seiner Vorleistung geht. Zwar hat der Unternehmer nach § 16 Nr. 1 VOB/B Anspruch auf Abschlagszahlungen „in möglichst kurzen Zeitabständen" (§ 16 Nr. 1 Abs. 1 VOB/B); bis jedoch der Unternehmer diesen Abschlagszahlungsanspruch verwirklichen und die Arbeiten bei Nichtzahlung einstellen kann, vergeht sehr viel Zeit. Nach § 16 Nr. 1 Abs. 3 VOB/B sind Abschlagszahlungen binnen 18 Werktagen nach Zugang der Aufstellung zu leisten. Zahlt der Besteller bei Fälligkeit nicht, kommt eine Einstellung der Arbeiten erst in Betracht, wenn der Besteller auch eine vom Unternehmer gesetzte „angemessene Nachfrist" verstreichen lässt (§ 16 Nr. 5 Abs. 3 VOB/B). Die VOB/B mildert somit das gesetzlich geregelte Vorleistungsrisiko, beseitigt es aber nicht.

**2.4** Noch unbefriedigender wie beim Bauhandwerker ist das Vorleistungsrisiko des **Architekten** abgesichert. Die Sicherungsmöglichkeit des § 648 BGB steht dem Architekten zwar grundsätzlich zu, setzt aber die Verwirklichung von Planungsleistungen auf dem Baugrundstück voraus (vgl. Abschnitt C, Ziff. 8.3.2).

## 3. Wie „funktioniert" die Sicherheit des § 648a BGB?

Nach der Bestimmung des § 648a BGB[3]) kann der Unternehmer jederzeit Sicherheit (z.B. Bankbürgschaft) vom Besteller für die von ihm zu erbringenden Vorleistungen bis zur Höhe des voraussichtlichen Vergütungsanspruchs verlangen.

– Bringt der Besteller die Sicherheit innerhalb angemessener Frist nicht bei, kann der Unternehmer die Arbeiten sofort einstellen. Mit einer weiteren ergebnislosen Nachfrist und Ablehnungsandrohung kann er die Beendigung des Vertrages herbeiführen. Ihm steht dann Anspruch auf Ersatz des Vertrauensschadens zu, der gesetzlich in Höhe von 5% des Vergütungsanspruchs vermutet wird. Das Gleiche gilt, wenn der Besteller im zeitlichen Zusammenhang mit dem Sicherungsverlangen des Unternehmers kündigt.

– Die üblichen Kosten der Sicherheit muss grundsätzlich der Unternehmer tragen. Die Kostenlast des Unternehmers für die Sicherheitsleistung wurde auf einen Höchstsatz von 2 v. H. für das Jahr beschränkt.

– Die Rechte aus diesem Gesetz dürfen vertraglich nicht aufgehoben werden.

– Das Bauhandwerkersicherungsgesetz gilt nicht:
  – für öffentliche Aufträge
  – gegenüber „natürlichen Personen", wenn die Bauarbeiten zur Herstellung oder Instandsetzung eines Einfamilienhauses mit

---

[3]) Die Regelung trat am 01. 05. 1993 in Kraft und gilt für seit Inkrafttreten abgeschlossene Verträge (Art. 170 EGBGB).

oder ohne Einliegerwohnung auszuführen sind, es sei denn, bei Betreuung des Bauvorhabens wurde ein Baubetreuer eingeschaltet, der über die Finanzierungsmittel des Bestellers verfügen kann.

## 4. Wer ist durch § 648a BGB geschützt?

**4.1** Der Unternehmer eines Bauwerks.

Nach § 648a Abs. 1 BGB soll „der Unternehmer eines Bauwerks", also jeder Unternehmer geschützt werden, der aufgrund eines Werkvertrags dem Besteller gegenüber zu Arbeiten an einem Bau oder eines Teils davon verpflichtet ist. Geschützt ist somit der Bauhandwerker, der zur Erbringung der Bauleistung verpflichtet ist.

Der Begriff „Bauhandwerker" ist dabei weit zu fassen. Nicht „handwerkliche" Tätigkeit, sondern die Rolle des Unternehmers bestimmt den Kreis der Anspruchsberechtigten. Somit sind anspruchsberechtigt (gleichgültig, ob „handwerklich" oder „industriell" tätig):[4]

- der Hauptunternehmer, Generalunternehmer, Totalunternehmer, Totalübernehmer, usw., gegenüber seinem Besteller.
- der Subunternehmer gegenüber seinem „Besteller", dem Hauptunternehmer bzw. Generalunternehmer.

Als **„Bauwerk"** ist jede unbewegliche durch Verwendung von Arbeit und Material in Verbindung mit dem Erdboden hergestellte Sache zu bezeichnen.[5]

---

[4] Ebenso Slapnicar-Wiegelmann, NJW 1993, S. 2907; Weber „Das Bauhandwerkersicherungsgesetz", WM 1994, S. 725.
[5] Ausführlich zum Begriff „Bauwerk" Abschnitt C, Ziff. 8.

**4.2** Der Unternehmer einer Außenanlage.

Unternehmer einer Außenanlage werden ausdrücklich in den Schutzbereich des Gesetzes mit einbezogen. Dies deshalb, weil § 638 BGB „Arbeiten bei Bauwerken" von „Arbeiten an einem Grundstück" abgrenzt, andererseits aber die Interessenlage bei Unternehmern einer Außenanlage (Garten- und Landschaftsbauer) mit der Interessenlage bei Unternehmern eines Bauwerks identisch ist.

Die Aufnahme dieses Personenkreises in den Schutzbereich des § 648a BGB ist deshalb von besonderer Bedeutung, weil nach herrschender Meinung für „Arbeiten an einem Grundstück" kein Anspruch auf Einräumung einer Sicherungshypothek begründet wird (vgl. Abschnitt C, Ziff. 8.2.1).

**4.2.1** Es besteht keine Veranlassung, den Begriff „Unternehmer eines Bauwerks" bei § 648a BGB weiter zu definieren als bei § 648 BGB, wie Schulze-Hagen annimmt (BauR 2000, S. 28). Der besonderen Erwähnung des Unternehmers einer Außenanlage in § 648a Abs. 1 BGB hätte es nicht bedurft, wenn der Bauwerksbegriff ohnehin weiter zu fassen sein sollte.

**4.3** Der Architekt, Sonderfachmann, Bauingenieur.

Weil jeder Unternehmer geschützt ist, der dem Besteller gegenüber aufgrund eines Werkvertrages zur Herstellung eines Bauwerks oder eines Teils davon verpflichtet ist, ist auch der Architekt, Ingenieur, Statiker, Fachplaner und Bauleiter anspruchsberechtigt, wenn er eine nach dem Bauvertrag notwendige geistige Leistung erbringt.[6] Inwieweit der **nur planende** Architekt geschützt ist, dessen Planung sich nicht auf dem Baugrundstück verwirklicht, ist für **§ 648 BGB** streitig.[7] Die herrschende Meinung geht von dem Anspruch des Architekten auf Eintragung einer Bauhandwerkersi-

---

[6] Amtliche Begründung zum Entwurf BT-Drucksache 12/1836 vom 13. 12. 1991, S. 8. Die „Bauhandwerkersicherung müsste daher richtig lauten: „Bauunternehmersicherung".

[7] Siehe hierzu im einzelnen Abschnitt C, Ziff. 8.3.2.

cherungshypothek (§ 648 BGB) nur dann aus, wenn sich die geistige Leistung körperlich im Bauvorhaben verwirklicht hat. Grundlage dieser Rechtsansicht ist allerdings das sogenannte Mehrwertprinzip, welches aus § 648 Abs. 1 Satz 2 BGB abgeleitet wird. Danach ist die Wertsteigerung, die mit der Bauleistung auf dem Grundstück verbunden ist, Anknüpfungspunkt für den Sicherungsanspruch des Unternehmers.[8]

Dieses Mehrwertprinzip gilt im Rahmen des § 648a BGB nicht. Anknüpfungspunkt für den „Sicherungsanspruch" des Unternehmers ist gerade nicht die Wertsteigerung des Baugrundstücks infolge erbrachter Bauleistungen, sondern das **Vorleistungsrisiko**, welches grundsätzlich unabhängig von bereits erbrachten Bauleistungen besteht (siehe nachstehende Ziffer 14.2.1) und die vom Besteller für das Bauvorhaben zur Verfügung zu stellenden Finanzierungsmittel.

**Im Ergebnis** ist deshalb dem nur planenden Architekten die Sicherungsmöglichkeit nach § 648a BGB zuzubilligen, unabhängig davon, ob sich seine Planungsleistungen im körperlichen Bauwerk verwirklicht haben oder nicht.[9]

### 4.4 Baustofflieferanten?

Hat der Lieferant aufgrund Kaufvertrags Bauteile oder Baumaterialien zu liefern, besitzt er keine Ansprüche nach dem Bauhandwerkersicherungsgesetz.[10] Dies gilt auch dann, wenn er im Rahmen eines **Werklieferungsvertrags** tätig wird.

**Beispiel:**

Ein Betonwerk fertigt und liefert nach Plänen bestimmte Betonfertigteile für ein Bauwerk, baut sie allerdings nicht selbst ein. Hier

---

[8] Siehe hierzu Abschnitt C, Ziff. 2.2.
[9] Anders Vorauflage; ebenso: Schulze-Hagen, BauR 2000, S. 29.
[10] Amtliche Begründung, a.a.O.; Palandt-Thomas, 59. Aufl., § 648a Rdn. 5; Slapnicar-Wiegelmann, a.a.O.

# Abschnitt B

liegt ein Werklieferungsvertrag[11]) über nicht vertretbare Sachen vor, für den nach § 651 Abs. 1 BGB der § 648 BGB – und nun auch § 648a BGB – nicht gelten.

**4.5 Unternehmer, die Bauvorbereitungs-, Renovierungs- oder Wartungsarbeiten erbringen?**

Dies ist eine Frage des Einzelfalles. Es ist stets zu prüfen, ob es sich um eine Bauleistung handelt oder nicht.

**Beispiel:**

Ein Besteller beauftragt den Unternehmer nur mit **Abbrucharbeiten**. In diesem Fall geht die herrschende Meinung[12]) davon aus, dass es sich hier um keine Bauleistung handelt. Dem Unternehmer stehen weder die Rechte aus § 648 BGB noch solche aus § 648a BGB zu. Anders verhält es sich, wenn die Abbrucharbeiten für den Unternehmer lediglich vorbereitende Leistungen für die nachfolgend geschuldete Bauerrichtung sind.

**Renovierungsarbeiten** an Gebäuden sind im Einzelfall kein „Bauwerk".

**Beispiel:**

Der Besteller lässt an seinem Mehrfamilienhaus Malerarbeiten an dem verschmutzten aber nicht grob schadhaften Außenputz ausführen.

Derartige Renovierungsarbeiten sind keine „Bauleistungen". Der § 648a BGB gilt nicht. Anders, wenn die Malerarbeiten der „Substanzerhaltung" dienen, der Maler also z. B. gleichzeitig größere Putzschäden beseitigt.[13]) Zu weiteren Beispielen vergleiche Abschnitt C, Ziff. 8.2.

---

[11]) Ausführlich hierzu Handbuch des privaten Baurechts/Kleine-Möller, 2. Aufl., Rdn. 54 ff.
[12]) Vgl. Motzke, Die Bauhandwerkersicherungshypothek, S. 96; OLG Bremen, BauR 1995, S. 862.
[13]) OLG Köln, NJW-RR 1989, S. 1181. **Keine** Bauleistung z. B.: Einbau einer Alarmanlage im Wohnhaus (OLG Frankfurt/M., NJW 1988, S. 2546), Anbringen

### 4.6 Bauträger?

Der Bauträger ist Gewerbetreibender, der das Bauvorhaben im eigenen Namen für eigene oder für fremde Rechnung vorbereitet und durchführt. Der Bauträger ist somit als „Werkunternehmer"[14]) auch „Unternehmer eines Bauwerks" und dem Wortlaut des § 648a BGB nach sicherungsberechtigt. Der Bauträger wird jedoch aufgrund vertraglich vereinbarter Sicherungsrechte in der Regel nicht sicherungsbedürftig im Sinne des § 648a BGB sein.

### 4.7 Arbeitnehmerüberlassung:
Das Arbeitnehmer überlassende Unternehmen ist kein am Bau beteiligtes Unternehmen, kein Handwerksbetrieb und hat keine zweckgerichtete Werkleistung für das Bauvorhaben erbracht. Ein Anspruch nach § 648 BGB scheidet daher aus.[15])

## 5. Wer ist als „Besteller" im Sinne des § 648a BGB anzusehen?

Nach § 648a Abs. 1 BGB ist der **Besteller** verpflichtet, dem Unternehmer Sicherheit für die von diesem zu erbringenden Vorleistungen einschließlich dazugehöriger Nebenforderungen zu gewähren. „Besteller" ist grundsätzlich jeder Besteller eines Bauwerks, einer Außenanlage oder einer Architektenleistung. Nicht maßgebend ist, ob der „Besteller" auch gleichzeitig Grundstückseigentümer ist, wie dies nach § 648 BGB verlangt wird (vgl. Abschnitt C, Ziff. 5.2).

---

einer Lichtreklame am Bauwerk (OLG Hamm, NJW-RR 1990, S. 799); **Bauleistung**: Einbau eines Aufzuges in Gebäude (BGH NJW 1987, S. 837); nachträgliches Verlegen eines Teppichbodens mittels Kleber in einer Wohnung (BGH NJW 1991, S. 2486); Einbau einer Einbauküche unter Anpassung an die Wünsche des Bestellers (BGH NJW-RR 1990, S. 787). Weitere Nachweise bei Werner/ Pastor, 9. Aufl., Rdn. 208.

[14]) Vgl. Ingenstau/Korbion, 13. Auflage, Anhang Rdn. 193.
[15]) Kammergericht Berlin, KGR Berlin 1997, S. 205.

Somit besitzt der § 648a BGB besondere Bedeutung bei Bauverträgen, bei denen der Besteller nicht gleichzeitig Grundstückseigentümer ist und bei denen deshalb die Bauhandwerkersicherungshypothek von vornherein ausscheidet (z. B. Subunternehmervertrag, Bauvertrag mit (kaufmännischen) Baubetreuern, usw.).[16]) Der „Besteller" kann gleichzeitig auch anspruchsberechtigter **Unternehmer** sein.

**Beispiel:**

Ein Subunternehmer fordert von seinem „Besteller" – dem Generalunternehmer – eine Sicherheit für die zu erbringende Vorleistung. Der Generalunternehmer – als „Unternehmer" des Bauherrn – fordert von diesem eine Vorleistungssicherheit. Somit ist hier der Generalunternehmer in der Doppelrolle als Besteller und Unternehmer.

## 6. Welche Besteller werden von § 648a BGB nicht erfasst?

Das Gesetz nimmt in § 648a Abs. 6 BGB zwei Personenkreise von der Verpflichtung zur Beibringung einer Bauhandwerkersicherheit aus.

**6.1** Juristische Personen des öffentlichen Rechts oder öffentlich-rechtliche Sondervermögen.

Dieser Personenkreis wurde vom Gesetz ausgenommen, weil der Gesetzgeber davon ausgeht, dass diesbezüglich kein Insolvenzrisiko (Konkursrisiko) bestehe, also ein besonderer Schutz des Unternehmers nicht notwendig sei.[17])

---

[16]) Vgl. Abschnitt C, Ziff. 5.2.
[17]) Vgl. Amtliche Begründung, a.a.O., S. 11; Slapnicar-Wiegelmann, NJW 1993, S. 2907, weisen zurecht darauf hin, dass die pauschale Herausnahme dieses Personenkreises auf „fehlender rechtstatsächlicher Analyse basiert". Zwar sind Bund, Länder, Gemeinden und einzelne mit ihnen verbundenen Körperschaften insolvenzfähig; andere juristische Personen des öffentlichen Rechts wie die

**Nicht ausgenommen** sind juristische Personen des Privatrechts, an denen (auch mehrheitlich) juristische Personen des öffentlichen Rechts beteiligt sind.[18]

**Beispiel:**

Eine Gemeinde gründet für den sozialen Wohnungsbau eine Bau-GmbH. Dieser Besteller ist zur Beibringung von Sicherheiten nach § 648a BGB verpflichtet.

**6.2** Private Einfamilienhausbauer, die keinen Bauträger zwischenschalten.

Nach § 648a Abs. 6 Ziff. 2 ist ausgenommen auch

– wer als „natürliche Person" die Bauarbeiten zur Herstellung oder Instandsetzung eines Einfamilienhauses mit oder ohne Einliegerwohnung[19] ausführen lässt, und

– wenn die Betreuung des Bauvorhabens nicht durch einen zur Verfügung über die Finanzierungsmittel des Bestellers ermächtigten Baubetreuer geschieht.

Bei diesem Personenkreis geht der Gesetzgeber davon aus, dass aufgrund der unbegrenzten und lebenslänglichen persönlichen Haftung des Bestellers eine beträchtliche Sicherheit zu Gunsten des Unternehmers bestehe. Auch sei bei diesem Personenkreis

---

AOK, Rechtsanwaltskammer, Ersatzkassen, IHK, öffentlich-rechtliche Rundfunkanstalten, können dagegen durchaus insolvent werden.

[18] Anderer Ansicht Ingenstau/Korbion, 13. Aufl., § 16 VOB/B, Rdn. 438, der den genannten Personenkreis deshalb ausnehmen will, weil er „im Allgemeinen zahlungsfähig und zahlungswillig" sei. Diese Meinung ist mit dem Wortlaut des § 648a Abs. 6 BGB nicht vereinbar. Sie ist auch im Hinblick auf die Ausführungen von Slapnicar-Wiegelmann (a.a.O.) nicht interessengerecht. Wie hier: Staudinger-Peters, 13. Aufl., § 648a BGB, Rdn. 6.

[19] Zur Begriffsbestimmung der Einliegerwohnung empfiehlt Sturmberg, BauR 1994, S. 57, 60, im Streitfall die Formulierung in der Baugenehmigung. „Für die Bestimmbarkeit der Einliegerwohnung kann alternativ § 11 II. WoBauG herangezogen werden."

die Bauhandwerkersicherungshypothek ein in der Regel tauglicher Schutz.[20]

Die vorgenannten Grundsätze werden auch gelten, wenn eine Privatperson Bauleistungen an seiner – einzelnen – **Eigentumswohnung** in Auftrag gibt.

Werden allerdings **mehrere Eigentumswohnungen** (auch für mehrere Eigentümer) im Rahmen eines einheitlichen Bauvertrags gebaut oder bedingt die Bauleistung an einer Eigentumswohnung einen Eingriff in das **Gemeinschaftseigentum** der Eigentumswohnungsanlage, so stehen dem Unternehmer die Sicherungsrechte nach § 648a BGB zu, weil hier in die Substanz eines **Mehrfamilienhauses** eingegriffen wird.

6.2.1 Werden mit demselben Besteller mehrere Verträge über die Errichtung von Einfamilienhäusern (Reihenhäuser oder Doppelhäuser) geschlossen, kann der Besteller die Priviligierung des § 648a Abs. 6 BGB dann nicht für sich in Anspruch nehmen, wenn die Mehrzahl der Verträge bei der gebotenen wirtschaftlichen Betrachtungsweise im Rahmen einer Gesamtbaumaßnahme geschlossen wurden und von vornherein die Errichtung mehrerer Einfamilienhäuser beabsichtigt war.[21]

6.2.2 Nach Staudinger-Peters[22] sind mit der Privilegierung der Einfamilienhausbauer nach der ratio legis nur die über dem privaten Bereich nicht hinausgehenden Bauvorhaben gemeint. Das dürfte angesichts des Wortlautes der Vorschrift zu weit gehen. Kennzeichnendes Merkmal von Einfamilienhäusern ist aber jedenfalls, dass diese zumindest überwiegend privaten Wohnzwecken dienen. Dem Schutz des § 648a BGB müssen demnach Bauvorhaben unterliegen, die zwar der äußeren Gestalt nach Einfamilienhäuser sind, jedoch überwiegend anderen als Wohnzwecken dienen (z. B. Wohnung mit Büro oder Arztpraxis, wenn die

---

[20] Vgl. Amtliche Begründung, a.a.O., S. 11; kritisch hierzu Siegburg, BauR 1990, S. 659.
[21] LG Bonn, NJW-RR 1998, S. 530.
[22] 13. Aufl., § 648a BGB, Rdn. 7.

gewerbliche oder freiberufliche Nutzung in Bezug auf die Bauleistung im Vordergrund steht).

**6.2.3** Körperschaften des öffentlichen Rechts sind ferner die **Kirchen**, soweit sie diesen Status am 11. August 1919 innehatten (Art. 140 GG i. V. m. Art. 137 Abs. 5 WRV). Hierzu gehören insbesondere:

- die Evangelische Kirche in Deutschland;
- die katholischen Kirchengemeinden, Kirchengemeindeverbände und Diözesanverbände, die Bischöflichen Stühle, Bistümer und Kapitel;
- die altkatholische Kirche;
- die israelitischen Kultusgemeinden;
- die Russisch-Orthodoxe Kirche.[23]

## 7. Welche Folgen entstehen für das Generalunternehmer-Subunternehmerverhältnis dadurch, dass der in § 648a Abs. 6 genannte Personenkreis vom Bauhandwerkersicherungsgesetz nicht betroffen ist?

Der Generalunternehmer steht hierdurch in einer für ihn nur schwer zu bewältigenden „Zwitterstellung". Einerseits ist zu beachten, dass der Generalunternehmer auch dann als „privater Besteller" gilt, wenn er für eine Körperschaft des öffentlichen Rechts arbeitet. Somit kann der Generalunternehmer von seinen Subunternehmern nach dem Bauhandwerkersicherungsgesetz in Anspruch genommen, von ihm also Sicherheit verlangt werden. Andererseits hat aber – wie dargestellt – der Generalunternehmer keine Möglichkeit, sich gegenüber seinem Besteller entsprechend abzusichern und somit auch keine Möglichkeit, seine Kreditlinie entsprechend zu entlasten. Auch die Möglichkeit, die Auszah-

---

[23] Staudinger-Weide, 13. Aufl., Einl. zu §§ 21 ff BGB, Rdn. 20; dort ist auch näher zu Orden, Anstalten, Stiftungen usw. der katholischen Kirche ausgeführt.

lungsgarantien mit Hilfe der gegen den öffentlichen Auftraggeber bestehenden noch nicht fälligen Abschlags- oder Schlusszahlungsforderungen finanzieren zu können, sind eingeschränkt, zumal in den Vertragsbedingungen der öffentlichen Hand in der Regel Abtretungsverbote enthalten sind.[24])

## 8. Kann der Unternehmer auf den Schutz des § 648 BGB ganz oder teilweise verzichten?

**8.1** Das Gesetz wäre dann weitgehend wirkungslos, wenn eine entsprechende vertragliche Gestaltung einen Verlust oder eine Einschränkung der Sicherungsrechte des Unternehmers erreichen könnte. Somit ist in § 648a Abs. 7 BGB geregelt, dass Vereinbarungen, die von den Vorschriften der Abs. 1 bis 5 des Gesetzes abweichen, **unwirksam** sind. Dabei ist es gleichgültig, ob eine solche Verzichtserklärung in allgemeinen Geschäftsbedingungen oder in individuellen Vereinbarungen enthalten ist.

**8.2** Dem Verzicht steht die **Einschränkung der Rechte des Unternehmers** gleich (Teilverzicht).

**Beispiel:**

– Die Parteien legen im Bauvertrag fest, dass die Sicherheitsleistung auf „höchstens 100.000,-- DM beschränkt" ist. Bei Vertragsabwicklung fordert der Unternehmer höhere Sicherheiten, weil die vereinbarte Sicherheit etwa aufgrund von Zusatzleistungen nicht ausreicht. Dieser Anspruch des Unternehmers besteht, weil ansonsten der § 648a Abs. 1 Satz 2 („bis zur Höhe des voraussichtlichen Vergütungsanspruchs einschließlich dazugehöriger Nebenforderungen") unzulässig eingeschränkt wäre.

---

[24]) Anders allerdings Vergabehandbuch Bund, EVM (b) ZVB, Ziff. 32.

– Verzichtet ein Bauhandwerker auf die volle Sicherheitsleistung im Sinne des § 648a BGB, sofern der Bauherr eine Teilsicherheit in Form einer Zahlungsbürgschaft stellt, ist diese Vereinbarung unwirksam.[25])

**8.3** Auch **Modifikationen** der Regelungen in den Abs. 1 bis 5 des § 648a BGB sind nach dem Wortlaut des Gesetzes („abweichende Vereinbarungen") unzulässig.

**Beispiel:**

– Im Werkvertrag findet sich folgende Klausel:

„Verlangt der Unternehmer eine Sicherheit nach § 648a BGB, ist er verpflichtet, dem Besteller Zug um Zug eine Vertragserfüllungsbürgschaft in gleicher Höhe zu geben."

Hier wird die Geltendmachung der Rechte aus § 648 BGB unzulässig erschwert. Gegenüber dem Anspruch aus § 648a BGB können keine Zurückbehaltungsrechte geltend gemacht werden.

**8.3.1** Allgemein stellen Vereinbarungen, welche dem Besteller Leistungsverweigerungsrechte gegenüber dem Sicherungsverlangen des Unternehmers verschaffen sollen, eine unzulässige Modifikation im Sinne des § 648a Abs. 7 BGB dar. Dabei ist zu beachten, dass der „Sicherungsanspruch" des Unternehmers einem Zurückbehaltungsrecht nach § 273 BGB nicht zugänglich ist, weil der Unternehmer keinen klagbaren Anspruch auf Sicherheitsleistung hat. Der Gesetzgeber hat die Sicherheitsleistung lediglich als **Obliegenheit** des Bestellers ausgestaltet, andernfalls käme man zu dem Ergebnis, dass Leistungsverweigerungsrechte nicht nur der Schuldner, sondern gleichzeitig auch der Gläubiger geltend machen könnten; dies widerspräche der Systematik des Gesetzes, wie sich aus § 273 BGB ergibt.[26])

---

[25]) OLG Nürnberg, IBR 1998, S. 143.
[26]) Hierzu im Einzelnen Hofmann/Koppmann, BauR 1994, S. 305, 312.

**8.4** Ein – unzulässiger – Verzicht auf die Rechte aus § 648a BGB kann in der Vereinbarung **untauglicher oder nicht ausreichender Sicherungsmittel** liegen, sofern diese **Ersatz** für die Sicherheit nach § 648a BGB sein sollen.

**Beispiel:**

Im Bauvertrag wird festgelegt, dass dem Unternehmer als Sicherheit nach § 648a BGB eine **befristete** Bürgschaft gegeben wird.

Eine solche Vereinbarung ist unwirksam, weil die Befristung im konkreten Fall zu einer Einschränkung der Sicherungsrechte des Unternehmers führen kann, nämlich dann, wenn sich z. B. aufgrund streitiger Auseinandersetzungen die Bezahlung des Werklohnes verzögert, so dass die Bürgschaft mit Fristablauf wertlos werden kann.

**8.5** In Bauverträgen mit Personen, die nach § 648a Abs. 6 BGB privilegiert sind, sind Abweichungen von den Bestimmungen der Abs. 1 bis 5 des § 648a BGB zulässig. Folgerichtig wird die Regelung in Abs. 6 (privilegierte Personen) vom Abweichungsverbot in Abs. 7 nicht erfasst.

**Beispiel:**

Ein privater Bauherr will ein Einfamilienhaus bauen. In dem mit dem Unternehmer abzuschließenden Bauvertrag wird die Verpflichtung des Bauherrn festgelegt, eine Finanzierungssicherstellung beizubringen mit dem Wortlaut: „Hiermit bestätigen wir unwiderruflich, dass die Finanzierung über die Auszahlungssumme des Bauvorhabens sichergestellt ist, und eine Auszahlung der Finanzierungsmittel nach den vereinbarten Bautenstandsraten gewährleistet ist." Diese Finanzierungsbestätigung erfüllt zwar nicht die Anforderungen einer Sicherheitsleistung nach § 648a BGB (siehe nachfolgende Ziff. 23). Darauf kommt es aber nicht an, weil wegen der Privilegierung des Bestellers in § 648a Abs. 6 BGB die Vorschrift des § 648a BGB insgesamt nicht anwendbar ist.[27]

---

[27] OLG Celle, OLGR Celle 1999, S. 251.

Ebenso gültig sind bei Verträgen mit privilegierten Bestellern Abweichungen **zu Gunsten des Unternehmers**, beispielsweise die Regelung, dass der **Besteller** die Avalzinsen zu zahlen hat.

## 9. Gilt das Änderungsverbot des § 648a Abs. 7 BGB auch für Abweichungen zu Gunsten des Unternehmers?

**9.1** Nach dem Wortlaut des § 648a Abs. 7 BGB sind „abweichende Vereinbarungen", also auch solche zu Gunsten des Unternehmers, untersagt. Wegen des eindeutigen Wortlautes der Vorschrift ist es nicht zulässig, pauschal mit Berufung auf den „Schutzzweck der Norm" Abweichungen zum Vorteil des Unternehmers zuzulassen.[28]

**Beispiel:**

Der „marktstarke" Unternehmer legt im Vertrag mit dem Besteller fest, dass der Besteller die Kosten der nach § 648a BGB einzuräumenden Sicherheit übernimmt.

Die Wirksamkeit einer solchen Vereinbarung scheitert an § 648a Abs. 7 BGB.

**9.2** Allerdings kann es im Einzelfall dem Besteller nach § 242 BGB verboten sein, sich auf § 648a Abs. 7 BGB zu berufen.

**Beispiel:**

Der Besteller bietet dem den Vertragsschluss noch ablehnenden Unternehmer an, die Kosten einer Sicherheit nach § 648a BGB zu übernehmen, um den Unternehmer zum Vertragsschluss zu bewegen. Nach Vertragsabwicklung verweigert der Besteller die Übernahme der Kosten und beruft sich auf das Änderungsverbot des Abs. 7.

---

[28] So aber Schulze-Hagen, BauR 2000, S. 29, 37 und Sturmberg, BauR 1994, S. 57.

Hier argumentiert der Besteller gegen sein eigenes früheres Verhalten („venire contra factum proprium"). Nach § 242 BGB ist deshalb diese an sich schlüssige Argumentation des Bestellers unbeachtlich. Somit hat er die Kosten der Sicherheit gemäß – wirksamer – vertraglicher Vereinbarung zu zahlen.[29]

**9.3** Wegen des Abweichungsverbotes in § 648a Abs. 7 BGB kann der Unternehmer nicht Sicherheiten verlangen, die zu seinen Gunsten über die Bestimmungen der Abs. 1 bis 5 der Vorschrift hinausgehen.

**Beispiel:**

Der sich auf § 648a BGB berufende Unternehmer verlangt und erhält vom Besteller eine **Bürgschaft auf erstes Anfordern**. Später verlangt der Besteller Rückgabe dieser Sicherheit Zug um Zug gegen Übergabe einer „normalen" Sicherheit im Sinne des § 648a BGB.

Dem Unternehmer steht keine Bürgschaft auf erstes Anfordern zu, wie sich aus § 648a Abs. 2 Satz 2 BGB ergibt. Aufgrund des Abweichungsverbotes in Abs. 7 hat er daher die Bürgschaft auf erstes Anfordern ohne Rechtsgrund erlangt. Dem Besteller steht ein Herausgabeanspruch zu, allerdings nur Zug um Zug gegen eine den Anforderungen des § 648a BGB genügende Sicherheit.[30]

**9.3.1** Vom Vertragsverhältnis zwischen dem Unternehmer und dem Besteller ist der Bürgschaftsvertrag zu unterscheiden, der zwischen dem Unternehmer und der bürgenden Bank zustande kommt. Der Bürgschaftsvertrag ist daher wirksam. Grundsätzlich kann jedoch der Bürge dem Unternehmer die Einreden entgegenhalten, welche dem Besteller aus dem Hauptschuldverhältnis zu-

---

[29] Ausführlich hierzu Hofmann/Koppmann, Erste Streitfragen bei der Anwendung des neuen § 648a BGB, BauR 1994, S. 312 f.
[30] Da ein „Zuvielverlangen" des Unternehmers in ein rechtmäßiges Sicherungsverlangen umzudeuten ist, hat der Unternehmer die Bürgschaft rechtsgrundlos nur insoweit verlangt, als der Bürgschaftsinhalt über die Anforderungen des § 648a Abs. 1 bis 5 BGB hinausgeht. Die Herausgabe dieses rechtsgrundlos Erlangten ist nur möglich Zug um Zug gegen Übergabe einer gesetzeskonformen Sicherheit.

stehen, sofern sich aus dem Bürgschaftsvertrag nichts anderes ergibt (§ 768 BGB). Das gilt auch für den Fall, dass der Bürge ohne vertragliche Verpflichtung des Hauptschuldners eine Bürgschaft auf erstes Anfordern übergeben hat, weil es sich insoweit um **liquide Einwendungen** handelt, die lediglich einer rechtlichen Würdigung, aber keiner weiteren Beweisaufnahme bedürfen.[31])

**9.3.2** Da der Inhalt des Bürgschaftsvertrages grundsätzlich unabhängig von den Verpflichtungen aus dem Grundgeschäft (Bauvertrag) vereinbart werden kann, ist auch eine Bürgschaft, die als Sicherheit gemäß § 648a BGB hingegeben wird, aber von diesen Bestimmungen zu Lasten des Unternehmers abweicht, nicht unwirksam.

**Beispiel:**

Nach § 648a Abs. 1 BGB hat der Unternehmer Anspruch auf eine **unbefristete** Sicherheit (vgl. vorstehende Ziff. 8.4). Wird ihm demgegenüber eine befristete Bürgschaft übergeben und nimmt der Unternehmer diese an, ist die Bürgschaft gleichwohl wirksam. § 648a Abs. 7 BGB erfasst nicht den Bürgschaftsvertrag selbst.[32])

---

[31]) BGH ZfBR 2000, S. 260; andere Ansicht wohl OLG München, IBR 1999, S. 164; bei dieser Entscheidung hat aber nach der Darstellung von Schmitz, a.a.O., offensichtlich eine Rolle gespielt, dass Indizien vorlagen, wonach besondere vertragliche Vereinbarungen getroffen worden sein könnten, die über § 648a BGB hinausgehen; insoweit lag die Beweislast jedoch bei der bürgenden Bank, weil sie sich zur Zahlung auf erstes Anfordern verpflichtet hatte.

[32]) OLG Oldenburg, MDR 1999, S. 89.

## 10. Können die Parteien wirksam Sicherheiten vereinbaren, die von § 648a BGB abweichen?

**10.1** Ja. Das Änderungsverbot des § 648a Abs. 7 BGB bezieht sich nur auf das dort dargestellte gesetzliche Sicherungsmittel. Die Parteien haben somit weiterhin die – uneingeschränkte – Möglichkeit, vertragliche Sicherungsrechte zu vereinbaren.

**Beispiel:**

Die Parteien legen bei Vertragsschluss fest, dass sich Besteller und Unternehmer jeweils eine Vertragserfüllungssicherheit in Höhe von 5% der Auftragssumme geben. Die Kosten der Sicherheit trägt jede Partei selbst.

Obwohl hier von Grundsätzen des § 648a BGB abgewichen wird, ist die Vereinbarung vollumfänglich gültig, weil sie auf einem anderen Rechtsgrund beruht.[33])

Daneben hat natürlich der Unternehmer die Möglichkeit, die – unverzichtbaren – Sicherungsrechte des § 648a BGB zu nutzen, z. B. wenn ihm die 5%ige – vertragliche – Sicherheit nicht ausreicht, muss sich allerdings dabei die auftraggeberseitig bereits gewährte Sicherheit anrechnen lassen (§ 648a Abs. 4 BGB analog).

**10.2** Vertraglich vereinbarte Sicherheiten unterscheiden sich grundlegend vom § 648a BGB. Während diese gesetzliche Regelung nur eine (nicht einklagbare) **Obliegenheit** des Bestellers zur Beibringung der Sicherheit begründet (vgl. hierzu Ziff. 8.3.1), gewährt eine vertraglich versprochene Vorleistungssicherheit dem Unternehmer das Recht, diesen Anspruch (§ 241 BGB) auch einzuklagen, wegen dieses Anspruchs Zurückbehaltungsrechte nach § 273 BGB geltend zu machen oder nach § 9 Nr. 1b VOB/B eine Kündigung des Vertrages auszusprechen (vgl. im Übrigen Hofmann/Koppmann, a.a.O., S. 313 f.).

---

[33]) Den Vertragsparteien ist allerdings zu empfehlen, in der entsprechenden vertraglichen Formulierung deutlich zu machen, dass die getroffene Vereinbarung mit § 648a BGB nichts zu tun hat.

## 11. Was wird durch § 648a BGB geschützt?

Gemäß § 648a Abs. 1 Satz 2 BGB werden die vom Unternehmer zu erbringenden **Vorleistungen** geschützt. Daraus folgt:

– Fordert der Unternehmer die Sicherheit **sofort** nach dem Vertragsschluss, jedoch vor Baubeginn, erfasst die Sicherheit die gesamte Werkleistung, was sich auf die Höhe der zu gewährenden Sicherheit auswirken kann.[34]

– Fordert der Unternehmer die Sicherheit nach Abnahme seiner Werkleistung (etwa weil er mit Art und Weise der Rechnungsprüfung durch den Besteller nicht einverstanden ist), steht ihm **kein Sicherungsanspruch** mehr zu. Die Vorleistungspflicht ist mit der Abnahme erloschen (vgl. aber nachfolgende Ziff. 12).

## 12. Kann der Unternehmer auch nach Abnahme die Sicherheit nach § 648a BGB verlangen?

**12.1** Ein Sicherungsverlangen nach Abnahme kann für den Unternehmer von Interesse sein, wenn noch Restwerklohn offen ist und der Besteller die Zahlung wegen Mängel und/oder noch auszuführender Restarbeiten verweigert (§ 320 BGB). In dieser Situation ist der Unternehmer tatsächlich schutzbedürftig. Zwar ist der Unternehmer nach Abnahme grundsätzlich nur Zug um Zug gegen Bezahlung des Restwerklohns zur Erledigung der noch offenen Restarbeiten verpflichtet. Die Zug-um-Zug-Abwicklung setzt aber voraus, dass der Unternehmer seine Gegenleistung in einer den Annahmeverzug begründenden Weise, also tatsächlich, anbietet (§ 294 BGB). Tatsächlich angeboten werden kann nur die fertiggestellte Restleistung. Das ist auch bei der Vollstreckung eines Zug um Zug gegen Mängelbeseitigung zu bezahlenden Werklohnes nicht anders (§§ 322 Abs. 1 BGB, 756 Abs. 1 ZPO). **De facto** bleibt daher die Vorleistungspflicht des Bestellers in solchen Fäl-

---

[34] Vgl. hierzu Ziff. 14.2.

len bestehen. Der Unternehmer muss die Restarbeiten erledigen, ohne sich der Bezahlung sicher zu sein.

**12.2** Hierzu hat sich in Rechtsprechung und Literatur eine rege Rechtsdiskussion entwickelt:

- Nach LG Dortmund, IBR 1999, S. 319, kann der Unternehmer nach Abnahme eines Bauwerks keine Sicherheit mehr geltend machen, weil mit Abnahme seine Vorleistungspflicht endet.

- Nach LG Osnabrück, IBR 1999, S. 475 und LG Erfurt, NJW 1999, S. 3786, kann der Unternehmer auch nach Abnahme die Sicherheit in Höhe nicht bezahlter Werklohnforderungen verlangen, wenn noch Restarbeiten und Mängelbeseitigungen auszuführen sind. Leistet der Besteller die geforderte Sicherheit nicht, ist er zur Zahlung des restlichen, ungesicherten Werklohns verpflichtet und kann dem Vergütungsanspruch des Auftragnehmers keine Leistungsverweigerung wegen der noch offenen Restarbeiten und Mängelbeseitigungen mehr entgegensetzen. Dem haben Schulze-Hagen (BauR 1999, S. 210 und BauR 2000, S. 28) sowie Thierau, NZ Bau 2000, S. 14 zugestimmt.

- Das OLG Dresden, BauR 1999, S. 1314, vertritt eine vermittelnde Meinung. Danach steht dem Unternehmer auch nach Abnahme wegen noch ausstehender Restarbeiten oder Mängelbeseitigungsleistungen die Sicherungsmöglichkeit nach § 648a BGB offen. Der Besteller kann, leistet er die Sicherheit nicht, Leistungsverweigerungsrechte nur noch in Höhe des **einfachen Wertes** der noch ausstehenden Arbeiten entgegenhalten. Dem schließt sich Ulrich in MDR 1999, S. 1233 ff, an.

**12.3** Im wesentlichen wird die Sicherungsmöglichkeit nach Abnahme mit dem Schutzbedürfnis des Unternehmers begründet. Dennoch ist daran festzuhalten, dass die Sicherungsmöglichkeit nach § 648a BGB mit Beendigung der Vorleistungspflicht, also mit Abnahme, entfällt. Dies verlangt der eindeutige Wortlaut des Gesetzes. Die Gegenmeinung führt auch zu einem Wertungswiderspruch, weil derjenige Unternehmer, der **nicht vertragsgerecht geleistet** hat, weil im Abnahmezeitpunkt noch Restleistungen oder

Mängel offen sind, gegenüber dem **vertragsgerecht leistenden** Unternehmer bevorzugt würde: Nur ersterem stünde das Druckmittel des Sicherungsverlangens zu, weil bei dem vertragsgerecht leistenden Unternehmer keine Restarbeiten mehr auszuführen sind.

Diesen Wertungswiderspruch versucht das Oberlandesgericht Dresden (a.a.O.) durch eine „teleologische Reduktion" zu vermeiden, indem es dem Besteller im Falle der nicht geleisteten Sicherheit ein Leistungsverweigerungsrecht zubilligt, allerdings beschränkt auf den einfachen Betrag der noch ausstehenden Restarbeiten. Diese Ansicht führt zwar zu einem interessengerechten Ergebnis, ist aber wiederum mit dem Wortlaut des Gesetzes sowohl in § 648a als auch in § 641 Abs. 3 BGB nicht zu vereinbaren.[35]) Schließlich ist auch noch eine rechtspolitische Folge der Gegenmeinung zu bedenken: Sie wirkt auf das Bestellerverhalten tendenziell dahingehend ein, im Zweifel die Abnahme zu verweigern.

## 13. Kann der Unternehmer nur dann die Vorleistung schützen lassen, wenn sie konkret gefährdet ist?

Nein. Entgegen § 321 BGB kommt es nicht darauf an, ob etwa der Besteller zahlungsunfähig oder zahlungsunwillig ist. Allein die objektive Tatsache, dass der Unternehmer Vorleistungen für ein Bauwerk, eine Außenanlage oder einen Teil hiervon zu erbringen hat, genügt, um ihm die Sicherungsmöglichkeit des § 648a BGB zu gewähren.

## 14. Wie hoch ist der Sicherungsanspruch des Unternehmers?

Nach § 648a Abs. 1 Satz 2 BGB kann der Unternehmer Sicherheit **bis zur Höhe des voraussichtlichen Vergütungsanspruchs**,

---

[35]) Wie hier: Kammergericht Berlin, NJW-RR 2000, S. 687.

„wie er sich aus dem Vertrag oder einem nachträglichen Zusatzauftrag ergibt", **sowie wegen der Nebenforderungen** verlangen; die **„Nebenforderungen sind mit 10 v. H. des zu sichernden Vergütungsanspruchs anzusetzen".** Diese Formulierung des Gesetzes wirft folgende Fragen auf:

- Wie ist der „voraussichtliche Vergütungsanspruch" in Abhängigkeit von der vereinbarten Art der Vergütung zu bestimmen? (nachstehende Ziff. 14.1).

- In welcher Höhe **kann** das Sicherungsverlangen gestellt werden:

- vor Beginn der Bauleistungen? (nachstehende Ziff. 14.2)

- nach erbrachten Teilleistungen? (nachstehende Ziff. 14.3)

- Wie sind „Nebenforderungen" zu berücksichtigen? (nachstehende Ziff. 14.4).

**14.1** Bestimmung des „voraussichtlichen Vergütungsanspruchs":

Die Bestimmung des voraussichtlichen Vergütungsanspruchs richtet sich nach dem vereinbarten **Vertragstyp**:

- Wird zwischen den Parteien ein **Pauschalvertrag** geschlossen, so bereitet die Feststellung des Sicherungsanspruchs keine Schwierigkeiten. Der Auftragnehmer hat bis zur Höhe der im Bauvertrag vereinbarten Pauschalsumme einen Anspruch auf Gewährung der Sicherheit.

- Bei einem **Einheitspreisvertrag** fehlt eine fixe Vertragssumme. Der im Vertrag ausgeworfene Endpreis ist nur ein vorläufiger Preis. Der korrekte Betrag wird erst nach Vertragsdurchführung auf der Basis der Erstellung gemeinsamer Aufmaße ermittelt. Grundlage zur Berechnung der zu sichernden Vorleistung kann hier somit nur die im Einheitspreisvertrag ausgewiesene vorläufige Abrechnungssumme sein, die sich aus der Multiplikation von Einheitspreisen und geschätzter Abrechnungsmenge ergibt. Der Umstand, dass hier zum Zeitpunkt des Sicherungsanspruchs kein eindeutiger Vergütungsbetrag feststeht, dürfte keine Schwierigkeiten bereiten, weil der Sicherungsanspruch des

Unternehmers in der Regel den so ermittelten Vergütungsanspruch nicht erreichen dürfte (vgl. hierzu Ziff. 14.2).[36])

– Ähnliches gilt für den **Stundenlohnvertrag**. Haben die Parteien allerdings keinen vorläufigen Endpreis fixiert, ist dieser zu schätzen.

**Beispiel:**

Für die Sanierung des Außenputzes haben die Parteien nur Stundenlohnsätze vereinbart.

Hier sind der voraussichtliche zeitliche Gesamtaufwand, multipliziert mit den vereinbarten Stundensätzen, sowie der voraussichtliche Materialeinsatz als „voraussichtliche Vergütung" anzusehen.[37])

– Auch bei **Architekten- und Ingenieurverträgen** ist zum Zeitpunkt des Vertragsschlusses nur von einer ungefähren Abrechnungssumme auszugehen, weil in der Regel zum Zeitpunkt des Vertragsschlusses die für die tatsächliche Höhe des Honorars nach §§ 10, 11 HOAI erforderlichen Faktoren der „anrechenbaren Kosten" nicht sicher feststehen.

**Zusammenfassend** ist festzustellen, dass es in der Regel nicht möglich sein wird, den „voraussichtlichen Vergütungsanspruch" exakt zu bestimmen, zumal meist Zusatzleistungen, Vertragsänderungen und Teilkündigungen die Abrechnungssumme gegenüber der angebotenen Summe zusätzlich verändern. Dies ist unschädlich (Ziff. 14.2). Allerdings kann die Veränderung der Abrechnungssumme zu einer entsprechenden Anpassung des Sicherungsanspruchs führen (vgl. hierzu Ziff. 16).

**14.2** Zur Höhe des Sicherungsanspruchs des Unternehmers, sofern die Sicherheit vor Beginn der Bauleistungen gefordert wird:

---

[36]) Die Kritik von Siegburg, BauR 1990, S. 657 und Quade, ZfBR 1990, S. 115, an der gesetzlichen Formulierung ist daher insoweit unberechtigt.
[37]) OLG Karlsruhe, NJW 1977, S. 263; Ingenstau/Korbion, 13. Aufl., Rdn. 425 zu § 16 VOB/B hält diese Schätzung zu Unrecht für „schwierig". Die gesetzliche Formulierung macht deutlich, dass nur eine überschlägige Berechnung des Vergütungsanspruchs verlangt wird.

**14.2.1** Die gesetzliche Formulierung („bis zur Höhe ...") bringt zum Ausdruck, dass der Sicherungsanspruch des Unternehmers im Einzelfall die **Höhe des voraussichtlichen Vergütungsanspruchs erreichen kann**. Das bedeutet nicht, dass es dem Unternehmer freigestellt wäre, die Höhe des Sicherungsverlangens innerhalb dieses Rahmens frei zu wählen. Maßgebend ist nach der gesetzlichen Formulierung in § 648a Abs. 1 Satz 1 BGB nämlich das **Vorleistungsrisiko** des Unternehmers. Dieses wird jedoch erheblich eingeschränkt, wenn der Unternehmer Abschlags- oder Ratenzahlungen fordern kann: Gerät der Besteller mit der Bezahlung von Abschlagszahlungen in Verzug, kann der Unternehmer nach § 320 BGB oder nach § 16 Nr. 5 Abs. 3 VOB/B weitere Leistungen einstellen. Dadurch wird sein Vorleistungsrisiko relativiert.[38]) Soweit das **Einstellungsrecht** des Unternehmers wegen Zahlungsverzuges des Bestellers reicht, ist der Unternehmer **bereits gesichert**. Das Sicherungsverlangen in Höhe des vollen voraussichtlichen Vergütungsanspruchs ist deshalb nur dann gerechtfertigt, wenn sich das Vorleistungsrisiko in Höhe des Vergütungsanspruchs bewegt.

> **14.2.1.1** Eine vordringende Meinung in Literatur und Rechtsprechung geht demgegenüber davon aus, dass dem Unternehmer eine Sicherheit (z. B. Bankbürgschaft) über die volle Höhe der voraussichtlichen Vergütung grundsätzlich zusteht. Gleichzeitig wird gefordert, dass die Sicherheit um die jeweils geleisteten Abschlagszahlungen zu reduzieren ist.[39]) Dieser Weg ist für den Unternehmer zwar günstig, jedoch nicht billig, weil er die Kosten der Sicherheit (hier Avalprovision) grundsätzlich zu tragen hat.[40])
>
> Die Meinung, die dem Unternehmer generell einen Sicherungsanspruch in voller Höhe der Vergütung einräumt, verkennt, dass sich diese Auslegung weder mit dem Wortlaut noch dem Zweck des

---

[38]) Schulze-Hagen, BauR 2000, S. 29, 31; Handbuch des privaten Baurechts/Kleine-Möller, 2. Aufl., § 10, Rdn. 340.
[39]) Ingenstau/Korbion, 13. Auflage, Rdn. 425; Werner/Pastor, Der Bauprozess, 9. Aufl., Rdn. 328; LG Bonn, NJW-RR 1998, S. 530; OLG Düsseldorf, BauR 1999, S. 47.
[40]) Vgl. hierzu Ziffer 29.

Gesetzes in Einklang bringen lässt. Ausdrücklich in § 648a Abs. 1 BGB selbst bezeichneter Gesetzeszweck ist die Sicherung des Vorleistungsrisikos; dieses ist aber durch das Recht auf Abschlagszahlungen eingeschränkt. Der Wortlaut der Vorschrift, auf den sich die Gegenmeinung zu Unrecht beruft, spricht auch keineswegs davon, dass Sicherheit **in Höhe** des voraussichtlichen Vergütungsanspruchs verlangt werden kann

Weiterhin ist zu beachten, dass Praktikabilität und Billigkeit gegen diese Ansicht sprechen. Die Bestimmung der Höhe des Sicherungsanspruchs wird bei Anerkennung der vollen Sicherung keineswegs vereinfacht, wie die Empfehlung von Ingenstau/Korbion zeigt, im Streitfalle einen Gutachter beizuziehen (a.a.O., Rdn. 426). Auch muss gesehen werden, dass ein Sicherungsanspruch in voller Höhe des Vergütungsanspruchs den Besteller bei vorzeitiger Vertragsbeendigung in erhebliche Schwierigkeiten bringen kann. Kündigt beispielsweise der Besteller wegen Verzugs des Unternehmers, wird ihm die Fortsetzung des Bauvorhabens mit einem anderen Unternehmer im Einzelfall dann unzumutbar erschwert, wenn der gekündigte Unternehmer die Sicherheit nicht zurückgibt, zumal mit Auseinandersetzungen über die Vergütungshöhe zu rechnen ist. Wenn nun auch der neue Unternehmer Sicherheit in voller Höhe der Vergütung fordert, kann dies den Besteller ruinieren oder die Durchführung des Bauvorhabens ausschließen.[41]

**14.2.2 Beispiele** für den Sicherungsanspruch des Unternehmers in **voller Höhe** der voraussichtlichen Vergütung:

1. Der Unternehmer vereinbart mit dem Besteller eine Pauschalsumme von 100 000,– DM für die Werkleistung. Dem Bauvertrag liegt das **BGB** zugrunde; Abschlagszahlungen stehen ihm daher nach Maßgabe des § 632a BGB zu.[42]

Hier beläuft sich das Vorleistungsrisiko des Unternehmers auf 100 000,– DM, ist also identisch mit dem voraussichtlichen Vergütungsanspruch. Dies deshalb, weil nach §§ 640, 641 BGB die

---

[41] ähnlich Slapnicar-Wiegelmann, NJW 1993, S. 2.905; Quade, ZfBr 1990, S. 114; Siegburg, BauR 1990, S. 658.
[42] Dieser Paragraph wurde eingefügt mit Wirkung zum 01. 05. 2000 (s. Abschnitt A, Ziff. III. 3).

Gesamtvergütung erst nach vollständiger Fertigstellung und Abnahme fällig wird. Daran ändert auch die neue Bestimmung des § 632a BGB nichts. Danach hat der Besteller zwar Anspruch auf Abschlagszahlungen für in sich abgeschlossene Teile des Werks und für erforderliche Stoffe oder Bauteile, die eigens eingefertigt oder angeliefert sind. Dieser Anspruch auf Abschlagszahlungen setzt aber entweder die Übertragung des Eigentums an den Teilen des Werks, an den Stoffen oder Bauteilen oder eine entsprechende Sicherheitsleistung voraus. Der gesetzliche Anspruch auf Abschlagszahlungen besteht daher nicht schlechthin und schränkt das Vorleistungsrisiko des Unternehmers nicht grundsätzlich ein. Der Unternehmer kann hier Sicherheiten in voller Höhe des Vergütungsanspruchs fordern zuzüglich 10% für „Nebenforderungen" (§ 648a Abs. 1 S. 2 BGB; vgl. nachf. Ziff. 14.4).

2. Die Parteien vereinbaren für einen **VOB-Vertrag** über Estricharbeiten – Auftragswert 80 000,– DM – eine Ausführungsfrist von drei Wochen.

Auch hier deckt sich das Vorleistungsrisiko des Unternehmers mit dem „voraussichtlichen Vergütungsanspruch". Zwar hat der Unternehmer Abschlagszahlungsansprüche nach § 16 Nr. 1 VOB/B; diese werden jedoch nicht relevant, weil zum Zeitpunkt der Fälligkeit des ersten Abschlagszahlungsanspruchs (18 Werktage nach Erbringung abrechnungsfähiger Teilleistungen; § 16 Nr. 1 Abs. 3 VOB/B) die Arbeit schon erbracht ist. Somit kann auch hier der Unternehmer den vollen Sicherungsanspruch zuzüglich 10% für Nebenforderungen geltend machen.

**14.2.3** Wenn dem Unternehmer

– etwa aufgrund eines vereinbarten Zahlungsplans
– oder aufgrund Vereinbarung der VOB

Abschlagszahlungsansprüche zustehen und diese Ansprüche geeignet sind, sein Vorleistungsrisiko zu mindern, ist für das Sicherungsverlangen die **Höhe des** effektiven **Vorleistungsrisikos** zu bestimmen.

## § 648a BGB

**Beispiele:**

1. Der Unternehmer vereinbart mit dem Besteller die Durchführung einer Baumaßnahme. Voraussichtlicher Vergütungsanspruch: 1 Mio. DM. Der Zahlungsplan gewährt dem Unternehmer – entsprechend dem jeweiligen Leistungsstand – alle vier Wochen einen Abschlagszahlungsanspruch von 100 000,– DM, zahlbar binnen 14 Tagen.

   Um das Vorleistungsrisiko des Unternehmers ausreichend abzusichern, muss die Sicherheit

   - die Leistung bis zur ersten Abschlagszahlung (100 000,– DM),
   - die weitere Leistung bis zur Fälligkeit der Abschlagszahlung (im Beispielsfall mit 50 000,– DM angenommen)
   - und einen Zuschlag für die Weiterarbeit bis zum Eintritt der Verzugsfolgen abdecken.
   - Zusätzlich sind 10% des voraussichtlichen Vergütungsanspruchs der Vergütung für „**Nebenforderungen**" anzusetzen.[43]

   Weitere Zuschläge, insbesondere für etwaige Ansprüche nach §§ 649 BGB, 8 Nr. 1 VOB/B („entgangener Gewinn" nach Bestellerkündigung) und/oder nach § 648a Abs. 5 BGB n. F. („Schadensersatz" nach Bestellerkündigung), sind **nicht** zu berücksichtigen, weil insoweit keine sicherbare Vorleistungspflicht des Unternehmers besteht.[44]

2. Die Leistungsabschnitte im Zahlungsplan haben unterschiedlichen Wert.

---

[43] Unklar ist, ob für die Berechnung der 10% Nebenforderungen der mögliche Schadensersatz nach § 648a Abs. 5 BGB n. F. einzubeziehen ist oder nicht: Der Sache nach handelt es sich bei der pauschlierten Forderung um einen Vergütungsanspruch (Zusammenhang mit § 649 BGB), dem Wortlaut nach um einen Schadensersatzanspruch. Bis zur weiteren dogmatischen Klärung sollte für die Praxis der Wortlaut des Gesetzes maßgebend sein.
[44] Anders die Vorauflage.

Hier ist schon aus Gründen der Praktikabilität die Sicherheit am **teuersten Leistungsabschnitt** mit den genannten Zuschlägen auszurichten.

3. Im Bauvertrag wird vereinbart:

„Die Abschlagszahlungen werden nach VOB/B § 16 geleistet."

Hier müssen der lange Fälligkeitszeitraum (18 Werktage; § 16 Nr. 3 Abs. 3 VOB/B) und die hieraus resultierenden größeren Vorleistungen des Unternehmers berücksichtigt werden.

Die nach diesen Grundsätzen bemessene Sicherheit (z. B. Vertragserfüllungsbürgschaft) kann in der Regel bis zur Vertragsabwicklung „stehen bleiben". Weil sich das durch die Leistung des Unternehmers aufgebaute Vorleistungsrisiko durch die Abschlagszahlungen des Bestellers reduziert und anschließend wieder aufbaut, bleibt das Sicherungsbedürfnis des Unternehmers in der Regel auf etwa gleicher Höhe. Dies gilt natürlich nicht, wenn nach Vertragsschluss neue Umstände (z. B. Zusatzleistungen) eintreten, die eine Nachsicherung notwendig machen.

**14.3** Zur Höhe der Sicherheit, sofern sie nach erbrachten Teilleistungen geltend gemacht wird:

Häufig wird der Unternehmer seine Sicherungsrechte nicht sofort bei Vertragsschluss, sondern dann geltend machen, wenn er befürchten muss, dass ein Vergütungsanspruch nicht voll bezahlt wird. Hier stellt sich die Frage, wie bereits von ihm **erbrachte Teilleistungen** zu behandeln sind.

**Beispiel:**

Die Vertragsparteien haben auf der Grundlage des BGB einen Bauvertrag abgeschlossen. Auftragswert: 100 000,– DM. Nach Erbringung einer Teilleistung von 50 000,– DM verlangt der Unternehmer eine Sicherheit von 100 000,– DM. Der Besteller will nur eine solche von 50 000,– DM geben.

Dem Unternehmer steht die Sicherheit in Höhe des vollen Vergütungsanspruchs zu, weil **erbrachte Teilleistungen**, sofern sie nicht bezahlt sind, das Vorleistungsrisiko nicht mindern. Das ist nunmehr herrschende Meinung.[45]

Haben im gleichen Beispielsfall die Parteien (etwa durch Vereinbarung der VOB) **Abschlagszahlungen** festgelegt und wurden diese **geleistet**, ist die Rechtslage anders. Das Vorleistungsrisiko des Unternehmers ist beseitigt, soweit er Zahlung erlangt hat. Bezahlte Teilleistungen sind deshalb nachträglich nicht mehr sicherungsfähig.[46]

**14.4** Zur Sicherung der **Nebenforderungen:**

Nach der Neufassung des § 648a BGB durch das Gesetz zur Beschleunigung fälliger Zahlungen umfasst der zu sichernde voraussichtliche Vergütungsanspruch auch „Nebenforderungen". Darunter sind Verzugszinsen, Mahnkosten, Bearbeitungsgebühren sowie vorprozessuale und prozessuale Kosten der Rechtsverfolgung zu verstehen.[47]

Die Nebenforderungen sind mit 10 v.H. des zu sichernden Vergütungsanspruchs anzusetzen (§ 648a Abs. 1 S. 2 BGB n. F.). Kraft gesetzlicher Regelung kann der Unternehmer daher Sicherheit in Höhe des voraussichtlichen Vergütungsanspruchs **zuzüglich 10%** verlangen, ohne dass dieser Zuschlag einer gesonderten Begründung bedürfte.

Die Formulierung in § 648a Abs. 1 S. 2 BGB, wonach Sicherheit (auch) **wegen** Nebenforderungen verlangt werden kann, stellt klar,

---

[45] Staudinger-Peters, 13. Aufl., Rdn. 8 zu § 648a BGB; Ingenstau/Korbion, 13. Aufl., Rdn. 425 zu § 16 VOB/B; Werner/Pastor, 9. Aufl., Rdn. 328; Handbuch des privaten Baurechts/Kleine-Möller, 2. Aufl., § 10, Rdn. 340; OLG Karlsruhe, BauR 1996, S. 556, 557; LG Bonn, NJW-RR 1998, S. 530, 531; jetzt auch: Palandt-Sprau, 59. Aufl., Rdn. 8 zu § 648a BGB; andere Ansicht: OLG Schleswig, NJW-RR 1998, S. 532 (ohne Begründung).

[46] Allerdings trägt der Unternehmer nach wie vor das Vorleistungsrisiko insoweit, als er bei einem zufälligen Untergang oder einer zufälligen Verschlechterung des Werks vor Abnahme erneut leisten (oder Mängel beseitigen) muss. Tritt dieser Fall ein, lebt die Vorleistungspflicht des Unternehmers und damit sein Sicherungsbedürfnis wieder auf.

[47] Thomas-Putzo, ZPO, 21. Aufl., Rdn. 8 zu § 4 ZPO.

dass der Ansatz von 10% für Nebenforderungen nicht nur für die Bestimmung der Höhe der Sicherheit maßgebend ist, sondern empfangene Sicherheiten auch für **nachgewiesene** Nebenforderungen verwertet werden können. Der Unternehmer ist dabei nicht auf 10% des Vergütungsanspruchs beschränkt. Die Begrenzung in § 648a Abs. 1 S. 2 BGB n. F. auf 10% des **voraussichtlichen** Vergütungsanspruchs dient trotz unglücklicher Formulierung ersichtlich nur der Festlegung der Höhe des **Sicherungsverlangens**, nicht auch der Begrenzung der **Verwertung** der Sicherheit.

> **14.4.1** Diese Überlegung führt noch einen Schritt weiter: Ebenso wie der Vergütungsanspruch selbst unterliegt auch die Höhe etwaiger Nebenforderungen einer Prognose („voraussichtlich"). Gedanklich ist deshalb der Gesetzestext zu ergänzen: „... sowie wegen **voraussichtlicher** Nebenforderungen ...". Das bedeutet allerdings, dass der Unternehmer bei seinem Sicherungsverlangen dann nicht auf 10% des voraussichtlichen Vergütungsanspruchs begrenzt sein kann, wenn in diesem Zeitpunkt bereits **höhere** Nebenkosten **nachweisbar angefallen** sind.

## 15. Erfasst der Sicherungsanspruch des Unternehmers auch etwaige Schadensersatzansprüche oder vergütungsähnliche Forderungen?

**15.1** Sowohl aufgrund des Wortlauts des Gesetzes (§ 648a Abs. 1 BGB) als auch nach dessen Zweck sind nur solche Werklohnforderungen geschützt, für die eine **Vorleistungspflicht** des Unternehmers besteht. Schadensersatzansprüche werden sofort fällig und sind von einer Gegenleistung nicht abhängig. Sie unterscheiden sich daher grundlegend von Vergütungsansprüchen und stehen in keinem Zusammenhang mit dem Vorleistungsrisiko. Für sie besteht daher kein Sicherungsanspruch.

Eine Ausnahme von diesem Grundsatz hat der Gesetzgeber mit Inkrafttreten der Neufassung des § 648a Abs. 1 BGB insofern zugelassen, als nunmehr auch **Nebenforderungen in Höhe von**

**10% des zu sichernden Vergütungsanspruchs** sicherbar sind. Bei „Nebenforderungen" handelt es sich der Sache nach jedenfalls auch um Schadensersatzansprüche. Der Ausnahmecharakter der Neuregelung gebietet aber, an dem Grundsatz, wonach Schadensersatzansprüche nicht sicherbar sind, festzuhalten (zur Behandlung der Nebenkosten im Übrigen siehe vorst. Ziff. 14.4).

**15.2** Der grundsätzliche Ausschluss von Schadensersatzansprüchen gilt allerdings nicht für **„vergütungsähnliche" Schadensersatzansprüche**. Diese sind – im Gegensatz zu „echten" Schadensersatzansprüchen – von einer Gegenleistung abhängig oder treten an ihre Stelle.[48])

**Beispiel:**

Der Unternehmer wird in einem VOB-Vertrag vom Besteller behindert, so dass sich die Bauabwicklung verteuert, also Schadensersatzansprüche nach § 6 Nr. 6 VOB/B entstehen. Bei der Berechnung der Höhe des Sicherungsanspruches bezieht der Unternehmer die Behinderungskosten mit ein.

Diese Behinderungskosten sind „vergütungsähnlich". Es handelt sich um Aufwendungen, die der Unternehmer aufgrund eines unwirtschaftlichen Bauablaufs verlangen muss, um seine Leistung angemessen vergütet zu erhalten. Deshalb ist es sachgerecht, auch für solche Mehrkosten einen Sicherungsanspruch nach § 648a BGB einzuräumen.[49]) Es kommt darauf an, ob Schadensersatzansprüche bei wirtschaftlicher Betrachtungsweise dem Vergütungsanspruch entsprechen.[50])

**15.2.1** An diesem Ergebnis hat auch die Einführung von Nebenforderungen in Höhe von 10% des voraussichtlichen Vergütungsanspruchs für die Bestimmung der Höhe der Sicherheitsleistung nichts geändert. Zwar bleibt unklar, was der Gesetzgeber mit Ne-

---

[48]) Für Schadensersatzansprüche wegen Nichterfüllung, etwa nach §§ 325, 326 BGB stellt sich die Frage nicht, weil das Entstehen dieser Ansprüche die Beendigung der Vorleistungspflicht voraussetzt.
[49]) Ingenstau/Korbion, 13. Aufl., Rdn. 426.
[50]) Staudinger-Peters, 13. Aufl., Rdn. 8 zu § 648a BGB.

benforderungen genau meint. Unter Nebenforderungen werden gewöhnlich Ansprüche verstanden, die in Abhängigkeit zur Hauptforderung entstehen, wie Zinsen, Mahnkosten, Bearbeitungsgebühren.[51] Es handelt sich also zumindest überwiegend um Schadensersatzforderungen. Die Aufnahme von Nebenforderungen in Höhe von 10% ist daher lediglich als Ausnahme von dem Grundsatz zu verstehen, dass Schadensersatzansprüche ohne Vergütungscharakter nicht gesichert werden und nicht als Begrenzung sämtlicher Forderungen außerhalb des Werklohns für die vertragliche Leistung.

## 16. Ist der Unternehmer auf eine einmal geltend gemachte Sicherheit festgelegt?

Nein.

Hat der Unternehmer eine Sicherheit gefordert und erhalten, die seinem Vorleistungsrisiko nicht entspricht, hat er nicht das Recht „verwirkt", etwa später eine seinem Vorleistungsrisiko entsprechende – erhöhte – Sicherheit zu fordern. Dies ergibt sich schon aus § 648a Abs. 7 BGB.

Auch durch Zusatzleistungen, Vertragsänderungen, Teilkündigungen, usw., kann sich das Vorleistungsrisiko entsprechend erhöhen oder vermindern. Hier besteht Anspruch auf entsprechende Anpassung der Vorleistungssicherheit. Dieser Anspruch (von Unternehmer und Besteller) kann ebensowenig ausgeschlossen werden, wie der Sicherungsanspruch selbst.

## 17. Wie wirken sich Vorauszahlungen auf den Sicherungsumfang aus?

Nach § 648a BGB wird das Vorleistungsrisiko des Unternehmers geschützt. Hat daher der Besteller im Zeitpunkt des Sicherungs-

---

[51] Thomas-Putzo, ZPO, 21. Aufl., Rdn. 8 zu § 4.

verlangens des Unternehmers an diesen bereits Vorauszahlungen geleistet (vgl. z. B. § 16 Nr. 2 VOB/B), so stellt diese Vorauszahlung eine Sicherheit im Sinne von § 648a BGB dar. Gemäß § 16 Nr. 2 Abs. 2 VOB/B verbraucht sich die „Vorleistungssicherheit" durch den Baufortschritt. Dem Unternehmer steht dann erneut ein Sicherungsanspruch zu, dessen Höhe nach den dargestellten Grundsätzen (vgl. Ziff. 14) zu berechnen ist.

## 18. Wann sollte der Unternehmer Sicherheit fordern?

Der Unternehmer muss die Sicherheit nicht vor oder „bei" Vertragsschluss fordern, wenn er befürchtet, hierdurch die Vertragsverhandlungen zu belasten. Weil der Anspruch unverzichtbar ist (§ 648a Abs. 7 BGB), kann der Anspruch jederzeit problemlos auch erst während der Vertragsdurchführung geltend gemacht werden, etwa wenn ein konkreter Anlass hierfür besteht, zum Beispiel

– wenn negative Auskünfte über die Bonität des Bestellers, seitens der Hausbank oder einer Auskunft erfolgen;
– wenn ein Versicherer sich weigert, eine diesbezügliche Warenkreditversicherung abzuschließen;
– wenn das zu bebauende Grundstück sehr hoch belastet ist;
– wenn die erste Abschlagsrechnung Kürzungen aufweist, die eindeutig ungerechtfertigt oder nicht erklärbar sind;
– wenn die Abschlagszahlungen nicht pünktlich geleistet werden.

In **zeitlicher Hinsicht** gilt der Grundsatz: „Je früher desto besser."

Die Forderung der Sicherheit ist dann verspätet bzw. für den Unternehmer dann weitgehend sinnlos, wenn der Unternehmer seine Leistung abnahmefähig erbracht hat. Auch dann, wenn – z. B. mangels Abnahme – die Vorleistungspflicht des Unternehmers formal noch nicht erloschen ist, muss beachtet werden, dass der § 648a BGB keinen klagbaren Anspruch auf Sicherheit gibt (vgl.

Ziff. 31), der Unternehmer somit als Druckmittel nur die Einstellung der Arbeiten bzw. Kündigung hat (§ 648a Abs. 1 und 5 BGB). Diese Druckmittel versagen, wenn die Leistung (weitgehend) erfüllt ist.

Insoweit ist auch zu beachten, dass dem Besteller ein angemessener Zeitraum zur Beibringung der Sicherheit zu gewähren ist (i. d. R. 7 bis 10 Tage, vgl. Ziff. 31). Während dieser Zeit besteht **kein Leistungsverweigerungsrecht** des Unternehmers nach § 648a BGB.

## 19. Wann und in welcher Höhe kann der Unternehmer für Zusatzleistungen und Vertragsänderungen Sicherheit fordern?

Wie ausgeführt (Ziff. 16) hat der Unternehmer einen Anspruch auf Anpassung der Sicherheit, wenn sich Vertragsumfang und – infolgedessen – sein Vorleistungsrisiko ändern. Fraglich ist, **wann** der Anpassungsanspruch geltend gemacht werden kann.

**Beispiel:**

Bei Abwicklung des Bauauftrags auf der Basis der VOB/B verlangt der Besteller eine Zusatzleistung, wobei sich die Parteien nicht über den Preis einigen können.

Obwohl hier eine Preisvereinbarung unterblieben ist, hat der Unternehmer **vor** Ausführung der Zusatzleistung Anspruch auf Sicherheit. Für Zusatzleistungen trifft nämlich der Unternehmer im VOB-Vertrag grundsätzlich eine **Ausführungspflicht,** unabhängig von der Einigung über den Preis.[52] Somit hat er auch – weil vorleistungspflichtig – einen entsprechenden Sicherungsbedarf.

---

[52] Vgl. § 1 Nr. 4 VOB/B. Dies verkennt Sturmberg, BauR 1994, S. 57, 60, der dem Unternehmer bis zu einer entsprechenden Einigung der Vertragsparteien einen Sicherungsanspruch gänzlich versagen will.

§ 648a BGB

Für die **Höhe** der Sicherheit hat sich der Unternehmer an den Grundsätzen des § 2 Nr. 6 Abs. 2 VOB/B zu orientieren, wobei auch insoweit nur die Pflicht besteht, die „**voraussichtlichen**" Kosten zu ermitteln. Sind die Kosten der Vertragsänderung bzw. Zusatzleistung in **einer** (Abschlags-)Rechnung zu erfassen, deckt sich also das Vorleistungsrisiko mit dem Preis der Zusatzleistung bzw. Vertragsänderung, besitzt der Unternehmer auch einen dem voraussichtlichen Wert dieser Leistungen entsprechend hohen Sicherungsanspruch.

## 20. Wie wirken sich Gegenrechte des Bestellers, insbesondere solche aufgrund mangelhafter Werkleistung aus?

**20.1** Mängel der Werkleistung begrenzen das Vorleistungsrisiko des Unternehmers nicht. Sie wirken sich daher auf die Höhe der zu fordernden Sicherheit **grundsätzlich nicht** aus. Das gilt **zumindest dann**, wenn die Mängel noch **nachbesserbar** sind und dem Unternehmer noch das **Nachbesserungsrecht** zusteht.[53]

**20.2.** Stehen dem Besteller allerdings wegen der Mängel Minderungsrechte oder **auf Geldzahlung gerichtete** Gegenforderungen zu, mit denen er den Werklohnanspruch des Unternehmers aufrechnet oder verrechnet, wirken diese Gegenansprüche unmittelbar auf den Bestand der Werklohnforderung ein. Soweit dadurch der Vergütungsanspruch des Unternehmers reduziert wird, entfällt gleichzeitig das zu sichernde Vorleistungsrisiko.[54]

In gleicher Weise sind erklärte Aufrechnungen mit sonstigen nicht mängelbedingten Gegenforderungen zu behandeln (z. B. An-

---

[53] LG Bonn, NJW-RR 1998, S. 530, 531; OLG Karlsruhe, BauR 1996, S. 556; Staudinger-Peters, 13. Aufl., Rdn. 9 zu § 648a BGB; Werner-Pastor, 9. Aufl., Rdn. 329; Schulze-Hagen, BauR 2000, S. 28, 32.
[54] Soweit allerdings dem Unternehmer durch übereinstimmende Vereinbarung später doch wieder eine Nachbesserungsmöglichkeit eingeräumt wird, lebt insoweit ein Sicherungsanspruch wieder auf.

spruch auf Ersatz von Verzugsschäden, Vertragsstrafe, Schadensersatz nach § 6 Nr. 6 VOB/B u. ä.): Mit Erklärung der Aufrechnung wird die Werklohnforderung erfüllt, im Rechtssinne also bezahlt (§ 389 BGB).

**20.3** Sind Grund und/oder Höhe der Gegenansprüche streitig, ist die objektive Rechtslage maßgebend, wie sie im Einzelfall nachträglich gerichtlich entschieden werden muss. Insoweit trägt jede Vertragspartei das Risiko eigenen Fehlverhaltens. Es geht sicher zu weit, die Berücksichtigung von Gegenforderungen nur dann zuzulassen, wenn sie unstreitig oder rechtskräftig festgestellt sind.[55]

## 21. Welche Möglichkeiten hat der Besteller, um eine Übersicherung des Unternehmers zu vermeiden?

Die Sicherheiten nach § 648a BGB sind relativ hoch und somit geeignet, die Kreditlinie des Bestellers maßgeblich zu belasten.

Entscheiden sich die Parteien – etwa bei Vertragsschluss – dafür, eine Sicherheit **in Höhe** des voraussichtlichen Vergütungsanspruchs festzulegen, so sollte gleichzeitig vorgesehen werden, dass die Sicherheit im Umfang der tatsächlich geleisteten Zahlung als reduziert gilt.[56]

Die Vereinbarung eines Zahlungsplans mit „kleinstufigen" Zahlungsabschnitten und kurzen Zahlungsfristen verringert das Vorleistungsrisiko des Unternehmers entscheidend. Schon aus Kostengründen wird der Unternehmer in solchen Fällen in entsprechend geringerem Umfange Sicherheit verlangen.

---

[55] So aber OLG Düsseldorf, BauR 1999, S. 47 und (einschränkend) Werner/Pastor, a.a.O., Rdn. 329; wie hier: Schulze-Hagen, BauR 2000, S. 28, 33.
[56] Ebenso Sturmberg, BauR 1994, S. 57, 61.

## 22. Wie hat sich der Besteller zu verhalten, wenn der Unternehmer eine offenkundige „Übersicherung" fordert?

Verlangt der Unternehmer eine Sicherheit, die nach Ansicht des Bestellers nach objektiven Kriterien offenkundig „überzogen" ist, stellt sich die Frage, wie hier der Besteller zu reagieren hat. Grundsätzlich führt das Verlangen einer überhöhten Sicherheit nicht zum Wegfall des Anspruchs auf Sicherheitsleistung insgesamt. Vielmehr ist der Auftraggeber verpflichtet, fristgerecht Sicherheit in angemessener Höhe anzubieten.[57] Bietet er keine oder eine nur unzureichende Sicherheit an, ist dem Unternehmer das Recht einzuräumen, nach Ablauf der angemessenen Frist zur Beibringung der Sicherheit die Leistung zu verweigern (§ 648a Abs. 1 S. 2 BGB) bzw. mit weiterer Nachfristsetzung und Ablehnungsandrohung den Vertrag aufzuheben. Nimmt der Unternehmer die taugliche Bürgschaft des Bestellers nicht an, besteht für den Besteller die Möglichkeit der Hinterlegung (s. §§ 372 ff. BGB).

Zu beachten ist, dass die Unternehmerrechte nicht rechtsmissbräuchlich ausgeübt werden dürfen. Eine nur geringfügige Untersicherung rechtfertigt weder eine Verweigerung der Leistung noch eine Kündigung, zumal der Unternehmer jederzeit eine „Nachsicherung" fordern kann, wenn die Sicherheit tatsächlich nicht ausreicht.[58]

## 23. Welche Arten von Sicherheiten sind zugelassen?

Zulässig sind zunächst die in den §§ 232 bis 239 BGB geregelten Arten der Sicherheitsleistung. Zusätzlich sieht § 648a Abs. 2 BGB

---

[57] OLG Düsseldorf, BauR 1999, S. 47, 48; OLG Karlsruhe, NJW 1997, S. 263, 264.
[58] Staudinger-Peters, 13. Aufl., Rdn. 10 zu § 648a BGB.

eine Auszahlungsgarantie oder ein sonstiges Zahlungsversprechen eines Kreditinstituts oder Kreditversicherers vor.[59]) Insgesamt kommen als Sicherungsmittel daher in Betracht:

- Auszahlungsgarantie einer Bank
- Bankbürgschaft (Vertragserfüllungsbürgschaft)
- Hinterlegung von Geld oder Wertpapieren
- Verpfändung von Forderungen aus Staatspapieren
- Verpfändung beweglicher Sachen
- eine Hypothek am Baugrundstück, wenn sie gemäß § 238 BGB i. V. m. § 1807 Abs. 1 Nr. 1 BGB zur Sicherheitsleistung geeignet, d. h. mündelsicher ist. In welcher Höhe Belastungen noch mündelsicher sind, wird weitgehend durch Landesrecht festgelegt (§ 1807 Abs. 2 BGB), in der Regel ³/₅ bis ¹/₂ des Grundstückswerts.[60])

## 24. Wer hat das Wahlrecht unter den verschiedenen Arten der Sicherheit?

Entsprechend §§ 235, 262 BGB ist dem **Besteller** das Recht zuzubilligen, unter den verschiedenen – tauglichen – Sicherheiten zu wählen.[61])

Dem Besteller ist weiterhin das Recht zuzubilligen, eine Sicherheit durch eine andere Sicherheit zu **ersetzen**.[62]) Auch dieses Recht ergibt sich aus dem zitierten Wahlrecht des Bestellers und dem Wesen der Sicherheit.[63])

---

[59]) Gemäß § 232 Abs. 2 BGB wäre die Bürgschaft nur subsidiär zulässig. Durch die weite Formulierung in § 648a Abs. 2 BGB („sonstiges Zahlungsversprechen") werden Bankbürgschaften zu gleichrangigen Sicherungsmitteln.
[60]) Nachweise finden sich in Palandt-Dietrichsen, 58. Aufl. zu § 1807.
[61]) Palandt-Heinrichs, 59. Aufl., Rdn. 1 zu § 232.
[62]) Staudinger-Peters, 13. Aufl., Rdn. 12 zu § 648a BGB m. H. a. § 235 BGB.
[63]) § 263 Abs. 2 BGB sieht für „Leistungen" vor, dass die einmal getroffene Wahl nicht einseitig widerrufen werden kann. Diese Einschränkung ist jedoch auf blo-

## 25. Welche Sicherheit sollte der Besteller wählen?

Entsprechend den Gepflogenheiten am Bau wird sich in der Regel eine Vertragserfüllungsbürgschaft (Vorleistungsbürgschaft) empfehlen[64]), weil sie schnell und unkompliziert zu handhaben ist. Außerdem ist zu beachten, dass das Gesetz für dieses Sicherungsmittel in § 648a Abs. 2 BGB ausdrücklich **Verwertungsbeschränkungen** vorsieht, nicht jedoch für die anderen Sicherheiten.[65]) Sonstige Zahlungsversprechen im Sinne des § 648a Abs. 2 BGB haben sich in der Praxis kaum durchgesetzt. Sie sind auch deswegen problematisch, weil für den Unternehmer schwer einzuschätzen ist, ob solche Zahlungsversprechen den Anforderungen des § 648a BGB genügen.[66])

## 26. Welche Ansprüche darf der Unternehmer an die Vorleistungsbürgschaft stellen?

– Sie muss von einem in Deutschland zugelassenen Kreditinstitut oder Kreditversicherer geleistet werden.

– Sie muss **unbefristet** sein. Befristete Bürgschaften sind im Einzelfall untauglich. Entstehen Streitigkeiten über den Vergütungsanspruch, die zum Zeitpunkt der Befristung noch nicht erledigt sind, ist diese Sicherheit wertlos.

– Eine **Bürgschaft auf erstes Anfordern** kann nicht verlangt werden. Dies folgt aus § 648a Abs. 2 Satz 2 BGB, der Zahlungsansprüche aus der Sicherheit nur unter den dort genannten Voraussetzungen begründet.[67])

---

ße **Sicherungsrechte** nicht übertragbar. Der Unternehmer muss die Sicherheit nach Vertragsabwicklung zurückgeben. Er hat nur ein Interesse an ausreichender **Sicherheit**, gleichgültig welcher Art (vgl. auch § 17 Nr. 3 VOB/B).
[64]) Vgl. Muster im Anhang zu Abschnitt B.
[65]) Vgl. hierzu Ziff. 42; Sturmberg, BauR 1994, a.a.O., S. 63, weist auf diesen Vorteil zu Gunsten des Bestellers besonders hin.
[66]) Vgl. die Entscheidung OLG Dresden, MittBl. ARGE BauR 1/99, S. 18 = IBR 1999, S. 312.
[67]) Ebenso Palandt-Thomas, 59. Aufl., Rdn. 12 zu § 648a BGB; Sturmberg, BauR 1994, S. 57, 63.

Nach § 648a Abs. 1 letzter Satz BGB wird eine Sicherheit auch dann als „ausreichend" angesehen, „wenn sich der Sicherungsgeber (z. B. Bürge) das Recht vorbehält, sein Versprechen im Falle einer wesentlichen Verschlechterung der Vermögensverhältnisse des Bestellers mit Wirkung für Vergütungsansprüche aus Bauleistungen zu widerrufen, die der Unternehmer bei Zugang der Widerrufserklärung noch nicht erbracht hat".

Dem Unternehmer ist zu empfehlen, auf einen derartigen Vorbehalt zu achten und ggf. entsprechend zu reagieren (vgl. Ziff. 40).

## 27. Wie wirkt sich der Erhalt einer Sicherheit nach § 648a BGB auf den Anspruch auf Einräumung einer Bauhandwerkersicherungshypothek aus?

Hat der Unternehmer eine Sicherheit nach § 648a BGB erlangt, kann er insoweit keinen Anspruch mehr auf Einräumung einer Bauhandwerkersicherungshypothek geltend machen (§ 648a Abs. 4 BGB).

Deckt also die nach § 648a BGB erlangte Sicherheit das Vorleistungsrisikos des Unternehmers nicht vollständig ab, darf er bezüglich des anstehenden „Rests" die Eintragung einer Bauhandwerkersicherungshypothek betreiben.

Der Unternehmer ist in der Wahl der Sicherheiten (§ 648a BGB oder Bauhandwerkersicherungshypothek) grundsätzlich frei.[68]

## 28. Wie wirkt sich der Erhalt einer Bauhandwerkersicherungshypothek auf den Anspruch des Unternehmers nach § 648a BGB aus?

Dieser Fall ist im Gesetz nicht geregelt.

---

[68] Kammergericht Berlin, BauR 1999, S. 921.

Entsprechend dem Sinn des Gesetzes kann jedoch ausnahmsweise „umgekehrt auch die Einräumung einer Sicherungshypothek am Baugrundstück das Interesse des Unternehmers an einer Sicherung nach § 648a beseitigen, nämlich dann, wenn die Hypothek den Anforderungen einer Sicherheitsleistung nach § 648a Abs. 1 Satz 1 i. V. m. § 232 Abs. 1, § 238 Abs. 1 und § 1807 Abs. 1 Nr. 1 BGB genügt. In diesem Falle versteht sich von selbst, dass der Besteller mit der Einräumung der mündelsicheren Sicherungshypothek zugleich dem Sicherungsverlangen des Unternehmers nach § 648a Abs. 1 Satz 1 BGB genügt, so dass ein Leistungsverweigerungsrecht des Unternehmers nicht begründet ist".[69]

Hat der Unternehmer lediglich eine **Vormerkung** zur Einräumung einer Bauhandwerkersicherungshypothek erlangt, so ist dies keine adäquate Sicherheit zu § 648a BGB.[70]

## 29. Wer muss die Kosten der Sicherheit tragen?

Nach § 648a Abs. 3 BGB hat der Unternehmer dem Besteller

– die üblichen Kosten der Sicherheitsleistung

– bis zu einem Höchstsatz von 2. v. H. für das Jahr

zu erstatten.

Diese grundsätzliche, zu Lasten des Unternehmers gehende Kostenverteilung hat ihre Ursache darin, dass die Sicherheitsleistung – wie dargelegt – vom Unternehmer ohne Anlass, also auch insbesondere dann verlangt werden kann, wenn keinerlei Zweifel an der Zahlungsfähigkeit und -bereitschaft des Bestellers bestehen.

Unter den „**üblichen Kosten**" versteht man diejenigen Kosten, die einem Durchschnittskunden unter normalen Voraussetzungen von Banken oder Kreditversicherern berechnet werden.[71]

---

[69] Vgl. Amtliche Begründung BT-Drucksache 12/1836 vom 13. 12. 1991, S. 10, 11.
[70] Vgl. hierzu Sturmberg, BauR 1994, S. 57, 66.
[71] Ebenso Ingenstau-Korbion, 13. Aufl., Rdn. 430 zu § 16 VOB/B.

Der Besteller hat somit dann keinen Ersatzanspruch in Höhe der nachgewiesenen Kosten (auch unterhalb 2%), wenn der Unternehmer den Nachweis führen kann, dass diese Kosten nicht „üblich" im genannten Sinne sind.

**Beispiel:**

Obwohl zum Zeitpunkt des Vertragsabschlusses bei Durchschnittskunden Avalprovisionen von 0,5% bis 1% p. a. marktüblich sind, verlangt die Bank vom Kunden für die Bauhandwerkersicherheit 2%,

– weil sie glaubt, dass dem Kunden die Sicherheitskosten vom Unternehmer sowieso ersetzt werden

– oder weil sie den Kunden als „Risikokunden" einschätzt.

In beiden Fällen muss der Unternehmer nur die – von ihm nachzuweisenden – üblichen Kosten (hier also 1% p. a.) zahlen. Die gesetzlich vorgesehene „Obergrenze" von 2% wird somit nur dann relevant, wenn diese Kosten „üblich" werden (sind).

Die vom Gesetzgeber festgelegte Höchstgrenze von 2% der Sicherheit pro Jahr erklärt sich daraus, dass der Gesetzgeber bei Kosen von mehr als 2% p. a. generell von besonderen Umständen (z. B. mangelnde Bonität) in der Person des Bestellers ausgeht, für die der Unternehmer nicht einzustehen habe.[72]

Der Besteller bleibt gegenüber seinem Sicherungsgeber (z. B. Bank) Schuldner der Kosten für die Sicherheit.

## 30. Gibt es Ausnahmen von der Kostentragungspflicht des Unternehmers?

Ja. In folgenden Fällen:

**30.1** Unbegründete Einwendungen des Bestellers:

---

[72] Vgl. Amtliche Begründung BT-Drucksache 12/1836 vom 13. 12. 1991, S. 10.

Der § 648a Abs. 3 Satz 2 legt fest, dass der Unternehmer die Kostenlast nicht zu tragen hat, „soweit eine Sicherheit wegen Einwendungen des Bestellers gegen den Vergütungsanspruch des Unternehmers aufrechterhalten werden muss und die Einwendungen sich als unbegründet erweisen". Hierzu ein

**Beispiel:**

Der Besteller verweigert die Schlusszahlung, weil er der Meinung ist, dass die Leistung grob mangelhaft erbracht wurde und deshalb ein Zurückbehaltungsrecht besteht. Der Unternehmer wird somit – wegen des bestehenbleibenden Vorleistungsrisikos – die Sicherheit nicht zurückgeben. Stellt sich nun später heraus, dass die Einwendungen unbegründet waren, sind die durch die Einwendungen bedingten zusätzlichen Avalkosten vom Besteller zu tragen. Dabei ist gleichgültig, ob der Besteller bei Geltendmachung der Einwendungen schuldhaft gehandelt hat.[73]

30.2 Vermögensfall des Bestellers:

Weiterhin ist zu beachten, dass durch § 648a BGB **der § 321 BGB nicht aufgehoben wurde.** Der § 321 BGB bestimmt folgendes:

„Wer aus einem gegenseitigen Vertrage vorzuleisten verpflichtet ist, kann, wenn nach dem Abschlusse des Vertrags in den Vermögensverhältnissen des anderen Teiles eine wesentliche Verschlechterung eintritt, durch die der Anspruch auf die Gegenleistung gefährdet wird, die ihm obliegende Leistung verweigern, bis die Gegenleistung bewirkt oder Sicherheit für sie geleistet wird."

Gerät daher der Besteller in Vermögensverfall und macht deshalb der Unternehmer nach § 321 BGB seinen Sicherungsanspruch geltend, richtet sich die Kosenlast nach den zu § 321 BGB entwickelten Grundsätzen. Als Veranlasser hat danach der **Besteller** die Kosten der Sicherheit zu tragen.

---

[73] Ingenstau-Korbion, 13. Aufl., Rdn. 431 zu § 16 VOB/B.

**30.3** Sonstige, vom Besteller zu vertretende Umstände:

Das Gesetz lässt die Frage unbeantwortet, wer die Kosten der Sicherheit zu tragen hat, wenn sie nicht aufgrund von unberechtigten Einwendungen des Bestellers, sondern aus sonstigen vom Besteller zu vertretenden Gründen (schuldhaft) verspätet zurückgegeben wird.

**Beispiel:**

Die Rückgabe der Sicherheit verzögert sich, weil der Besteller bei Vertragsabwicklung in Verzug gerät (er bringt z. B. die Baugenehmigung erst verspätet bei).

Hier hat der Unternehmer aufgrund allgemeiner schadensersatzrechtlicher Grundsätze einen Anspruch auf Ersatz der Mehrkosten.[74]

## 31. In welcher Form muss der Unternehmer Sicherheit verlangen – welche Frist muss er dem Besteller setzen?

Eine besondere Form – insbesondere Schriftform – für das Verlangen nach Sicherheit ist nicht vorgesehen. Die Wahrung der Schriftform ist jedoch dem Unternehmer schon aus Beweisgründen dringend zu empfehlen. Dem Besteller ist **eine angemessene Frist** zur Beibringung einer Sicherheit einzuräumen, verbunden mit der Erklärung, dass der Unternehmer nach Ablauf der Frist seine Leistung (z. B. Bauleistung, Architektenleistung) verweigern werde (vgl. **Musterschreiben** in Anhang zu Anschnitt B).

Das Gesetz macht keine Ausführungen darüber, was es unter einer „angemessenen Frist" versteht. In jedem Fall muss die Frist so bestimmt sein, dass dem Besteller ermöglicht wird, die Sicher-

---

[74] Diese gesetzlichen Schadensersatzansprüche (z. B. c.i.c.) werden durch § 648a Abs. 7 BGB nicht eingeschränkt, weil danach nur abweichende **Vereinbarungen** ausgeschlossen sind.

§ 648a BGB

heit **ohne schuldhafte Verzögerung** zu beschaffen. Weil dies in der Regel Verhandlungen mit dem Sicherungsgeber – z. B. Bank – voraussetzt, wird in der amtlichen Begründung zum Bauhandwerkersicherungsgesetz eine Frist **von 7 bis 10 Tagen** als notwendig erachtet.[75])

Setzt der Unternehmer dem Besteller eine **zu kurze Frist,** so ist dies nach der hier vertretenen Ansicht nicht wirkungslos. Allerdings ist davon auszugehen, dass beim Besteller die Verzugslage erst später (nach Ablauf einer „angemessenen" Frist) eintritt, mit der weiteren Folge, dass auch der Unternehmer erst entsprechend später seine Arbeiten einstellen darf.

## 32. Welche Folgen sind im Gesetz vorgesehen, wenn der Besteller keine oder keine ausreichende Sicherheit beibringt?

Bringt der Besteller innerhalb „angemesser Frist" die Sicherheit nicht bei, ist der Unternehmer berechtigt, seine Arbeiten nicht aufzunehmen oder bereits begonnene Arbeiten **sofort** einzustellen. Außerdem kann der Unternehmer die Rechte nach den §§ 643 und 645 Abs. 1 BGB geltend machen (§ 648a Abs. 5 BGB). Dies bedeutet im Einzelnen:

Bringt der Besteller die Sicherheit nicht bei, kann der Unternehmer dem Besteller zur Nachholung der Handlung nochmals eine angemessene Frist mit der Erklärung bestimmen, dass er den Vertrag kündige, wenn die Handlungen nicht bis zum Ablauf der Frist

---

[75]) Siehe amtliche Begründung BT-Drucksache 12/1836 vom 13. 12. 1991, S. 9; Sturmberg, BauR 1994, S. 57, 64; Ingenstau-Korbion, 13. Aufl., Rdn. 422 zu § 16 VOB/B empfehlen eine Frist von bis zu drei Wochen „wobei immer die Bedingungen im Einzelfall die Angemessenheit diktieren". Eine Höchstfrist von drei Wochen dürfte vielleicht in der Anfangsphase nach In-Kraft-Treten des Gesetzes gerechtfertigt gewesen sein, ist aber im Hinblick auf den Zweck des Gesetzes und im Hinblick darauf, dass dem seriösen Besteller die Beibringung der Sicherheit keine Schwierigkeiten machen sollte, in der Regel als zu lang anzusehen.

nachgeholt werde. Als „angemessen" wird eine **Nachfrist von 3 bis 4 Werktagen** zu bezeichnen sein.[76])

Wird auch innerhalb dieser Frist die Sicherheit nicht beigebracht, gilt der Vertrag als **aufgehoben.** Es ist also nicht erforderlich, dass der Auftragnehmer die Kündigung nochmals förmlich ausspricht. Zu den Ersatzansprüchen bei Kündigung vgl. Ziff. 36.

## 33. Kann der Unternehmer auch auf Sicherheit klagen, wenn sie der Besteller nicht beibringt?

Nach der hier vertretenen Ansicht hat der Unternehmer keinen mit einer Klage durchsetzbaren Anspruch auf Sicherheit. Dies ergibt sich aus dem Wortlaut des § 648a Abs. 1 Satz 1, wonach der Unternehmer nur Sicherheit **„in der Weise"** verlangen kann, dass er bei Nichtbeibringung die „Arbeit verweigern" darf.[77])

## 34. Ist der Unternehmer verpflichtet, die Kündigung auszusprechen, wenn der Besteller die Sicherheit nicht beibringt?

Nein. Nach §§ 648a Abs. 5, 643 BGB ist der Unternehmer **„berechtigt",** aber **nicht verpflichtet,** die Kündigung anzudrohen bzw. herbeizuführen, wenn der Auftraggeber die Sicherheit nicht fristgemäß leistet. Insbesondere wenn der Unternehmer weiter am Auftrag interessiert ist, kann sich nach der hier vertretenen Ansicht für ihn empfehlen, nach ergebnisloser Fristsetzung die Arbeiten lediglich nicht aufzunehmen bzw. eingestellt zu lassen und – bei Vereinbarung der VOB/B – dem Besteller die Behinderung nach § 6 Nr. 1 VOB/B anzuzeigen. Als „Behinderung" i. S. v. § 6 Nr. 1 VOB/B gilt jeder Umstand, der sich störend auf die Leistung aus-

---

[76]) Eine Formulierungshilfe ist im Anhang zu Abschnitt B abgedruckt.
[77]) Ebenso Palandt-Thomas, § 648a, Rdn. 2.

wirkt.[78] Dem Besteller wird so auch Gelegenheit gegeben, die Sicherheit noch beizubringen.[79])

## 35. Welche weiteren Rechtsfolgen gelten, wenn der Unternehmer die Arbeiten wegen Nichtbeibringung der Sicherheit lediglich einstellt?

Hierzu wird in § 648a BGB keine Aussage gemacht.[80])

Wie ausgeführt[81]), kann der Unternehmer nicht auf Leistung der Sicherheit klagen. Andererseits muss gesehen werden, dass die „Obliegenheit" zur Beibringung der Sicherheit eine **Mitwirkungspflicht** des Bestellers ist[82]), weil ohne diese Handlung die Durchführung des Objekts behindert ist. Somit kann der Unternehmer – neben der Arbeitseinstellung – die Rechtsfolgen von § 642 BGB in Anspruch nehmen, nämlich

---

[78]) Heiermann/Riedl/Rusam, B § 6, Rdn. 1a.
[79]) Sturmberg, a.a.O., S. 64, 65, meint, dass der Auftraggeber bei Nichtbeibringung der Sicherheit durch den Besteller gezwungen sei, entweder auf die Rechte aus §§ 643, 645 Abs. 1 BGB zu verzichten und damit seines Leistungsverweigerungsrechts (Abs. 1 Satz 1) verlustig zu gehen oder gemäß §§ 643, 645, den Vertrag zu kündigen. Diese Meinung ist abzulehnen. Das Leistungsverweigerungsrecht des Abs. 1 besteht selbstständig neben den Rechtsfolgen des Abs. 5. Außerdem ist zu beachten, dass Abs. 5 einen **Rechtsgrundverweis** auf § 643 BGB beinhaltet, denn der Unternehmer muss erst die **dort** geregelte Nachfristsetzung mit Kündigungsandrohung aussprechen, um in den Genuss der Ansprüche aus § 643 Abs. 1 BGB zu gelangen. Gemäß § 643 BGB ist aber der Unternehmer keineswegs verpflichtet, sondern lediglich **berechtigt,** die Vertragsaufhebung herbeizuführen. Im Ergebnis ebenso Slapnicar-Wiegelmann, a.a.O., S. 2906; Ingenstau-Korbion, a.a.O., Rdn. 433 ff, Münchner Kommentar – Soergel, BGB § 648a Rdn. 28; Schulze-Hagen BauR 2000, S. 35.
[80]) Der § 648a Abs. 5 regelt lediglich was gilt, wenn der Unternehmer von seinem **Recht** auf Kündigung Gebrauch macht.
[81]) Vgl. oben Ziff. 33.
[82]) Auch „Obliegenheiten" können Mitwirkungspflichten sein; vgl. Palandt-Thomas, § 642 Rdn. 1; **Mitwirkungspflichten** sind solche, von denen nach dem Inhalt des Vertrages der Beginn oder die Durchführung der Arbeiten des Unternehmers abhängig ist (vgl. Staudinger-Peters, 12. Aufl., Rdn. 7 zu § 642 BGB). Dass es sich um Mitwirkungspflichten i. S. v. § 642 BGB handelt, legen Hofmann-Koppmann in BauR 94, S. 311, ausführlich dar.

- Aufwendungsersatz während der Behinderungsphase[83]), also die Mehrkosten, die dem Unternehmer durch die Behinderung entstehen (Mehrkosten aus Wartezeiten für Mitarbeiter, Maschinen, Materialien für die Zeit bis zur Beseitigung der Behinderung[84]) (etwa durch Beibringung der Sicherheit).
- pauschale Entschädigung für die Bereitstellung von Arbeitskraft und Kapital sowie für den Verlust evtl. anderer Aufträge.[85])

**Nicht** geltend machen kann der Unternehmer etwaige weitergehende Rechte aus getroffenen **vertraglichen** Abreden (z. B. Kündigung nach § 9 VOB/B).[86])

## 36. Welche Kosten kann der Unternehmer geltend machen, wenn er den Vertrag gekündigt hat?

Gilt der Vertrag – nach ergebnislosem Ablauf der Nachfrist mit Kündigungsandrohung (vgl. oben Ziff. 32) – gemäß § 643 BGB als aufgehoben, bestimmen sich die Rechte des Unternehmers nach den §§ 648a Abs. 5 S. 2, 645 Abs. 1. Der Unternehmer kann danach vom Besteller verlangen,

- eine den erbrachten Leistungen entsprechende Teilvergütung.
- den Ersatz der Auslagen, die dem Unternehmer entstanden und in der Vergütung nicht enthalten sind. Hierzu zählen auch die infolge der Verweigerung der Sicherheit bis zur Vertragsaufhebung entstehenden Behinderungskosten.[87])

---

[83]) § 304 BGB; vgl. Palandt-Thomas, § 642 Rdn. 2.
[84]) Ebenso Ingenstau-Korbion, a.a.O., Rdn. 433.
[85]) Palandt-Thomas, a.a.O.
[86]) Vgl. Hofmann-Koppmann, BauR 94, 312. Dies widerspräche dem abschließenden Charakter des § 648a BGB. Ob §§ Nr. 6 VOB/B beim VOB-Vertrag unmittelbar anwendbar ist (so Schulze-Hagen BauR 2000/35) kann dahingestellt bleiben, weil seine Rechtsfolgen über § 642 BGB bereits erfasst sind.
[87]) Vgl. Hofmann-Koppmann, BauR 94, 311. Etwaige Gewinnanteile für die nicht erbrachten Leistungen können nicht verlangt werden (vgl. Schulze-Hagen, a.a.O., S. 36).

### § 648a BGB

- den Schaden, der dem Unternehmer dadurch entstanden ist, dass er auf die Gültigkeit des Vertrages vertraut hat. Hierzu zählen in der Regel die **Vertragsabschlusskosten** und der etwa infolge Ablehnung eines anderweitigen Auftrags entgangene Gewinn.[88]) Ebenso **Personalkosten** für eigens für diesen Auftrag eingestelltes Personal, das anderweitig nicht – nahtlos – weiterbeschäftigt werden kann.[89]) Weiterhin die Ansprüche von **Subunternehmern,** die diese als Folge der Kündigung stellen.[90])

Den Unternehmer trifft die **Beweislast** für die ihm entstandenen Schäden.

### 37. Kann der Unternehmer seinen Schaden auch pauschal berechnen?

In der Praxis wird die Darlegung des Schadensersatzes im Einzelfall schwierig sein. Die mit dem „**Gesetz zur Beschleunigung fälliger Zahlungen**" eingeführte Ergänzung zu § 648a Abs. 5 BGB eingefügte Regelung soll dem abhelfen. Danach wird eine **gesetzliche Vermutung** eingefügt, „wonach **der Schaden 5% der Vergütung beträgt**".

Dem Unternehmer steht somit ein **Wahlrecht** zu:

- Er kann einen Schadensersatz in Höhe von 5% der Auftragssumme für den verlorengegangenen Auftrag verlangen. Es ist dann Sache des Bestellers, ggf. zu **beweisen,** dass diese gesetzliche Vermutung in dem hier vorliegenden Einzelfall nicht zutrifft, also ein niedrigerer Schaden anzunehmen ist.
- Der Unternehmer kann auch nach den in Ziff. 36 aufgeführten Regelungen darlegen, dass ihm durch die Kündigung ein höhe-

---

[88]) Weitergehende – auch vertragliche – Ansprüche verbieten sich aus dem abschließenden Charakter des § 648a und aus der ausdrücklichen Verweisung auf § 645 Abs. 1 (nicht 2) BGB; vgl. Hofmann-Koppmann, a.a.O.
[89]) Vgl. Ingenstau-Korbion, a.a.O., Rdn. 437, Werner/Pastor Rdn. 333.
[90]) Vgl. Ingenstau-Korbion, a.a.O., Rdn. 437.

## Abschnitt B

rer Schaden als 5% der Auftragssumme entstanden ist. In diesem Fall trägt er die Beweislast für diesen Tatbestand.

## 38. Welche Rechtsfolgen gelten, wenn der Besteller kündigt, weil der Unternehmer wegen Nichtbeibringung der Sicherheit die Leistung verweigert?

Macht der Unternehmer von seinem Leistungsverweigerungsrecht Gebrauch und bringt andererseits der Besteller die geforderte Sicherheit nicht bei, kann für den Besteller in Betracht kommen, seinerseits eine Kündigung auszusprechen.

Weil der Unternehmer keinen sachlichen Grund für besondere Lösungsrechte vom Vertrag gesetzt hat, liegt hier der Fall einer „freien Kündigung" im Sinne von § 649 BGB vor. Danach kann hier der Unternehmer

– die volle Vergütung

– abzüglich ersparter Aufwendungen verlangen.

Weiterhin sind die bis zur Kündigung aufgelaufenen Behinderungskosten gemäß § 642 BGB (vgl. oben, Ziff. 35) erstattungsfähig.

Allerdings trifft auch hier den Auftragnehmer die **Nachweispflicht**. Die mit dem **Gesetz zur Beschleunigung fälliger Zahlungen** eingefügten und seit dem 01. Mai 2000 gültige Neuregelung sieht auch für den Fall der Auftraggeberkündigung **eine gesetzliche Vermutung dafür vor, dass der Schaden 5% der Vergütung beträgt** (vgl. § 648a Abs. 5 letzter Satz BGB). Wie bei der Auftragnehmerkündigung (vgl. Ziff. 37) ist es dann Sache des Bestellers, ggf. zu beweisen, dass die gesetzliche Vermutung in dem hier vorliegenden Fall nicht zutrifft, also ein geringerer Schaden gegeben ist.

Die neue gesetzliche Regelung lässt diese pauschale Schadensersatzberechnung jedoch nur dann zu,

– wenn der Besteller in zeitlichem Zusammenhang mit dem Sicherheitsverlangen des Unternehmers nach Abs. 1 kündigt,
– es sei denn, die Kündigung ist nicht erfolgt, um der Stellung der Sicherheit zu entgehen.

Wenn somit der Auftraggeber in „zeitlichem Zusammenhang" mit dem Sicherheitsverlangen des Auftragnehmers kündigt, stellt das Gesetz die – widerlegbare – Vermutung auf, dass dies geschehen ist, weil der Unternehmer das Sicherungsverlangen gestellt hat. Den Besteller trifft also die Beweislast, im Einzelfall diese Vermutung zu widerlegen.

**Beispiel:**

„Der Besteller hat bereits vor dem Sicherungsverlangen den Unternehmer zu Recht mit Kündigungsandrohung aufgefordert, vorhandene Mängel zu beseitigen. Der Unternehmer hat dies mit einem Verlangen nach Gestellung von Sicherheiten beantwortet."

Hier wird der Besteller grundsätzlich den Beweis führen können, dass die dann unverzüglich ausgesprochene Kündigung nicht erfolgt ist, um der Stellung der Sicherheit zu entgehen.

**Anders** wäre allerdings dieser Fall zu betrachten, wenn der Unternehmer seinerseits fällige Zahlungsansprüche gegen den Besteller hätte und diese auch schon vor der Nachbesserungsaufforderung des Bestellers geltend gemacht hätte.

## 39. Wann ist der Sicherungsgeber zu einem Widerruf der Sicherheit berechtigt?

Der § 648a Abs. 1 S. 3 BGB sieht unter gewissen Voraussetzungen ein Widerrufsrecht des Sicherungsgebers (z. B. Bank) vor.

Der Sicherungsgeber muss

– sich das Widerrufsrecht ausdrücklich in der Sicherungs-(z. B. Bürgschafts-)urkunde vorbehalten haben. Der Vorbehalt des Sicherungsgebers kann nicht „nachgeschoben" werden, sondern muss bereits mit Hingabe der Sicherheit an den Unternehmer erklärt werden.[91])

- eine „**wesentliche** Verschlechterung" in den Vermögensverhältnissen des Bestellers (§ 648a Abs. 1 S. 3 BGB) **beweisen**[92]) können.

## 40. Was kann der Unternehmer gegenüber dem Besteller tun, wenn der Sicherungsgeber (Bank) sein Sicherungsversprechen widerruft?

Erfolgt ein derartiger Widerruf, ist dem Unternehmer zu raten, **sofort** die Arbeiten einzustellen, weil er ansonsten für die nun zu leistenden Arbeiten keinen Sicherungsgeber mehr hat. Dieses Recht auf sofortige Arbeitseinstellung ergibt sich aus § 321 BGB.[93]) Bei einer sofortigen Einstellung der Arbeiten entsteht dem Unternehmer kein Schaden, weil er für die bis zum Widerruf des Sicherungsgeber erbrachten Leistungen einen Anspruch auf Sicherheit gegen den Sicherheitsgeber besitzt.

Haben die Parteien die **VOB/B vereinbart,** ist der Besteller sofort vom Widerruf der Sicherheit und von der Arbeitseinstellung, verbunden mit einer Behinderungsanzeige (§ 6 Nr. 1 VOB/B; vgl. Muster im Anhang zu Abschnitt B) zu informieren.

Der Unternehmer hat folgende Rechte:

- Er kann gemäß § 321 BGB vorgehen, d. h. die Weiterarbeit davon abhängig machen, dass der Besteller

  - die Restvergütung „vorleistet"

  - oder eine taugliche Sicherheit bietet.

---

[91]) So Sturmberg, a.a.O., S. 63.
[92]) Hierzu ausführlich Ingenstau-Korbion, a.a.O., Rdn. 427.
[93]) So auch die amtliche Begründung, a.a.O., S. 9.

– Bringt der Besteller die Sicherheit nicht bei, kann der Unternehmer auch ein Rücktrittsrecht[94]) oder – bei Vereinbarung der VOB/B – ein Kündigungsrecht nach § 9 Nr. 1b VOB/B in Betracht ziehen.[95])

## 41. Welche Ansprüche des Unternehmers sind durch die widerrufene Sicherheit abgedeckt?

Alle Vergütungsansprüche aus Bauleistungen, die der Unternehmer bei Zugang der Widerrufserklärung bereits erbracht hatte.[96])

Als „erbracht" gelten dabei auch solche Leistungen, die noch nicht erbracht sind aber speziell für das fragliche Bauvorhaben angefertigt bzw. (auf der Baustelle oder beim Unternehmer) angeliefert worden sind, sofern sie nicht ohne weiteres anderweitig verwertet werden können.[97])

Auch bis zum Zeitpunkt des Widerrufs angefallenen **Behinderungskosten** – etwa wegen nicht geleisteter Abschlagszahlungen, §§ 6 Nr. 6, 16 Nr. 5 Abs. 3 VOB/B – sind, weil „vergütungsähnlich"[98]) abgedeckt.

## 42. Was kann der Besteller tun, wenn das Kreditinstitut oder der Kreditversicherer „verfrüht" zahlt?

Zahlt das Kreditinstitut oder der Kreditversicherer, obwohl die Voraussetzungen des § 648a Abs. 2 Satz 2 BGB nicht vorliegen und entsteht hieraus dem Besteller ein Schaden, so kann der Besteller

---

[94]) Palandt-Heinrichs, § 321 Rdn. 6.
[95]) Ingenstau-Korbion, a.a.O., Rdn. 427.
[96]) § 648a Abs. 1 Satz 3 BGB.
[97]) Ebenso Ingenstau-Korbion, a.a.O., Rdn. 427. Ebenso als „erbracht" gelten Vorbereitungsarbeiten, Baustelleneinrichtungskosten, u. a., vgl. Sturmberg, a.a.O., S. 63.
[98]) Vgl. Ziff. 15.

beim Kreditinstitut oder Kreditversicherer Rückgriff nehmen, also Schadensersatz verlangen.[99]

## 43. Wann und wie darf der Unternehmer die Sicherheit verwerten?

Hierüber macht § 648a BGB keine Aussagen. Somit gelten für die Verwertung der Sicherheit die allgemeinen Bestimmungen des BGB.

**43.1** Für die Leistungspflicht von **Kreditinstituten oder Kreditversicherungen** aus einem Zahlungsversprechen ist allerdings in § 648a Abs. 2 Satz 2 BGB folgendes bestimmt:

„Das Kreditinstitut oder der Kreditversicherer darf Zahlungen an den Unternehmer nur leisten, soweit der Besteller den Vergütungsanspruch des Unternehmers anerkennt oder durch vorläufig vollstreckbares Urteil zur Zahlung der Vergütung verurteilt worden ist und die Voraussetzungen vorliegen, unter denen die Zwangsvollstreckung begonnen werden darf."

Auf diese Weise soll der Besteller davor geschützt werden, dass Zahlungen geleistet werden, ohne dass ein entsprechender Vergütungsanspruch des Auftragnehmers besteht. Der Auftragnehmer wird hierdurch nicht unangemessen benachteiligt. Sein Vergütungsanspruch bleibt durch einen solventen Dritten gesichert, bis ein Einvernehmen zwischen den Vertragspartnern erzielt ist oder der Vergütungsanspruch gerichtlich festgestellt ist.[100]

---

[99] Von diesem Schadensersatzanspruch kann sich die Bank nicht durch Hinweis auf Ziff. 13 der Bank-AGB befreien, die Banken gestattet, jederzeit auf einseitige Anforderung des Gläubigers zu zahlen. Dies ergibt sich aus dem zwingenden Charakter des § 648a BGB (vgl. § 648a Abs. 7 BGB); Sturmberg, a.a.O., S. 63, will entsprechend der Judikatur zur missbräuchlichen Inanspruchnahme einer Bürgschaft auf erstes Anfordern dem Besteller sogar einen unmittelbaren Rückgriffsanspruch gegenüber der Bank einräumen.

[100] Im Hinblick auf den Tatbestand, dass die Zahlung an den Unternehmer ein Urteil gegen den **Besteller** voraussetzt und im Hinblick auf das Abänderungsver-

**43.2** Leistet der Besteller Sicherheiten auf andere Weise (was ihm im Rahmen des Katalogs des § 232 BGB möglich ist; vgl. Ziff. 24) gilt folgendes:

- Bei der Sicherheit **durch Hinterlegung von Geld oder Wertpapieren** ist durch die §§ 12, 13 der Hinterlegungsordnung gewährleistet, dass die hinterlegten Sicherungsmittel nicht zweckwidrig verwendet werden können.

- Bei der **Verpfändung von Forderungen** ist die Befriedigung des Pfandgläubigers ebenfalls nur aufgrund eines vollstreckbaren Titels möglich (§ 1277 BGB).

- Bei der **Verpfändung beweglicher Sachen** ist kein vollstreckbarer Titel notwendig. Hier kann der Unternehmer die Sicherheit insbesondere dann relativ leicht verwerten, wenn diese „einen Börsen- oder Marktpreis" hat (vgl. § 1235 Abs. 2 i. V. m. § 1221 BGB).

- Zur Verwertung hypothekarischer Sicherheiten wird auf Abschn. C Ziff. 4.1 verwiesen.

## 44. Wann ist die nicht verwertete Sicherheit zurückzugeben?

Hierzu macht § 648a BGB keine Ausführungen. Somit richtet sich die Rückgabepflicht nach allgemeinen Grundsätzen, sofern nicht etwa in der Sicherungsurkunde (z. B. Bürgschaftsurkunde) besondere – gültige – Regelungen zur Rückgabe enthalten sind.

Der Rückgabezeitpunkt wird allgemein dann gegeben sein, wenn das Vorleistungsrisiko beseitigt, die Vergütung also bezahlt ist.

Insbesondere dann, wenn der Besteller zur Beginn des Vertrags eine hohe Sicherheit für die Vorleistung des Unternehmers geleistet hat, andererseits aber das Vorleistungsrisiko des Unternehmers durch Leistung von Abschlagszahlungen teilweise abgebaut

---

bot in § 648a Abs. 7 BGB erscheinen Bürgschaftsmuster problematisch, in denen die Einrede der Vorausklage § 741 BGB) ausgeschlossen ist.

wurde, wird man beiden Vertragspartnern (dem Besteller wegen der Belastung seiner Kreditlinie; dem Unternehmer wegen der Kostentragungspflicht nach § 648a Abs. 3) das Recht einräumen müssen, die hohe Sicherheit gegen eine angemessene Sicherheit **austauschen** zu können. Dieses Recht ergibt sich nach der hier vertretenen Ansicht aus der Tatsache, dass der § 648a BGB nur einen Sicherungsanspruch für das **Vorleistungsrisiko** gibt. Ist das Vorleistungsrisiko durch entsprechende Abschlagszahlung gemindert, orientiert sich andererseits die Sicherheit an der vertraglich vereinbarten Vergütung, ist der Unternehmer „ungerechtfertigt bereichert", so dass nach der hier vertretenen Meinung auf Antrag einer Vertragspartei die hohe Sicherheit Zug um Zug gegen eine angemessene Sicherheit auszutauschen ist. Die entsprechend reduzierte Sicherheit ist dann ebenfalls mit Wegfall des Vorleistungsrisikos, also der Zahlung des Werklohns, zurückzugeben. Allerdings darf das Austauschrecht nicht rechtsmissbräuchlich ausgenutzt werden, zumal nach der hier vertretenen Meinung (vgl. Ziff. 14) der Unternehmer bei Festlegung der Sicherheit im Rahmen des § 648a Abs. 1 Satz 1 BGB ein weitgehend freies Ermessen hat.

Im Einzelfall kann sich aufgrund der vorgenannten Grundsätze eine maßgebliche Verzögerung der Rückgabe der Sicherheit ergeben.

**Beispiel:**

Die Parteien vereinbaren – wirksam – [101]) im Bauvertrag, dass der Unternehmer dem Besteller eine 5%ige Barsicherheit für Gewährleistung zu geben habe, die auf dem Konto des Bestellers verbleibe.

Hier ist – in Höhe von 5% – das Vorleistungsrisiko des Unternehmers erst erloschen, wenn der Besteller die Barsicherheit nach Ablauf der Gewährleistung auszahlt. Der Unternehmer darf daher

---

[101]) Solche Regelungen sind in Allgemeinen Geschäftsbedingungen häufig unwirksam; vgl. „Unwirksame Bauvertragsklauseln" von Glatzel/Hofmann-Frikell, Ziff. II 2.17.

§ 648a BGB

auch eine entsprechende Sicherheit bis zur Zahlung der restlichen 5% beanspruchen.[102]

**Beispiel:**

Der Besteller hält nach der Abnahme von der Vergütung (100 000,– DM) einen Teilbetrag in Höhe von 10 000,– DM zurück, weil nach seiner Ansicht Mängel vorliegen.

Auch hier ist der Unternehmer berechtigt, einen entsprechenden Teil der Sicherheit zurückzuhalten, soweit – etwa aufgrund eines selbstständigen Beweisverfahrens, eines Anerkenntnisses, usw. – feststeht, dass die Mängel in entsprechendem Umfang vorhanden und als Folge dessen Vergütungsansprüche des Unternehmers (z. B. aufgrund aufrechenbarer Vorschussansprüche) erloschen sind oder – bei ungerechtfertigter Mängelrüge – der Besteller bezahlt hat.[103]

---

[102] Anders, wenn – wie beim VOB-Vertrag üblich – die Sicherheit auf ein Sperrkonto geht.
[103] Vgl. § 648a Abs. 3 BGB mit der dortigen Kostenregelung.

## Anhang zu Abschnitt B

## Musterbriefe

## 1. Vorbemerkung:

Die nachstehend abgedruckten Musterbriefe sollen dem Unternehmer und dem Besteller eine Formulierungshilfe bei Umsetzung des Gesetzes in die Praxis geben. Die Musterbriefe basieren dabei auf den vom Verfasser zur Auslegung des Bauhandwerkersicherungsgesetzes vertretenen Ansichten. In den Musterbriefen finden sich einzelne Ziffern. In den dazugehörigen Fußnoten wird auf die entsprechende Kommentierung im Abschnitt A hingewiesen.

Zu Ziff. 4 ist ein im Bankenverkehr übliches Muster einer Vorleistungsbürgschaft abgedruckt.

§ 648a BGB

## 2. Musterbriefe für den Unternehmer

### 2.1 Verlangen einer Vorleistungssicherheit

Einschreiben/Rückschein

An
Firma

Datum

Betreff: Bauvorhaben .................................................................
      hier: Gestellung einer Sicherheit nach § 648a BGB

Sehr geehrte Damen und Herren,

zu bezeichnetem Bauvorhaben wurde zwischen Ihnen und uns am ............................ ein Bauvertrag*)/Architektenvertrag*)/Vertrag über die Herstellung von Außenanlagen*) abgeschlossen.

Zur Absicherung der nun von uns zu erbringenden hohen Vorleistungen dürfen wir unter Hinweis auf § 648a Abs. 1 BGB darum bitten, eine Sicherheit (z. B. Bankbürgschaft, Auszahlungsgarantie einer Bank) in Höhe von DM[1]) ................................ bis spätestens[2]) ........................ zu übermitteln.

Bitte beachten Sie, dass wir nach § 648a Abs. 1 Satz 1 BGB die Leistung verweigern werden, wenn innerhalb der genannten Frist keine angemessene Sicherheit geleistet wird.

Mit freundlichen Grüßen

---

*) Unzutreffendes streichen.
[1]) Siehe hierzu Abschnitt B, Ziff. 13 ff.
[2]) Siehe hierzu Abschnitt B, Ziff. 29.

Abschnitt B

## 2.2 Nachfrist zur Beibringung einer Vorleistungssicherheit

Einschreiben/Rückschein

An
Firma

Datum

Betreff: Bauvorhaben ......................................................................
     hier: Nachfrist zur Gestellung einer Sicherheit nach
       § 648a BGB; Behinderungsanzeige

Sehr geehrte Damen und Herren,

zur Absicherung unseres Vorleistungsrisikos wurden Sie mit Schreiben vom ........................... gebeten, uns eine Vorleistungssicherheit in Höhe von DM ........................... bis spätestens ................... zu übermitteln. Innerhalb der genannten Frist ging uns
*) ☐ keine Sicherheit zu.
*) ☐ eine Sicherheit zu, die unser Vorleistungsrisiko nicht ausreichend abgedeckt.

Hiermit zeigen wir an, dass wir die Arbeiten
☐ nicht beginnen werden.*)
☐ eingestellt haben.*)

Weiterhin zeigen wir an, dass wir in der ordnungsgemäßen Ausführung der Arbeiten behindert sind (§ 6 Nr. 1 VOB/B.[1])
☐ Wir setzen hiermit <u>Nachfrist</u> zur Beibringung der Sicherheit bis spätestens ........................... . Wir <u>kündigen</u> hiermit den bezeichneten Bauvertrag, wenn uns auch innerhalb dieser Frist keine ausreichende Sicherheit zugeht. (§§ 648a Abs. 5, 643 BGB).[2]

Mit freundlichen Grüßen

---
*)  Zutreffendes bitte ankreuzen.
[1] Dieser Hinweis empfiehlt sich, wenn die Parteien die VOB/B vereinbart haben.
[2] Die Nachfristsetzung mit Kündigungsandrohung empfiehlt sich nach der hier vertretenen Ansicht nicht immer (vgl. Abschnitt B, Ziff. 32 f.).

§ 648a BGB

## 2.3 Erhöhungsverlangen für eine Vorleistungssicherheit

Einschreiben/Rückschein

An
Firma

Datum

Betreff: Bauvorhaben .................................................................
      hier: Erhöhung einer Sicherheit nach § 648a BGB

Sehr geehrte Damen und Herren,

am ..................... wurde Ihrerseits eine Vorleistungssicherheit nach § 648a BGB in Höhe von DM ............................... geleistet.

Zwischenzeitlich hat sich ergeben, dass sich unser Vorleistungsrisiko maßgeblich erhöht hat[1]), nämlich um einen Betrag von ca. DM .........................

Begründung:

.................................................................................................
(z. B. Zusatzleistungen, vorgezogener Materialeinkauf)

Wir bitten daher um Verständnis dafür, dass wir die bezeichnete Sicherheit nicht mehr als ausreichend betrachten. Wir bitten um eine weitere Sicherheit nach § 648a BGB in Höhe von DM ....................

Bitte beachten Sie, dass wir gemäß § 648a Abs. 1 BGB die Arbeiten einstellen werden, sofern uns die bezeichnete Sicherheit nicht bis spätestens ..............................[2]) zugeht.

Mit freundlichen Grüßen

---

[1]) Vgl. hierzu Abschnitt B, Ziff. 14 ff.
[2]) Vgl. hierzu Abschnitt B, Ziff. 30.

Abschnitt B

## 2.4 Verhalten bei Widerruf einer Vorleistungssicherheit durch den Sicherungsgeber

Einschreiben/Rückschein

An
Firma

Datum

Betreff: Bauvorhaben ..................................................................
       hier: Widerruf einer Vorleistungssicherheit nach § 648a
           Abs. 1 BGB; Behinderungsanzeige

Sehr geehrte Damen und Herren,

am ................. wurde uns für bezeichnetes Bauvorhaben eine Vorleistungssicherheit in Höhe von DM ..................... gegeben.

Mit Schreiben des Sicherungsgebers ...........................................
(z. B. Bank), vom..................... wurde das uns in bezeichneter Sicherheit gegebene Sicherungsversprechen **widerrufen.**[1]

Hiermit zeigen wir an, dass wir die Arbeiten
[*] ☐ eingestellt haben.
[*] ☐ am ......................... einstellen werden.

Gleichzeitig melden wir gemäß § 6 Nr. 1 VOB/B **Behinderung** an.

Wir möchten sie bitten, eine   ☐ Vorauszahlung
                                        ☐ taugliche Vorleistungssicherheit

in Höhe von DM ...............[2] unverzüglich, spätestens jedoch bis zum ...............[3] beizubringen, um eine Weiterarbeit zu gewährleisten.

Mit freundlichen Grüßen

---

[*] Zutreffendes bitte ankreuzen.
[1] Siehe hierzu Abschnitt B, Ziff. 36 ff.
[2] Siehe hierzu Abschnitt B, Ziff. 13 ff.
[3] Siehe hierzu Abschnitt B, Ziff. 30.

§ 648a BGB

## 2.5 Stellungnahme zum Kostenersatzverlangen des Bestellers

Einschreiben/Rückschein

An
Firma

Datum

Betreff: Bauvorhaben ......................................................................
   hier: Sicherheit nach § 648a BGB

Sehr geehrte Damen und Herren,

mit Schreiben vom ................................. haben Sie uns die Kosten der Vorleistungssicherheit mitgeteilt. Nach unserer Wertung wurde hierbei unser Kostenanteil nicht entsprechend den Grundsätzen des § 648a Abs. 3 BGB ermittelt:[1])

*) ☐ Nach § 648a Abs. 2 Satz 1 BGB sind von uns nur die **üblichen** Kosten bis zu einer Höchstsumme von 2 vom Hundert für das Jahr zu erstatten.
Die von Ihnen geltend gemachten Kosten sind nicht üblich. Begründung: ...........................

*) ☐ Nach § 648a Abs. 3 Satz 2 BGB sind Kosten nicht zu erstatten, „soweit eine Sicherheit wegen Einwendungen des Bestellers gegen den Vergütungsanspruch des Unternehmers aufrechterhalten werden müssen und die Einwendungen sich als unbegründet erweisen.
Durch unberechtigte Einwendungen Ihrerseits musste die Sicherheit vom ................................. bis ............................ zusätzlich aufrechterhalten werden.
Wir haben daher Ihrer Rechnung entsprechend diesem Zeitraum gekürzt.

Mit freundlichen Grüßen

---

*) Zutreffendes bitte ankreuzen.
[1]) Vgl. hierzu Abschnitt B, Ziff. 25 f.

Abschnitt B

## 3. Musterbriefe für den Besteller

### 3.1 Ablehnung der Gestellung einer Vorleistungssicherheit

Einschreiben/Rückschein

An
Firma

Datum

Betreff: Bauvorhaben ............................................................
hier: Gestellung einer Sicherheit nach § 648a BGB

Sehr geehrte Damen und Herren,

mit Schreiben vom ................... haben Sie um eine Vorleistungssicherheit gemäß § 648a gebeten.

Wir/Ich gestatte(n) uns/mir mitzuteilen, dass wir/ich zu Stellung einer solchen Sicherheit nicht verpflichtet sind (bin).

*) ☐ Wir sind eine juristische Person des öffentlichen Rechts (§ 648a Abs. 6 Ziff. 1 BGB).[1]

*) ☐ Wir sind ein öffentlich-rechtliches Sondervermögen (§ 648a Abs. 6 Ziff. 1 BGB).[1]

*) ☐ Ich bin ein privater Bauherr, der Bauarbeiten zur Herstellung eines Einfamilienhauses ausführen lässt. Ein Baubetreuer, der über meine Finanzierungsmittel verfügen kann, ist nicht eingeschaltet (§ 648a Abs. 6 Ziff. 2 BGB).[1]

*) ☐ Der Bauvertrag wurde vor In-Kraft-Treten des § 648a BGB – 1. Mai 1993 – abgeschlossen.[2]

Mit freundlichen Grüßen

---

*) Zutreffendes ankreuzen.
[1] Vgl. hierzu Abschnitt B, Ziff. 6.
[2] Vgl. hierzu Abschnitt B, Ziff. 3.

§ 648a BGB

## 3.2 Schreiben auf ein überhöhtes Sicherungsverlangen des Unternehmers

Einschreiben/Rückschein

An
Firma

Datum

Betreff: Bauvorhaben ..............................................................
   hier: Sicherheit nach § 648a BGB

Sehr geehrte Damen und Herren,

mit Schreiben vom ................... haben Sie eine Vorleistungssicherheit in Höhe von DM ...................... geltend gemacht. Im Hinblick auf folgende Umstände:

(z. B. Vorauszahlung, Zahlungsplan für Abschlagszahlungen)

..............................................................................................

meinen wir, dass dieses Sicherungsverlangen Ihrem Vorleistungsrisiko in keiner Weise entspricht.[1]

*) ☐ Wir bitten um Erläuterung der Höhe Ihres Sicherungsverlangens bis zum ................................

*) ☐ Wir bieten Ihnen eine Vorleistungssicherung in Form ................................ (z. B. Bankbürgschaft) in Höhe von ................................ an und bitten, uns bis spätestens ................................ mitzuteilen, ob Ihnen diese Sicherheit ausreicht.

Mit freundlichen Grüßen

---
*) Zutreffendes ankreuzen.
[1] Vgl. hierzu Abschnitt B, Ziff. 13 ff., Ziff. 20.

Abschnitt B

### 3.3 Verlangen nach Rückgabe der Sicherheit

<u>Einschreiben/Rückschein</u>

An
Firma

                                                           Datum

Betreff: Bauvorhaben ...................................................................
       hier: Rückgabe der Sicherheit nach § 648a BGB;
             Kostenerstattung

Sehr geehrte Damen und Herren,

am ........................ wurde Ihnen eine Vorleistungssicherheit in Form .............................. (z. B. Bankbürgschaft) ausgehändigt. Die Sicherheit diente dem Zweck, Ihr Vorleistungsrisiko abzudecken.

Ihr Vorleistungsrisiko ist zwischenzeitlich beseitigt, weil ................ ......................... (z. B. Schlusszahlung geleistet wurde).

Wir bitten um Rückgabe der Sicherheit bis spätestens ................[1]) Die Kosten der Sicherheit werden, soweit Sie von Ihnen gemäß § 648a Abs. 3 BGB zu tragen sind, umgehend nach Rückgabe der Sicherheit ermittelt und Ihnen in Rechnung gestellt.[2])

Mit freundlichen Grüßen

---

[1]) Siehe hierzu Abschnitt B, Ziff. 41.
[2]) Siehe hierzu Abschnitt B, Ziff. 27.

## 4. Muster einer Bauhandwerkersicherungsbürgschaft nach § 648a BGB*

Die Firma
                – Auftraggeber –

und Firma
                – Auftragnehmer –

haben am ............ einen Bauvertrag für das Bauvorhaben ............
............ über die Durchführung von ...................-Arbeiten geschlossen.

Gemäß § 648a BGB hat der Auftraggeber für die vom Auftragnehmer zu erbringenden Vorleistungen Sicherheit zu stellen.

**– Name und Anschrift des Bürgen –**

Der vorgenannte Bürge übernimmt hiermit unter Verzicht auf die Einreden der Anfechtbarkeit, der Aufrechenbarkeit und der Vorausklage (§§ 770/771 BGB) die Bürgschaft bis zu einem Höchstbetrag von DM .................... für den Vergütungsanspruch des Auftragnehmers aus o. g. Bauleistungen.

Der Bürge wird Zahlungen nur leisten, soweit der Auftraggeber den Vergütungsanspruch des Auftragnehmers anerkennt oder durch vorläufig vollstreckbares Urteil zur Zahlung der Vergütung verurteilt worden ist und die Voraussetzungen vorliegen, unter denen die Zwangsvollstreckung begonnen werden darf.

Der Bürge behält sich das Recht vor, sein Sicherungsversprechen im Falle einer wesentlichen Verschlechterung der Vermögensverhältnisse des Auftraggebers mit Wirkung für Vergütungsansprüche aus Bauleistungen zu widerrufen, die der Auftragnehmer bei Zugang der Widerrufserklärung noch nicht erbracht hat.

Die Bürgschaft erlischt mit der Rückgabe der Bürgschaftsurkunde.

.....................................                 ..............................
Ort, Datum                                   Unterschriften

* (Muster der Vereinigten Haftpflichtversicherung V. a. G. Hannover)

# Abschnitt C

## Die Bauhandwerkersicherungshypothek
## § 648 BGB

## 1. Welche Änderungen bringt das Gesetz „zur Beschleunigung fälliger Zahlungen" für die Bauhandwerkersicherungshypothek?

Das Gesetz tritt zum 01. 05. 2000 in Kraft. Es lässt § 648 BGB im Wortlaut unberührt. Die neuen Vorschriften haben keine unmittelbaren Auswirkungen auf die Bauhandwerkersicherungshypothek. Die Regelungen, welche die Abnahme der Werkleistung betreffen, wirken sich allerdings indirekt auf die Durchsetzbarkeit des Anspruchs aus: Mit Eintritt der Abnahmewirkungen kehrt sich nämlich die Darlegungs- und Beweislast für Mängel um.

Da auch Verzugszinsen sicherbar sind, sind auch für die Sicherungshypothek die neuen §§ 284 Abs. 3 und 288 Abs. 1 BGB zu beachten.

Im Wesentlichen also bringt das neue Gesetz für die Bauhandwerkersicherungshypothek **keine Änderungen**, die sich auf das Sicherungsrecht selbst beziehen.

## 2. Welche Bedeutung hat die Bauhandwerkersicherungshypothek als Mittel zur Sicherung von Werklohnforderungen?

**2.1** Im Gegensatz zur Sicherheit nach § 648a BGB bietet die Bauhandwerkersicherungshypothek **keinen Ausgleich für die Vorleistungspflicht** des Unternehmers. Gesichert werden kann nämlich nur ein „der geleisteten Arbeit entsprechender Teil der Vergütung" (§ 648 Satz 2 BGB). Das bedeutet, dass der Anspruch auf Einräumung einer Bauhandwerkersicherungshypothek nur in Höhe des Wertes der **bereits erbrachten** Bauleistungen entsteht (sog. Mehrwertprinzip)[1].

Damit ergänzt dieses Sicherungsmittel die Sicherungsmöglichkeiten nach § 648a BGB. Nach Abs. 1 Satz 1 dieser Vorschrift sind

---
[1] Siegburg, 1990, S. 32, 37.

nämlich gerade die „zu erbringenden Vorleistungen" Gegenstand der Sicherung, weshalb der Unternehmer entsprechend „bis zur Höhe des voraussichtlichen Vergütungsanspruchs" Sicherheit verlangen kann (§ 648a Abs. 1 Satz 1 BGB). Grundsätzlich also gilt: Das Sicherungsmittel des § 648a BGB steht in erster Linie für noch zu erbringende Bauleistungen, die Bauhandwerkersicherungshypothek für bereits erbrachte Bauleistungen als Sicherungsmittel zur Verfügung.

**2.1.1** Nach der inzwischen wohl herrschenden Meinung kann allerdings auch der Vergütungsanspruch für bereits erbrachte aber noch nicht bezahlte Leistungen gesichert werden. Insoweit besteht dann eine Überschneidung zwischen den beiden Sicherungsmitteln der §§ 648 und 648a BGB, die der Gesetzgeber in § 648a Abs. 4 BGB teilweise geregelt hat. Soweit beide Sicherungsmittel einschlägig sind, hat der Unternehmer das **Wahlrecht**.[2]

**2.2** Nach der Vorstellung des Gesetzgebers soll die Bauhandwerkersicherungshypothek die Benachteiligung des Unternehmers begrenzen, die darin liegt, dass mit Einbau des gelieferten Baumaterials das Eigentum daran auf den Grundstückseigentümer übergeht (§§ 94, 946 BGB). Das geschieht dadurch, dass gerade die mit der Bebauung erzielte Wertsteigerung des Grundstücks für den Unternehmer über die Eintragung einer Sicherungshypothek zur Sicherung seiner Werklohnforderung herangezogen wird. In der Praxis scheitert die Umsetzung dieser Vorstellung des Gesetzgebers aber häufig daran, dass das Baugrundstück bereits vor Beginn der Bauarbeiten zum Zwecke der Finanzierung mit Grundschulden/Hypotheken belastet wird. Der Nominalbetrag der Grundpfandrechte bezieht dabei die durch die geplante Bebauung zu erwartende Wertsteigerung des Grundstücks in der Regel mit ein. Wenn **vorrangige Grundschulden/Hypotheken** den Wert des Grundstücks einschließlich der Bebauung bereits weitgehend ausschöpfen, ist die Bauhandwerkersicherungshypothek ein **untaugliches Sicherungsmittel**.

---

[2] OLG Karlsruhe, BauR 1997, S. 486, 487; Kammergericht Berlin, NJW-RR 1999, S. 1247.

**2.3** Andererseits kann die Eintragung einer Sicherungshypothek und auch schon einer entsprechenden Vormerkung (siehe Ziff. 3 und 12 ff) als **Druckmittel** eingesetzt werden. Eine solche Eintragung verhindert nämlich wirtschaftlich den geplanten **Verkauf** der errichteten Häuser oder Eigentumswohnungen. Das ist aber dann nicht der Fall, soweit zu Gunsten der Käufer bereits **Auflassungsvormerkungen** im Grundbuch eingetragen sind. Diese gehen der Bauhandwerkersicherungshypothek dann im Range vor mit der Folge, dass der (neue) Eigentümer nach Eintragung des Volleigentums vom Unternehmer die Löschung dessen Vormerkung/ Bauhandwerker-Sicherungshypothek verlangen kann.

Als **Druckmittel** wirkt die Eintragung der Vormerkung/Sicherungshypothek auch bei einer gegebenenfalls erforderlichen **Nachfinanzierung** des Bestellers. In solchen Fällen kann durch Eintragung einer Vormerkung ein zahlungsunwilliger Besteller häufig gezwungen werden, noch verfügbares Kapital auszuzahlen oder die Vormerkung im Verhandlungswege durch Bankbürgschaft abzulösen.

**2.4** Die Bauhandwerkersicherungshypothek und mit Einschränkungen auch die entsprechende Vormerkung sind ferner **insolvenzfest**, sofern die Belastungen vor Beginn der gesetzlich geregelten Sperr- und Anfechtungsfristen zur Eintragung gelangt sind.[3] Die Hypothek und ihre Vormerkung sichern ihrem Inhaber ferner die **Rangstelle**. Im Zwangsversteigerungsverfahren wird die gesicherte Werklohnforderung bei der Feststellung des geringsten Gebots und – sofern die Hypothek bereits eingetragen ist – bei der Verteilung des Versteigerungserlöses entsprechend der Rangstelle berücksichtigt.[4]

**2.5** Das Sicherungsmittel bleibt schließlich auch nach einem **Verkauf** des Baugrundstücks an Dritte oder nach **Teilung** des Grundstücks erhalten.[5]

---

[3]  Siehe hierzu im Einzelnen Ziff. 14 dieses Abschnitts.
[4]  Siehe hierzu im Einzelnen Ziff. 14 dieses Abschnitts.
[5]  Siehe hierzu im Einzelnen Ziff. 7 dieses Abschnitts.

**Abschnitt C**

**2.6** Die Bedeutung der Bauhandwerkersicherungshypothek wird durch das Sicherungsmittel des § 648a BGB zwar stark eingeschränkt. Soweit der Unternehmer für seinen Vergütungsanspruch eine Sicherheit nach dieser Vorschrift erlangt hat, ist der Anspruch auf Einräumung einer Sicherungshypothek nach § 648a Abs. 4 BGB ausgeschlossen (siehe Abschnitt B, Ziff. 26). Dies gilt jedoch nicht für den **Eigenheimbau privater Bauherrn** und für **öffentliche Auftraggeber;** für sie ist nämlich das Sicherungsmittel des § 648a BGB nicht anwendbar (im Einzelnen hierzu Abschnitt B, Ziff. 7).

> **2.6.1** Schließlich ist zu beachten, dass § 648a BGB dem Unternehmer keinen Anspruch auf Sicherheitsleistung verschafft, sondern lediglich ein Zurückbehaltungsrecht für den Fall, dass der Besteller die verlangte Sicherheit nicht leistet. Kommt es zur Liquidierung des Vertrages nach § 648a Abs. V i. V. m. § 643 BGB, sind der Werklohn für etwa bereits erbrachte Leistungen sowie Schadensersatzansprüche nach § 648a Abs. V BGB nach wie vor ungesichert.[6]

Auch unter diesem Gesichtspunkt wird die Bauhandwerkersicherungshypothek ihre eigenständige Bedeutung neben der Sicherheit nach § 648a BGB behalten.

**2.7** Die Eintragung einer Bauhandwerkersicherungshypothek und insbesondere einer entsprechenden Vormerkung sollte also in der Regel nur in folgenden Fällen ins Auge gefasst werden:

– bei dem Besteller handelt es sich um einen privaten Bauherrn, der das Bauvorhaben weder für einen gewerblichen noch für eine selbstständige berufliche Tätigkeit durchführt oder

– die Bauleistungen sind schon (weitgehend) erbracht, so dass die nach § 648a BGB mögliche Einstellung weiterer Bauleistungen bei Verweigerung einer ausreichenden Sicherheit kein wirksames Druckmittel mehr darstellt[7] und

---

[6]) Siehe hierzu Abschnitt B, Ziffn. 31 ff.
[7]) Siehe hierzu aber die neue Rechtsprechung des Oberlandesgerichts Dresden zum Sicherungsverlangen nach Abnahme, wenn nur noch Mängelbeseitigungsleistungen zu erbringen sind in Abschnitt B, Ziff. 12.

- der Grundstückswert ist noch nicht durch bereits eingetragene Grundschulden/Hypotheken ausgeschöpft,
- es sind noch keine Auflassungsvormerkungen zu Gunsten Dritter eingetragen.

– Sofern keine Auflassungsvormerkungen zu Gunsten Dritter eingetragen sind, kann im Einzelfall die Eintragung dennoch als Druckmittel sinnvoll sein, weil der Besteller nachfinanzieren muss oder verkaufen will.

## 3. Kann der Anspruch auf Einräumung einer Bauhandwerker-Sicherungshypothek vertraglich ausgeschlossen werden?

**3.1** Nach den in der Rechtsprechung entwickelten Grundsätzen ist der vertragliche Ausschluss der Rechte aus § 648 BGB nur in den seltenen Fällen einer Individualvereinbarung ohne weiteres zulässig.[8]

**3.2** Für den vertraglichen Ausschluss der Rechte des Unternehmers aus § 648 BGB im Rahmen **Allgemeiner Geschäftsbedingungen des Bestellers** gilt folgendes:

**3.2.1** Vor In-Kraft-Treten des Bauhandwerkersicherungsgesetzes (also des § 648a BGB) war ein solcher Ausschluss nur möglich, wenn dem Unternehmer anderweitige, mindestens gleichwertige Sicherheiten vertraglich geboten wurden.[9] § 648a BGB stellt aber dem Unternehmer eine unabdingbare Möglichkeit zur Verfügung, eine anderweitige, mindestens gleichwertige Sicherheit zu erlangen. In der Vorauflage wurde deshalb die Auffassung vertreten, dass seit In-Kraft-Treten des Bauhandwerkersicherungsgesetzes der vertragliche Ausschluss der Rechte des Unternehmers aus

---

[8] Zur Frage, wann Individualvereinbarungen vorliegen, siehe Glatzel/Hofmann/Frikell, Unwirksame Bauvertragsklauseln nach dem AGB-Gesetz, 8. Aufl., S. 20 f.
[9] BGH BauR 1984, S. 413.

§ 648 BGB mittels Allgemeiner Geschäftsbedingungen zulässig ist.

**3.2.2** Die Rechtsprechung der Oberlandesgerichte ist dieser Argumentation jedoch nicht gefolgt.[10]) Das OLG Karlsruhe insbesondere weist darauf hin, dass der Gesetzgeber dem Unternehmer offensichtlich ein **Wahlrecht** zwischen diesen beiden Sicherungsmöglichkeiten (§ 648 BGB einerseits, § 648a BGB andererseits) eröffnen wollte und dass je nach Verlauf der Vertragsabwicklung im Einzelfall die eine oder die andere Sicherungsmöglichkeit für den Unternehmer opportun sein könne. Das Oberlandesgericht Köln hat den vertraglichen Ausschluss der Sicherungsmöglichkeit nach § 648 BGB per Allgemeiner Geschäftsbedingungen nur deshalb für zulässig erachtet, weil dem Unternehmer im Vertrag eine Sicherheit angeboten wurde, die den Anforderungen des § 648a BGB entsprach.

Die bisher zu diesem Thema ergangene Rechtsprechung lässt sich also dahingehend **zusammenfassen**, dass der vertragliche Ausschluss des Anspruchs auf Einräumung einer Bauhandwerkersicherungshypothek im Rahmen **Allgemeiner Geschäftsbedingungen** nur dann zulässig ist, wenn **im Vertrag** dem Unternehmer eine gleichwertige Sicherheit angeboten wird. Die **gesetzliche Sicherungsmöglichkeit** des § 648a BGB ersetzt ein solches vertragliches Angebot nicht.

Diese Grundsätze dürften auch im **kaufmännischen Geschäftsverkehr** gelten.[11])

---

[10]) OLG Köln, BauR 1996, S. 272; OLG Karlsruhe, BauR 1997, S. 486; Kammergericht Berlin, BauR 1999, S. 921.
[11]) Nach dem mit Wirkung zum 22. 06. 1998 neu gefassten § 1 HGB ist auch jeder **Gewerbebetrieb** Kaufmann, es sei denn, dass das Unternehmen nach Art oder Umfang einen in kaufmännischer Weise eingerichteten Geschäftsbetrieb nicht erfordert.

## 4. Wie „funktioniert" die Bauhandwerkersicherungshypothek; wie wird sie verwertet?

**4.1** Gemäß § 648 BGB kann „der Bauunternehmer für seine Forderungen aus dem Bauvertrag die Einräumung einer Sicherungshypothek an dem Baugrundstück des Bestellers verlangen". Da die Eintragung der Hypothek neben dem Eintragungsantrag grundsätzlich die Eintragungsbewilligung des betroffenen Eigentümers voraussetzt (§§ 13, 19 GBO), ist der Anspruch aus § 648 BGB auf Abgabe dieser Eintragungsbewilligung gerichtet.[12]

Gelingt die Eintragung einer solchen Hypothek entweder aufgrund freiwilliger Eintragungsbewilligung des Eigentümers oder aufgrund eines Gerichtsurteils, das diese Bewilligung ersetzt (§§ 894, 895 ZPO), kann der Unternehmer allerdings aus der Hypothek nicht unmittelbar Zahlung seines Werklohnes verlangen. Inhalt der Hypothekenforderung ist die Zahlung einer Geldsumme „aus dem Grundstück" (§ 1113 BGB), also im Wege der Zwangsversteigerung. Somit ist der durch die eingetragene Hypothek belastete Eigentümer gegenüber dem Hypothekengläubiger zur **Duldung der Zwangsvollstreckung** verpflichtet. Geschieht das nicht freiwillig, hat der Hypothekengläubiger den Eigentümer auf Duldung der Zwangsvollstreckung zu verklagen.[13] Erst auf der Grundlage eines so erlangten Duldungstitels kann der Hypothekengläubiger **aus der Hypothek** die Zwangsversteigerung des Grundstücks betreiben und sich aus dem Erlös entsprechend der Rangstelle befriedigen.

**4.2** Ihre praktische Bedeutung erlangt die Bauhandwerkersicherungshypothek durch die Möglichkeit, zur Sicherung des Anspruchs des Unternehmers auf deren Eintragung im Wege der **einstweiligen Verfügung** eine **Vormerkung** an nächstoffener

---

[12] Die Eintragungsbewilligung muss öffentlich (notariell) beglaubigt oder in einer öffentlichen (notariellen) Urkunde aufgenommen sein, §§ 29 GBO, 129 BGB; die Form wird durch ein rechtskräftiges Urteil ersetzt, Zöller/Stöber, 21. Aufl., Rdn. 5 zu § 894 ZPO.
[13] Ehrmann/Räfle, 9. Aufl., Rdn. 5 vor § 1113 BGB.

Rangstelle eintragen zu lassen (§ 885 BGB; siehe hierzu Ziff. 14 ff). Das Prozessrecht eröffnet dem Unternehmer die Chance, eine solche Vormerkung innerhalb kürzester Frist und meist ohne Wissen des Bestellers zur Eintragung zu bringen. Bereits die auf diesem Wege eingetragene Vormerkung entfaltet im Prinzip die vorstehend beschriebenen Sicherungswirkungen. Als faktische Grundbuchsperre behindert sie den Weiterverkauf des Grundstücks oder eine etwa erforderliche Nachfinanzierung des Bestellers. Sie wahrt ferner den Rang der später einzutragenden Hypothek (§ 883 Abs. 3 BGB).

**4.2.1** Rechtlich verhindert die Vormerkung allerdings Zwischenverfügungen des Eigentümers nicht. Ihre Sicherungswirkungen entfaltet sie dadurch, dass Verfügungen, die nach Eintragung der Vormerkung über das Grundstück oder das Recht getroffen werden, insoweit (relativ) unwirksam sind, als sie den gesicherten Anspruch vereiteln oder beeinträchtigen würden (§ 883 Abs. 2 BGB). Demgemäß kann der Vormerkungsberechtigte vom neuen Eigentümer oder vom Gläubiger nachträglich eingetragener vormerkungswidriger Belastungen Eintragungs- oder Löschungsbewilligungen verlangen, soweit diese für die Eintragung der Bauhandwerkersicherungshypothek notwendig sind (§ 888 BGB). Was bei der Formulierung eines Antrags auf Erlass einer einstweiligen Verfügung zu beachten ist und welche Rechtsbehelfe der Besteller gegen eine eingetragene Vormerkung ergreifen kann, wird unter nachstehender Ziffer 14 ff erläutert.

**4.3** Auch der durch die Hypothek gesicherte Unternehmer hat im Bestreitensfalle zu beweisen, dass seine durch die Hypothek gesicherte Werklohnforderung in der eingetragenen Höhe entstanden ist (§ 1184 BGB).[14]) Das gilt z. B auch für die Duldungsklage gegen den Grundstückseigentümer. Die Klage auf Bewilligung der Eintragung einer Sicherungshypothek sollte deshalb grundsätzlich

---

[14]) BGH NJW 1988, S. 828; das ist die Konsequenz der Sicherungshypothek, deren Gläubiger abweichend von § 1138 BGB sich hinsichtlich der persönlichen Forderung und der dagegen gerichteten Einreden (§ 1137 BGB) nicht auf die Schutzvorschriften der §§ 891–899 berufen können, Ehrmann/Räfle, 9. Aufl., Rdn. 1 zu § 1184 BGB.

mit der Klage auf Zahlung des Werklohns verbunden werden, um den Bestand der gesicherten Werklohnforderung durch Vorlage des Zahlungstitels beweisen zu können.

## 5. Auf welchen Grundstücken kann die Sicherungshypothek oder Vormerkung eingetragen werden?

**5.1** Pfandgegenstand ist das gesamte Baugrundstück im planungsrechtlichen Sinne (Flurstück-Nummer!), wie es zu Beginn der Auftragsarbeiten im Grundbuch ausgewiesen ist, nicht nur der bebaute Grundstücksteil.[15],[16] Wird auf mehreren rechtlich selbstständigen Grundstücken jeweils ein Bauwerk errichtet – sogenanntes Gruppenbauvorhaben –, beschränkt sich der Anspruch des Bauunternehmers auf die Sicherung der auf das einzelne Bauwerk entfallenden anteiligen Vergütung.[17]

Wird jedoch auf mehreren Grundstücken ein einheitliches Bauwerk[18] errichtet, für das auch eine einheitliche Vergütung vereinbart ist, steht dem Bauunternehmer eine Gesamtsicherungshypothek gemäß § 1132 Abs. 1 BGB auf sämtlichen bebauten Grundstücken zu; das gilt grundsätzlich auch für nach dem Wohnungseigentumsgesetz geteilte „Grundstücke"[19] (siehe hierzu aber Ziff. 5.4 und Ziff. 7 mit Fn. 30). Fehlt es an einer einheitlichen Ver-

---

[15] Palandt/Thomas, 59. Aufl., § 648, Rdn. 3.
[16] H. M.: Die herrschende Meinung stellt aber wohl auf nachträgliche **Teilungen** des Baugrundstücks ab (siehe nachstehende Ziff. 7); nicht betrachtet wird die Möglichkeit nachträglicher **Zuschreibungen.** Es ist aber kein Grund ersichtlich, dem Unternehmer die Sicherungsmöglichkeit auf dem nachträglich im Bestand erweiterten Grundstück zu versagen.
[17] Siegburg, Die Bauhandwerkersicherungshypothek, 1989, S. 239.
[18] Einheitlichkeit ist gegeben, wenn das gesamte Objekt z. B einen Hauptversorgungs- und Entsorgungsanschluss hat, zu seiner Erstellung ein Werkvertrag geschlossen wurde, der eine einheitliche Vergütung vorsah: Werner/Pastor, 9. Aufl., Rdn. 244, Fn. 181 m. H. a. OLG Frankfurt, OLGZ 1985, S. 193 und OLG Hamm, BauR 1990, S. 365.
[19] H. M.; OLG Celle, BauR 1976, S. 365, 366; andere Ansicht jedoch Siegburg, a.a.O., S. 240 m. w. N.

gütung, ist also vereinbarungsgemäß die Vergütung für jedes Grundstück gesondert zu ermitteln, kann auch nur der auf das betreffende Grundstück jeweils fallende Werklohn gesichert werden.[20])

**Beispiele:**

1. Der Besteller errichtet eine größere baulich zusammenhängende Wohnanlage, die zwei (ungeteilte) Grundstücke im planungsrechtlichen Sinne (zwei Flurstücknummern) überbaut. Die Werklohnforderung des Unternehmers ist einheitlich vereinbart: Hier kann eine Gesamthypothek in Höhe des vollen Werklohns auf beiden Grundstücken eingetragen werden.

2. Ein Bauträger errichtet auf einem neu erschlossenen Baugebiet auf jeder Grundstücksparzelle ein gleichartiges Doppelhaus. Jede Parzelle ist in (zwei) Miteigentumsanteile verbunden mit Sondereigentum an der jeweiligen Doppelhaushälfte geteilt. Der Vergütungsanspruch des Bauunternehmers ist dergestalt vereinbart, dass ein für ein Doppelhaus erstelltes Leistungsverzeichnis für alle Häuser in gleicher Weise Geltung hat: In diesem Fall kann der Bauunternehmer den auf ein Doppelhaus entfallenden Werklohn auf der jeweiligen Parzelle sichern, wobei bezogen auf das einzelne Grundstück im planungsrechtlichen Sinne eine Gesamthypothek zu bilden ist, welche die beiden Miteigentumsanteile belastet.

**5.2** Pfandgegenstand ist aber **nicht jedes Baugrundstück**. Es muss vielmehr im Zeitpunkt der Eintragung der Sicherungshypothek oder der Vormerkung im **Eigentum des Bestellers** stehen. Ist der Besteller nur Miteigentümer des Baugrundstücks, kann nur sein Miteigentumsanteil belastet werden. Das Eigentum ist dabei formalrechtlich, nicht wirtschaftlich zu beurteilen. Der Besteller muss deshalb als Eigentümer **im Grundbuch eingetragen** sein. Ist der Besteller eine juristische Person (GmbH oder AG) oder eine Personengesellschaft, die unter ihrer Firma Eigentum an

---

[20]) Werner/Pastor, 9. Aufl., a.a.O.

Grundstücken erwerben kann (oHG, KG oder GmbH & Co. KG), ist das im Grundbuch ersichtliche Eigentum dieser Gesellschaften als solches erforderlich.

    **5.2.1** Pfandgegenstand kann ferner ein Erbbaurecht des Bestellers sein.[21] In diesem Falle muss die Sicherungshypothek/Vormerkung im **Erbbaugrundbuch** eingetragen werden, weil die Eintragungen im Grundbuch des belasteten Grundstücks (nur) maßgeblich sind für die Entstehung, Dauer, Rang, Bestand und Erlöschen des Erbbaurechts als dingliches Recht, während das Erbbau-Grundbuch für alle übrigen Eintragungen, insbesondere auch für Belastungen des Erbbaurechts, „das Grundbuch" ist.[22] Ist als Inhalt des Erbbaurechts vereinbart, dass der Erbbauberechtigte zur Belastung des Erbbaurechts mit einer Hypothek der Zustimmung des Grundstückseigentümers bedarf (§ 5 Abs. 2 ErbBauVO), ist der Bauunternehmer berechtigt, die gerichtliche Ersetzung der Zustimmung nach § 7 Abs. 2 und 3 ErbBauVO zu beantragen, ohne dass für das Ersetzungsverfahren die vorherige gerichtliche Durchsetzung des Anspruchs auf Bestellung der Hypothek Voraussetzung wäre.[23] Dieser Anspruch steht dem Bauunternehmer gegen den Eigentümer auch nach Rückübertragung des Erbbaurechts an den Eigentümer zu, wenn sein Anspruch auf Eintragung einer Bauhandwerkersicherungshypothek vor der Rückübertragung des Erbbaurechts durch Vormerkung gesichert wurde.[24]

**5.3** Erstreckt sich ein einheitliches **Bauwerk auf zwei Grundstücke**, von denen **nur eines im Eigentum** des Bestellers steht, kann der Unternehmer grundsätzlich die Sicherung der gesamten (einheitlichen) Werklohnforderung auf dem Grundstück des Bestellers verlangen. Das kann im Einzelfall auch dann gelten, wenn auf das Grundstück des Bestellers nur ein verhältnismäßig geringer Teil der Bauarbeiten entfällt. Allerdings ist in diesem Falle der Gesichtspunkt der durch die Bebauung erzielte Mehrwert des

---

[21] Palandt/Thomas, 59. Aufl., § 648 BGB, Rdn. 3.
[22] § 14 Abs. 3 ErbBauVO; Kuntze/Ertl/Herrmann/Eickmann, Grundbuchrecht, 4. Aufl., Einleitung F 38.
[23] BayObLG NJW-RR 1997, S. 591.
[24] BayObLG, a.a.O.

Grundstücks korrigierend zu berücksichtigen.[25] In dem zitierten Fall hat die Bauleistung einer Grenzbebauung gedient, was mit einer mit der gesamten Werklohnforderung vergleichbaren Wertsteigerung des Grundstücks des Bestellers verbunden war.

**5.4** Ist das Baugrundstück bereits **im Zeitpunkt des Beginns** der Bauarbeiten in Wohnungseigentum und Miteigentumsanteile **geteilt** (§§ 1, 3, 8 WEG), gelten für folgende Fälle Besonderheiten:

1. Schließen die Bauherren über einen Treuhänder die erforderlichen Bau-, Architekten- und Ingenieurverträge im eigenen Namen ab (Bauherrenmodell, bei dem die Mitglieder der Bauherrengemeinschaft nicht von Anfang an feststehen müssen), haften sie gegenüber den Handwerkern nur anteilig für die auf ihre Erwerbseinheiten entfallenden Leistungen.[26] Belastet werden kann daher nur der auf den einzelnen Bauherrn entfallende Miteigentumsanteil, verbunden mit Sonder-/Teileigentum an einzelnen Räumen, in Höhe des auf das Miteigentum entfallenden anteiligen Werklohns. Nach der Rechtsprechung des Bundesgerichtshofes ist der Haftungsanteil des einzelnen Bauherrn „nach den jeweiligen Umständen und der Interessenlage" festzustellen.[27] Im Regelfall wird hier der Tausendstel-Miteigentumsanteil zugrunde zu legen sein unter Addition der auf die Sonderwünsche entfallenden zusätzlichen Vergütung.[28]

2. Bauherren einer Bauherrengesellschaft, die in Verfolgung eines gemeinsamen Zwecks (§ 705 BGB) zusammen ein Wohn- oder Geschäftshaus zum Zwecke der späteren Vermietung oder

---

[25] OLG Frankfurt, BauR 1994, S. 253, 254.
[26] Werner/Pastor, 9. Aufl., Rdn. 1038.
[27] BGH BauR 1979, S. 440.
[28] Teilweise wird dem Unternehmer die Eintragung einer Gesamthypothek zugebilligt, soweit der auf die Herstellung der Gemeinschaftsanlagen entfallende Teil des Werklohns in Rede steht. Für die Praxis dürfte das aber keine Vorteile bringen, da der entsprechende Werklohnteil in der Regel nicht ohne Schwierigkeiten zu ermitteln sein wird. Dabei ist auch zu bedenken, dass die Abgrenzung Gemeinschaftseigentum/Sondereigentum Probleme bereitet.

Veräußerung errichten und die als Gesamthands-Eigentümer[29]) im Grundbuch eingetragen sind, haften als Gesamtschuldner für den entstehenden Werklohn (§ 427 BGB). Demgemäß kann auf den „Baugrundstücken", also auf den einzelnen Miteigentumsanteilen, eine Gesamtsicherungshypothek zur Sicherung des gesamten Werklohns eingetragen werden.[30])

3. Ist das Grundstück für ein Doppelhaus nach §§ 1, 3 WEG geteilt worden und vergeben die Bauherren der jeweiligen Doppelhaushälften die Bauleistungen einheitlich, wird in der Regel eine nur anteilige Haftung anzunehmen sein. Dies gilt zumindest für die dingliche Haftung. Die Interessenlage ist mit derjenigen in Fall 1 vergleichbar, wenn auch die Verfolgung eines gemeinsamen Zwecks, nämlich der Herstellung des Doppelhauses, im Vordergrund steht und es sich bei den Bauherren um eine Bauherrengesellschaft handeln dürfte. **Entscheidend** sind nach Ansicht des Verfassers **die aus dem Grundbuch ersichtlichen Rechtsverhältnisse.** Die Bauherren eines Doppelhauses sind lediglich Bruchteilsmiteigentümer am Gemeinschaftseigentum und Eigentümer des Sonder-/Teileigentums. Nur bezogen auf dieses „Wohnungseigentum" genießen sie die durch die Bebauung bedingte Werterhöhung. Eine andere Auslegung würde deshalb gegen das „Mehrwertprinzip" verstoßen.

## 6. Welche Ausnahmen gibt es von der erforderlichen Identität Besteller/Grundstückseigentümer?

Nach einer Grundsatzentscheidung des Bundesgerichtshofes kann der Grundstückseigentümer nach Treu und Glauben dann nicht einwenden, er sei nicht gleichzeitig der Besteller, wenn er aufgrund seiner gesellschaftsrechtlichen Stellung in der auftrag-

---

[29]) Vgl. Kuntze/Ertl/Herrmann/Eickmann, Grundbuchrecht, 4. Aufl., Einl. D 34 f.
[30]) Vgl. OLG Frankfurt, BauR 1995, S. 737.

## Abschnitt C

gebenden Gesellschaft diese rechtlich und wirtschaftlich ganz überwiegend beherrscht (z. B. Ein-Mann-GmbH) **und** die ihm mit der Bebauung des Grundstücks unmittelbar zukommenden Vorteile selbst **intensiv nutzt.**[31]) Diese Grundsätze sind mittlerweile in der obergerichtlichen Rechtsprechung auf weitere vergleichbare Fälle angewendet worden.

**Beispiele aus der Rechtsprechung:**

1. In dem vom Bundesgerichtshof am 22. 10. 1987 entschiedenen Fall (Fußnote 32) war Besteller einer Industriehalle eine GmbH & Co. KG. Die beiden Komplementäre der KG waren der Grundstückseigentümer mit einem Gesellschaftsanteil von DM 20 000,– und seine Mutter mit einem Anteil von DM 1000,–. Von der persönlich haftenden Komplementär-GmbH hielten der Grundstückseigentümer DM 19 400,–, seine Mutter DM 600,–. Die Mutter des Grundstückseigentümers hatte aufgrund eines ihr zustehenden Nießbrauches am Grundstück dieses an die KG vermietet. Die KG wiederum hat einen Teil der Industriehalle untervermietet. Für diese Untervermietung sind Estricharbeiten erforderlich geworden. Der Klage des Estrichlegers auf Bewilligung der Eintragung einer Sicherungshypothek gegen den Grundstückseigentümer wurde stattgegeben.

2. Einer weiteren Entscheidung des OLG Hamm[32]) liegt folgender Sachverhalt zugrunde: Der Bauauftrag wurde von einer GmbH erteilt, die von dem geschäftsführenden Gesellschafter zu 95% und seiner Ehefrau zu 5% gehalten wurde. Grundstückseigentümer war der geschäftsführende Gesellschafter. Die GmbH wurde ausschließlich zum eigenen Nutzen des Grundstückseigentümers als Bestellerin vorgeschoben, die von ihm zu diesem Zwecke nicht mit hinreichendem Kapital ausgestattet worden war. Der Eigentümer ließ sich zwar Finanzierungskredite zusichern, die aber nur ihm persönlich, nicht der auftraggebenden GmbH zuflossen. Hier hat das OLG Hamm die vom BGH

---

[31]) BGH NJW 1988, S. 255, 257.
[32]) OLG Hamm, BauR 1990, S. 365, 366.

entwickelten Grundsätze angewendet und die Eintragung der Vormerkung auf dem Baugrundstück zugelassen.[33]

3. Einen weiteren Fall eines „vorgeschobenen Bestellers" hatte das OLG Düsseldorf zu entscheiden:[34] Dort hatte der Hauseigentümer den vermögenslosen Mieter, dessen Wohnung die Bauarbeiten unmittelbar nicht zugute kamen, vorgeschoben, um die Renovierungsarbeiten am Dach in Auftrag zu geben. Auch hier durfte sich der Eigentümer nach Treu und Glauben nicht darauf berufen, dass er nicht Besteller der Bauleistungen sei.

4. Weitere Entscheidungen:

- LG Lüneburg, IBR 1996, S. 461: Die Eintragung einer **Auflassungsvormerkung** zu Gunsten des bestellenden Käufers und der Mitwirkung des Verkäufers an der Bestellung von Grundpfandrechten zur Finanzierung des Kaufpreises **reicht nicht** für die Annahme eines vom BGH entschiedenen Ausnahmefalls. Es fehlt am wirtschaftlichen Interesse des Grundstückseigentümers (Verkäufers) und an der wirtschaftlichen Beherrschung des Bestellers (Käufers) durch den Verkäufer.

- Kammergericht Berlin, IBR 1996, S. 281: Einer von vier Miteigentümern erteilt den Bauauftrag. Es handelt sich um ein Objekt, welches nach Fertigstellung von allen vier Miteigentümern verkauft werden sollte. Das Kammergericht Berlin hat den Anspruch auf Einräumung der Sicherungshypothek an dem Baugrundstück bejaht, weil die Bauleistungen allen vier Miteigentümern in gleicher Weise zugute kämen. Diese Entscheidung weicht bedenklich von der Grundsatzentscheidung des Bundesgerichtshofes ab, weil Feststellungen zur rechtlichen Beherrschung des auftraggebenden Miteigentümers offensichtlich fehlen.

---

[33]) Vgl. hierzu die ablehnende Entscheidung OLG Koblenz, BauR 1993, S. 750.
[34]) NJW-RR 1993, S. 851.

Abschnitt C

- OLG Celle, IBR 1996, S. 506: Das OLG Celle geht davon aus, dass nach Einführung des § 648a BGB die Anforderungen an dem Vorliegen des vom Bundesgerichtshof zugelassenen Ausnahmefalls **zu verschärfen** sind.

- OLG Dresden, BauR 1998, S. 136: Das Gericht lässt die Eintragung der Sicherungshypothek zu, weil der Grundstückseigentümer Alleingesellschafter der auftraggebenden Gesellschaft war und das errichtete Wohn- und Geschäftshaus selbst aufgeteilt und die entstandenen Wohn- und Gewerbeeinheiten verkauft oder vermietet hat.

- OLG Naumburg, NZBau 2000, S. 79: Der Grundstückseigentümer stand mit der Geschäftsführerin der auftraggebenden GmbH in engen persönlichen Beziehungen, wurde für die GmbH im Rahmen des streitbefangenen Bauvorhabens selbst tätig und ließ in dem Objekt eine von ihm und der Geschäftsführerin gemeinsam zu nutzende Wohnung errichten. Hinzu kam, dass das Objekt mit zwei von der Bank an die Geschäftsführerin der bestellenden GmbH ausgekehrten Darlehen finanziert wurde, die durch Grundpfandrechte auf dem Baugrundstück gesichert wurden. Dadurch umging der Grundstückseigentümer seine direkte Inanspruchnahme nach §§ 823 Abs. 2 BGB i. V. m. § 1 GSB. Das OLG Naumburg bejahte den Anspruch auf Eintragung einer Sicherungshypothek gegen den Grundstückseigentümer, ohne allerdings die vom Bundesgerichtshof geforderte wirtschaftliche und rechtliche Beherrschung der auftraggebenden Gesellschaft näher darzulegen.

## 7. Kann der Besteller das Sicherungsrecht des Bauunternehmers durch bloße (nachträgliche) Grundstücksteilung beeinträchtigen?

Nein. Maßgeblich ist der Grundstücksbestand im Zeitpunkt des Beginns der Auftragsarbeiten. Eine spätere Teilung (Realteilung oder Teilung nach dem Wohnungseigentumsgesetz) und Veräußerung der neu gebildeten Teile an Dritte schadet dann nicht,

**wenn vorher** die Sicherungshypothek oder eine entsprechende Vormerkung zu Gunsten des Unternehmers **eingetragen** wurde. Die Sicherungshypothek setzt sich dann als Gesamthypothek in voller Höhe an den neu gebildeten „Grundstücken" fort. Der Bauunternehmer kann auch nach Teilung die Eintragung einer Gesamthypothek auf den neuen Grundstücksteilen verlangen, **soweit der Besteller noch Eigentümer ist.**[35]

Ist der Besteller nur noch teilweise Eigentümer (weil er einige Eigentumswohnungen bereits verkauft hat), können die ihm verbliebenen Wohnungen nicht mehr mit einer Gesamthypothek, sondern nur noch mit einzelnen Hypotheken zur Sicherung des auf die Wohnungen jeweils entfallenden Werklohn-Teiles belastet werden.[36]

## 8. Wer kann das Sicherungsrecht geltend machen?

Als Gläubiger der Sicherungshypothek kommt nur in Betracht, wer auf der Grundlage eines **Bau-Werkvertrages mit dem Besteller** einen Beitrag zur Herstellung eines Bauwerks leistet.

**8.1** Der Begriff **„Bauwerk"** umfasst mehr als nur „Gebäude". Bauwerk ist jede unbewegliche, durch Verwendung von Arbeit und Material in Verbindung mit dem Erdboden hergestellte Sache.[37] „Bauwerke" sind z. B. auch

– Tiefbauten

– Straßenbauten

– Gleisanlagen

– Rohrbrunnen

---

[35] Werner/Pastor, 9. Aufl., Rdn. 247.
[36] OLG Frankfurt, NJW 1974, S. 62: Insoweit fehlt es an der für eine Gesamthypothek erforderlichen wirtschaftlichen Einheit (vgl. Ziff. 5.1).
[37] Palandt/Thomas, 59. Aufl., Rdn. 9 zu § 638 BGB m. H. a. BGHZ 57, S. 60.

## Abschnitt C

- Kanalisation[38])
- Anbauten.[39])

**Hofbeläge** sind in der Regel Bauwerke. Das gilt nicht nur dann, wenn das Pflaster im Mörtelbett verlegt und damit mit Grund und Boden fest verbunden ist.[40]) Auch Beläge, die auf einer Kiestragschicht mit einer dünnen Zwischenschicht aus Sand verlegt sind und die durch Lastwagen und Gabelstapler genutzt werden, sind Bauwerke.[41])

> **8.1.1** Nach der Rechtsprechung des Bundesgerichtshofes ist der Gesichtspunkt der für Bauwerke geltenden fünfjährigen Gewährleistungsfrist des § 638 BGB entscheidend. Immer dann, wenn nach der Art der Werkleistung das Risiko von Mängeln besteht, die sich naturgemäß auch erst nach längerer Nutzungsdauer offenbaren können (sog. „Baumängelrisiko"), liegt die Annahme von „Bauwerken" nahe. Im Falle des Hofbelages sah der BGH dieses Risiko für versteckte Mängel im Unterbau gegeben.

**8.2** Die Leistung muss einen Beitrag zur **Herstellung** eines Bauwerks bilden. Die gleiche Arbeit kann bei Neubauten und bei bestehenden Gebäuden verschieden zu beurteilen sein:

**8.2.1** Bei **Neubauten** gehören sämtliche Gewerke, die zur Errichtung des Bauwerks erforderlich sind, also auch alle **Ausbaugewerke,** zu den sicherungsfähigen Bauwerksarbeiten. Dazu gehören auch **Erdarbeiten**, sofern sie nicht unabhängig von der Bauwerkserrichtung ausgeführt werden, und **Baureinigungsarbeiten.**

**Nicht** dazu zählen bloße Vorbereitungsarbeiten, wenn sie im Rahmen eines **selbstständigen** Vertragsverhältnisses erbracht

---

[38]) Nach der bisher herrschenden Meinung wohl aber nur, wenn im Zusammenhang mit der Errichtung von Bauwerkern (Gebäude-, Straßenentwässerung) hergestellt; vgl. aber die Rechtsprechung des BGH zu „Hofbelag", FN 41.
[39]) Palandt/Thomas, a.a.O.
[40]) OLG Köln, BauR 1993, S. 218, 219.
[41]) BGH BauR 1993, S. 217.

werden, wie: Gerüstarbeiten[42]), Erstellen der Baustelleneinrichtung, die Anfuhr von Material, Abbruch des bestehenden Altbaues[43]) sowie wohl auch Arbeiten zur Baugrubensicherung. Ferner fallen – anders als bei § 648a (s. Abschnitt B, Ziff. 5) – die Arbeiten zur **gärtnerischen Gestaltung** der Außenanlagen nicht darunter.

**Beispiel:**

Das Gerüstbauunternehmen, welches einen Auftrag erhält, einen Rohbau einzurüsten, handelt im Rahmen eines selbstständigen Vertrages und erbringt keine nach § 648 BGB geschützte Werkleistung (selbstständige Vorbereitungsleistung).

Das Rohbauunternehmen aber, welches neben den Rohbauarbeiten auch die erforderlichen Gerüstarbeiten gegen Vergütung zu erbringen hat, kann die Sicherung dieser Vergütung verlangen, soweit die Gerüstarbeiten für bereits erbrachte Rohbauleistungen angefallen sind.[44])

**8.2.2** Bei Arbeiten an **Altbauten** ist die Abgrenzung schwierig. Nach der Rechtsprechung handelt es sich dann um Bauwerksarbeiten, wenn sie für die Konstruktion oder Substanz des Gebäudes oder eines wesentlichen Teils desselben oder für dessen Bestand von wesentlicher Bedeutung sind.[45]) Werden derartige weitreichende Umbaumaßnahmen durchgeführt, dann können im Einzelfall sämtliche damit zusammenhängenden Arbeiten Bauarbeiten sein.

---

[42]) Werner/Pastor, 9. Aufl., Rdn. 204.
[43]) OLG Bremen, BauR 1995, S. 862.
[44]) Das ist allerdings streitig. So wie hier: Ingenstau/Korbion, 13. Aufl., § 16 VOB, Rdn. 368; OLG Hamburg, BauR 1994, S. 123; anders Siegburg, BauR 1990, S. 32, 40 ff.
[45]) Werner/Pastor, 9. Aufl., Rdn. 208.

Abschnitt C

**Beispiele:**

1. Werden zu **Renovierung**szwecken neue Tapeten angebracht, Teppiche verlegt oder erneuert, die Wände gestrichen, liegen bloße Renovierungsarbeiten vor: keine Bauwerksarbeiten.[46])

2. Dasselbe gilt für übliche **Wartung**sarbeiten an bestehenden Gebäuden, wie Neuanstrich der Fenster[47]) oder der Fassaden: keine Bauwerksarbeiten.

3. Umfangreiche Malerarbeiten aber, die im Rahmen eines grundlegenden **Umbau**vorhabens der vollständigen Renovierung eines Hauses dienen, können „Arbeiten bei einem Bauwerk" sein.[48])

4. Einbauten von Zentralheizungen, von Rollläden, neuer Fenster- und Türrahmen, einer Klimaanlage, Anlegen oder Schließen von Mauerdurchbrüchen: Hier wird die **Substanz des Gebäudes** verändert; es handelt sich also um sicherungsfähige Bauwerksarbeiten.

**8.3** Die Leistungen müssen im Rahmen eines **Werkvertrages** erbracht worden sein. Besteht die Rechtsbeziehung zum Besteller dagegen in einem Kauf-, Dienst-, Geschäftsbesorgungs- oder Werklieferungsvertrag[49]), kommt die Bauhandwerkersicherungshypothek nicht in Betracht. Die Unterscheidung ist dabei in sachlicher und persönlicher Hinsicht vorzunehmen. Sie ist deckungsgleich mit der Frage, inwieweit die Leistungen der Herstellung der Gebäude dienen (dann Werkvertrag) oder nur gelegentlich der Herstellung (dann Kauf-, Dienst-, Geschäftsbesorgungs- oder Werklieferungsvertrag) erbracht werden.

---

[46]) LG Düsseldorf, NJW-RR 1999, S. 382.
[47]) BGH Schäfer/Finnern Z 2414 Bl. 106.
[48]) BGH BauR 1994, S. 101.
[49]) Obwohl sich der Werklieferungsvertrag über nicht vertretbare Sachen nach den Vorschriften des Werkvertrages richtet, ist die Anwendbarkeit des § 648 BGB ausdrücklich ausgenommen: § 651 Abs. 1 Satz 2 BGB; Handbuch des privaten Baurechts/Oelmaier/Merl, 2. Aufl., § 20, Rdn. 207.

**8.3.1** In sachlicher Hinsicht ist die Abgrenzung von Gegenständen, die zur Herstellung des Bauwerks eingefügt werden (Bauwerksarbeiten) zur bloßen Lieferung und Montage von **Einrichtungsgegenständen** schwierig.

**Beispiele:**

1. Ein Kaufvertrag nach § 433 BGB oder ein Werklieferungsvertrag (über vertretbare Sachen) nach § 651 BGB liegt bei fabrikmäßig hergestellten Gerätschaften, wie Waschkessel, Küchenherd u. ä. vor, die in das Gebäude lediglich eingefügt werden.[50] Der Schutz des § 648 BGB ist somit nicht gegeben.

2. Bei Einbaumöbeln ist die Rechtsprechung darin uneinheitlich, ob Kauf- oder Werkvertragsrecht anzunehmen ist.[51] Ein brauchbares Abgrenzungskriterium ist die Überlegung, ob die Möbel ohne weiteres anders aufgestellt werden könnten. Damit fallen Einbauküchen in der Regel **nicht** unter Werkvertragsrecht.[52]

3. Der Lieferant von Fertighäusern ist kein Werkunternehmer, wenn er das Haus nicht montiert. Ist er auch zur Montage verpflichtet, liegt jedoch ein Bau-Werkvertrag vor.[53]

4. Der Baubetreuer, der lediglich den kaufmännisch-finanziellen Betreuungsbereich abdeckt, handelt im Rahmen eines Geschäftsbesorgungsvertrages.

Der Schutz des § 648 BGB ist nicht gegeben.[54]

**8.3.2** In persönlicher Hinsicht sind neben den Bauunternehmen auch noch weitere Berufsbilder mit dem Bestellerwerk vertraglich

---

[50] Werner/Pastor, 9. Aufl., Rdn. 197.
[51] BGH WM 1990, S. 773, 774.
[52] Anderer Ansicht Werner/Pastor, 9. Aufl., Rdn. 199: danach soll bei Einbauküchen die bauspezifische Handwerksleistung in der Regel im Vordergrund stehen und den Preis der Küche bestimmen. Deshalb soll es sich bei Einbauküchen um Arbeiten „bei einem Bauwerk" handeln.
[53] Werner/Pastor, 9. Aufl., Rdn. 205.
[54] Werner/Pastor, 9. Aufl., Rdn. 220.

verbunden. **Architekten, Sonderfachleute** und **Statiker** tragen zur Herstellung des Bauwerks bei und sind somit sicherungsberechtigt. Das gilt aber nur teilweise. Erbringt der Architekt ausnahmsweise nur Dienstleistungen, wie die geschäftliche Oberleitung zur Wahrung der wirtschaftlichen Interessen des Bauherrn, ist er nicht sicherungsberechtigt. Sicherungsfähig sind aber Honorarforderungen für die isoliert übernommene Objektbetreuung und Dokumentation im Sinne des § 15 Nr. 9 HOAI.[55]) Bei der **Vollarchitektur** liegt der Schwerpunkt auf der Herstellung des Bauwerks, so dass der sich aus sämtlichen Leistungsphasen ergebende Honoraranspruch insgesamt sicherungsfähig ist. Der **nur planende** Architekt ist zwar mit dem Besteller werkvertraglich verbunden. Eine Konsequenz des in § 648 BGB verankerten „Mehrwertprinzips" ist aber, dass das Sicherungsrecht nur dann entsteht, wenn das Baugrundstück durch die werkvertraglichen Leistungen eine Wertsteigerung erfahren hat. Das ist bei dem nur planenden Architekten regelmäßig erst dann der Fall, wenn die Planungen sich in Bauleistungen verwirklichen. Kommt es nicht zur Errichtung des Bauvorhabens, lehnt die überwiegende Rechtsprechung daher ein Sicherungsrecht des nur planenden Architekten ab.[56]) Das soll selbst dann gelten, wenn aufgrund der Planung des Architekten eine Baugenehmigung erteilt wurde, das Bauwerk danach aber nicht ausgeführt wird.[57])

**Bauleiter** tragen zur Herstellung bei; ihre Vergütungsansprüche sind deshalb sicherungsfähig.

**Baubetreuer** sind Gläubiger des Sicherungsanspruchs, sofern und soweit sie den **technischen** Betreuungsbereich abdecken. Dazu gehört dann auch der Abschluss von Bauverträgen für den Bauherrn.[58])

**Projektsteuerer** sind dann sicherungsberechtigt, wenn im Einzelfall die **erfolgs**orientierten Elemente des Projektsteuerungsver-

---

[55]) Werner/Pastor, 9. Aufl., Rdn. 213.
[56]) OLG Celle, NJW-RR 1996, S. 854.
[57]) OLG Dresden, NJW-RR 1996, S. 920.
[58]) Werner/Pastor, 9. Aufl., Rdn. 219.

trages überwiegen, also wenn der Projektsteuerer auch die Herstellung des Gebäudes schuldet.[59])

**8.4 Subunternehmer** sind nicht unmittelbar mit dem Grundstückseigentümer werkvertraglich verbunden. Ihnen steht das Sicherungsrecht daher **nicht** zu.

## 9. Ist es für den Sicherungsanspruch erforderlich, dass der Unternehmer die vertraglich vereinbarten Bauleistungen im eigenen Betrieb erbringt?

Nein. Entscheidend ist allein die Erfüllung einer unmittelbaren vertraglichen Verpflichtung gegenüber dem Besteller. Der Sicherungsanspruch besteht daher unabhängig davon, ob der Unternehmer die Leistung selbst ausführt oder sich dafür Subunternehmern bedient.

## 10. Hat die Abtretung der Werklohnforderung Einfluss auf den Sicherungsanspruch des Unternehmers?

Die Bauhandwerkersicherungshypothek wie auch die rangsichernde Vormerkung sind sogenannte **akzessorische Sicherungsrechte**, die nach § 401 BGB zwingend zusammen mit der abgetretenen Werklohnforderung auf den neuen Gläubiger übergehen.[60]) Das bedeutet, dass mit Abtretung der Werklohnforderung der Unternehmer nicht mehr Inhaber der Sicherungsrechte ist. Demgemäß kann mit Abtretung nur der Abtretungsempfänger (Zessionar) die Sicherungsrechte geltend machen. Eine isolierte

---

[59]) Werner/Pastor, 9. Aufl., Rdn. 215.
[60]) Für die Sicherungshypothek (§§ 1184, 1153 BGB): Palandt/Heinrichs, 59. Aufl., Rdn. 3 zu § 401 BGB; für die Vormerkung (§ 883 BGB): Staudinger/Gursky, 12. Aufl., Rdn. 216 zu § 883; für die Vormerkung wird § 601 BGB analog herangezogen.

Abtretung der Sicherungsrechte ohne die Werklohnforderung ist nicht möglich.

**10.1** Ob das auch für die **stille Sicherungsabtretung** gilt, bei der der abtretende Unternehmer weiterhin zur Einziehung der abgetretenen Forderung im eigenen Rahmen und auf eigene Rechnung ermächtigt bleibt, ist streitig. Nach der herrschenden Meinung erwächst das Urteil zwischen dem Zedenten und dem Dritten auch in Rechtskraft für und gegen den (stillen) Zessionar.[61] Daraus könnte folgen, dass zumindest bei nicht offengelegter stiller Sicherungsabtretung mit Einziehungsermächtigung der Unternehmer weiterhin berechtigt bleibt, auch die Sicherungsrechte im eigenen Namen geltend zu machen.

Demgegenüber hat das Oberlandesgericht Dresden entschieden, dass selbst bei nicht offengelegter stiller Zession nur der Zessionar als Hypothekar und Vormerkungsgläubiger eingetragen werden kann, zumindest dann, wenn die Sicherungsabtretung unstreitig ist.[62]

Es empfiehlt sich daher, in Fällen der Sicherungsabtretung bei bestehender Einziehungsermächtigung die Eintragung der Vormerkung oder des Vollrechts **zu Gunsten des Zessionars** zu verlangen.

**10.2** Die Abtretung der durch die Hypothek gesicherten Werklohnforderung bedarf der Eintragung im Grundbuch (§ 1154 Abs. 3 BGB).

# 11. Welche Forderungen sind sicherungsfähig; wann und in welcher Höhe entsteht der Sicherungsanspruch?

Grundsätzlich sind entstandene Vergütungsansprüche (nachfolgend Ziffer 11.1) und Ansprüche aufgrund vertragswidrigen Verhaltens des Bestellers (nachfolgend Ziffer 11.2) sicherungsfähig.

---

[61] Zöller/Vollkomer, 21. Aufl., Rdn. 54 vor § 50.
[62] OLG Dresden, NJW-RR 2000, S. 96.

Im gekündigten Vertragsverhältnis stehen dem Unternehmer Vergütungsansprüche auch für die infolge der Kündigung nicht mehr erbrachten Leistungen zu, sofern die Kündigung nicht wegen rechtswidrigen Verhaltens des Unternehmers erfolgte. Ob auch dieser Vergütungsanspruch sicherbar ist, ist streitig (nachfolgend Ziffer 11.3).

**11.1 Vergütungsansprüche** sind aber nur sicherbar, soweit sie aufgrund **bereits ausgeführter** Werkleistungen entstanden sind, die zu einer **Wertsteigerung** des Grundstücks geführt haben. Ist die geschuldete Werkleistung nur teilweise erbracht, kann nur die in der Teilleistung entsprechende Vergütung, bewertet nach den Vertragspreisen, gesichert werden. Bei Einheitspreisverträgen bereitet die Ermittlung des Wertes einer Teilleistung keine Schwierigkeiten; dieser bestimmt sich nach dem Aufmaß und den vertraglichen Einheitspreisen. Bei Pauschalverträgen, bei denen der Pauschalpreis auf der Grundlage eines Einheitspreis-Angebotes gebildet worden ist, kann der Wert der Teilleistung ebenfalls nach Aufmaß und Einheitspreisen ermittelt werden. Hier sind etwa vorgenommene Abrundungen und dergleichen zu berücksichtigen.[63] Sofern keine Einheitspreise zur Verfügung stehen, etwa weil der Pauschalpreis nach dem umbauten Raum kalkuliert wurde, ist der Vergütungsanspruch für Teilleistungen mit Hilfe einer schlüssigen Nachkalkulation zu errechnen. Dabei können im Einzelfall auch Subunternehmerangebote herangezogen werden, soweit diese Grundlage der Kalkulation des Vertragspreises waren.[64]

Der Vergütungsanspruch für bloße **Vorbereitungsleistungen**, die noch nicht zu einer Wertsteigerung des Baugrundstücks geführt haben, sind **nicht sicherbar.** Dazu zählen vorbereitende Materialbeschaffungen, organisatorische Maßnahmen im Unternehmen oder die Anfertigung von betriebsinternen Werkplänen. Nach Ansicht des Verfassers müssen aber Vergütungsansprüche für Materiallieferungen an die Baustelle, die der Besteller etwa nach Kündigung des Bauvertrages zur Fortführung des Bauvorhabens ver-

---

[63] BGH BauR 1996, S. 846.
[64] BGH BauR 1999, S. 631.

wendet hat (§ 8 Nr. 3 Abs. 3 VOB/B), sicherungsfähig sein. Insoweit geht der Materialwert in die erzielte Werterhöhung des Grundstücks ein (streitig). Soweit allerdings vom Anspruchsteller selbst bereits Arbeiten am Baugrundstück durchgeführt wurden, gehen auch nach der herrschenden Meinung die hierfür notwendigen Vorbereitungsleistungen in den sicherbaren Vergütungsanspruch mit ein.

Zu den nicht sicherungsfähigen Vorbereitungsleistungen zählen auch **Planungen** der Architekten, Statiker und Sonderfachleute, soweit sie noch nicht durch Herstellungsleistungen im Bauwerk verkörpert sind.[65]

**11.2** Sicherungsfähig sind ferner alle vertraglichen Ansprüche aus dem Bau-Werkvertrag, die aufgrund eines **vertragswidrigen Verhaltens** des Bestellers entstanden sind, wie Verzugszinsen, Schadensersatzansprüche wegen Behinderung, Kosten der Rechtsverfolgung (ab Verzug) und dergleichen.[66] Das folgt aus der Formulierung des Gesetzes, wonach „alle Forderungen aus dem Vertrage" geschützt sind (§ 648 Abs. 1 Satz 1 BGB). Diese Ansprüche müssen nach Ansicht des Verfassers aber immer im wirtschaftlichen Zusammenhang mit bereits erbrachten Bauleistungen stehen. Das verlangt das „Mehrwertprinzip" (vgl. Ziff. 1 dieses Abschnitts). Die herrschende Meinung erleichtert diese Voraussetzung, indem sie den Beginn mit den Bauleistungen für die Entstehung des Sicherungsanspruchs für die vorgenannten Ansprüche genügen lässt.

**Beispiel:**

1. Der Unternehmer ist wegen verspäteter Beibringung der Baugenehmigung am Beginn der Bauleistungen gehindert. Es entstehen Stillstandskosten gemäß § 6 Nr. 6 VOB/B: in diesem Falle hat der Unternehmer noch keine wertsteigernden Bauleistungen erbracht. Der Schadensersatzanspruch gemäß § 6 Nr. 6

---

[65] Werner/Pastor, 9. Aufl., Rdn. 212.
[66] Handbuch des privaten Baurechts/Oelmaier/Merl, 2. Aufl., § 20, Rdn. 213.

VOB/B kann nach der hier vertretenen Ansicht nicht gesichert werden.

2. Hat der Bauunternehmer jedoch wesentliche Teile des Bauwerks bereits erbracht, gehören die zu Beginn des Bauvorhabens entstandenen Behinderungskosten zu den sicherungsfähigen Zahlungsansprüchen.

**11.3** Für das **gekündigte Vertragsverhältnis** ist streitig, ob dem Unternehmer/Architekten der Sicherungsanspruch für Vergütungsansprüche gemäß §§ 649 BGB, 8 Nr. 1 VOB/B (vereinbarte Vergütung abzüglich der infolge der Kündigung ersparten Aufwendungen) **in Bezug auf nicht erbrachte Leistungen** zusteht. Die Vorschrift des § 648 Abs. 1 Satz 2 BGB spricht dagegen: Danach kann der Unternehmer, wenn das Werk noch nicht vollendet ist, die Sicherung nur eines der geleisteten Arbeit entsprechenden Teils der Vergütung zuzüglich der darin nicht enthaltenen Auslagen verlangen. Entgegen dem eindeutigen Wortlaut des Gesetzes nimmt die **herrschende Meinung** dennoch an, dass im Falle der jederzeit möglichen Kündigung des Bestellers nach § 649 BGB oder nach § 8 Nr. 1 VOB/B der **Vergütungsanspruch für nicht ausgeführte Leistungen** gesichert werden kann.[67] Sie begründet das mit dem Wortlaut des Satzes 1 in Absatz 1 der Vorschrift, wonach der Unternehmer die Sicherung „für seine Forderungen aus dem Vertrage" verlangen kann. Der Zusammenhang mit dem nachfolgenden Satz 2 ergibt aber, dass die Sicherung „aller" Forderungen aus dem Vertrage nur nach Vollendung des Werks oder wenigstens nur im (wirtschaftlichen) Zusammenhang mit bereits geleisteten Teilwerken zur Verfügung steht. Im Ergebnis ist daher der Gegenmeinung von Siegburg (a.a.O.) beizupflichten, sofern man sich nicht grundsätzlich vom „Mehrwertprinzip" lösen will. Danach besteht kein Sicherungsanspruch für die Vergütung von infolge der Bestellerkündigung nicht mehr ausgeführten Leistungen.

---

[67] Handbuch des privaten Baurechts/Oelmaier/Merl, § 20, Rdn. 213; Werner/Pastor, 9. Aufl., Rdn. 228; Staudinger/Peters, 13. Aufl., Rdn. 25 zu § 648; andere Ansicht: Siegburg, Die Bauwerkersicherungshypothek, S. 208 ff.

**11.3.1** Folgt man der herrschenden Meinung, ist zu untersuchen, ob die Sicherung des Vergütungsanspruchs aus §§ 649 BGB/8 Nr. 1 VOB/B auch bei einer **Kündigung vor Beginn der Bauarbeiten** (oder der Planungsarbeiten des Architekten) verlangt werden kann. Ingenstau/Korbion bejahen das unter Hinweis auf BGH NJW 1969, S. 419, 421 für den Fall, dass der Besteller den Baubeginn schuldhaft verhindert habe.[68] Der BGH-Entscheidung lag aber eine vom Besteller während der Vertragsdurchführung schuldhaft provozierte Kündigung des Architekten zu Grunde. Der Senat wandte die Grundsätze des Schadensersatzes an; zu ersetzen ist danach auch die durch die provozierte Kündigung entgangene Sicherung (§ 249 BGB), was im Ergebnis zum Sicherungsanspruch führt. Demgegenüber geht das Kammergericht davon aus, dass ein „Schaden nur vorliegen würde, wenn der Architekt bei Aufrechterhaltung des Architektenvertrages bereits einen Anspruch auf Einräumung der Bauhandwerkersicherungshypothek erlangt hätte."[69] Dies sei erst mit Bauerrichtung der Fall.

Werner/Pastor weisen zurecht darauf hin, dass die Entscheidung des BGH im Hinblick auf den Wortlaut des § 648 Abs. 1 BGB bedenklich sei.[70] Soweit der BGH das Ergebnis unter dem Gesichtspunkt des Schadensersatzrechts begründet, ist darauf hinzuweisen, dass auch Schadensersatzansprüche wegen des Ausflusses des im Gesetz verankerten „Mehrwertprinzips" im wirtschaftlichen Zusammenhang mit bereits erbrachten Leistungen stehen, also im weitesten Sinne in den Gegenwert bereits durchgeführter Bauleistungen eingehen müssen. Deshalb ist auch ein Sicherungsanspruch vor Beginn der Bauleistungen grundsätzlich abzulehnen.

## 12. Können auch noch nicht fällige oder bereits verjährte Forderungen gesichert werden?

**12.1** Sicherungsfähig sind auch bereits entstandene, aber **noch nicht fällige** Forderungen. Auf die Abnahme der Bauleistungen

---

[68] Ingenstau/Korbion, 13. Aufl., Rdn. 388 zu § 16 VOB/B.
[69] Kammergericht BauR 1979, S. 354.
[70] Werner/Pastor, 9. Aufl., Rdn. 242.

oder auf Fälligkeitsfristen der Abschlags- oder Schlussrechnungen kommt es daher nicht an. Auch Forderungen, die wegen vereinbarter Sicherheitseinbehalte noch nicht fällig sind, können gesichert werden.

**12.2 Verjährte** Forderungen sind **nicht sicherungsfähig**. Sofern in unverjährter Zeit nur eine Vormerkung auf dem Baugrundstück eingetragen wurde, kann nach Eintritt der Verjährung der Eigentümer deren Löschung verlangen (§ 886 BGB).[71] Die Eintragung einer Vormerkung unterbricht nämlich nur die Verjährung des dinglichen, nicht des schuldrechtlichen Anspruchs. Auch aus diesem Grunde sollten zur Verjährungsunterbrechung nach Eintragung der Vormerkung unverzüglich die Werklohnforderung gerichtlich geltend gemacht und/oder zur Erhaltung des Sicherungsanspruches in unverjährter Zeit die Sicherungshypothek eingetragen werden (§ 223 Abs. 1 BGB).

## 13. Wie wirken sich Gegenrechte des Bestellers, insbesondere solche aufgrund mangelhafter Werkleistung aus?

**13.1** Ist der Wert der erbrachten Wertleistung durch **Mängel** gemindert, kann nur die nach **Abzug der (geschätzten) Mängelbeseitigungskosten** verbleibende Forderung gesichert werden. Nach richtiger Ansicht sind die Mängelbeseitigungskosten aber nur in einfacher Höhe, nicht etwa auch ein Druckzuschlag zu berücksichtigen.[72] Bekanntlich hat der Besteller zwar das Recht, die Zahlung der fälligen Forderung mindestens in Höhe der dreifachen Mängelbeseitigungskosten zu verweigern. Auf die Höhe der durch die Werkleistung erzielten Wertsteigerung des Grundstücks hat dieses Zurückbehaltungsrecht des Bestellers aber regelmäßig keinen Einfluss.

---

[71] LG Aurich, NJW-RR 1991, S. 1240.
[72] OLG Hamm, IBR 1998, S. 8.

**13.2** Rechnet der Besteller mit fälligen Gegenforderungen, etwa Kostenerstattungsansprüchen aus berechtigten Ersatzvornahmen oder mit Schadensersatzansprüchen auf, wird dadurch die Werklohnforderung in Höhe der tatsächlich bestehenden Gegenforderungen getilgt (§ 389 BGB). Zur Sicherung kann dann nur noch ein die Gegenforderung übersteigender Teil der Werklohnforderung gestellt werden.

**13.3** Macht der Besteller **Minderungsansprüche** geltend, ist bei **vollzogener** Minderung – also bei Einverständnis des Unternehmers (§§ 634 Abs. 4, 465 BGB) – die Forderung nur noch in der geminderten Höhe sicherungsfähig. Ist der Unternehmer mit der Minderung nicht einverstanden, etwa weil er noch nachbessern will, ist die Minderung noch nicht vollzogen. Es verbleibt dann bei dem Grundsatz, dass die zu erwartenden Mängelbeseitigungskosten in Abzug zu bringen sind.

**13.4** Nach OLG Hamm, BauR 1999, S. 407, hat der Besteller die Darlegungslast für das Vorhandensein und der zutreffenden Bewertung von Mängeln, wenn die Leistungen des Unternehmers abgenommen wurden. Im Bestreitensfalle ist für die Glaubhaftmachung im Verfahren über die einstweilige Verfügung (Vormerkung) die Vorlage von Privatgutachten oder vergleichbarer Beweismittel erforderlich.

## 14. Welche Bedeutung haben Sicherungshypothek und Vormerkung für gerichtliche Insolvenzverfahren?

Zu unterscheiden ist einerseits zwischen dem Insolvenz-[73] und Zwangsversteigerungsverfahren und andererseits zwischen Vormerkung und Hypothek.

---

[73] Das frühere gerichtliche Vergleichsverfahren wurde in die seit dem 01. 01. 1999 in Kraft getretene Insolvenzordnung integriert.

§ 648 BGB

**14.1** Bei **Insolvenz** des Bestellers gewährt die Bauhandwerkersicherungshypothek dem Unternehmer ein **Absonderungsrecht** (§ 49 InsO).

**14.1.1** „Absonderungsrecht" bedeutet, dass die Rechte aus der Hypothek unabhängig vom Insolvenzverfahren geltend gemacht werden können. Die Art der Befriedigung richtet sich nach den Bestimmungen der Immobiliarvollstreckung.[74] Der Hypothekengläubiger kann also vom nunmehr zuständigen Insolvenzverwalter (§ 80 Abs. 1 InsO) die Duldung der Zwangsvollstreckung in das Grundstück verlangen und diesen Anspruch erforderlichenfalls gerichtlich durchsetzen. Mit Hilfe dieses Titels kann er dann die Zwangsversteigerung des Grundstücks im Range der eingetragenen Sicherungshypothek betreiben.

**14.1.2** Der Unternehmer ist neben der dinglichen Hypothekenforderung auch Inhaber der persönlichen Werklohnforderung. Mit dieser nimmt er am Insolvenzverfahren teil, sofern und soweit er auf abgesonderte Befriedigung aus der Hypothek verzichtet oder die abgesonderte Geltendmachung nicht zu einer Befriedigung der persönlichen Forderung geführt hat (§ 53 InsO).

**14.1.3** Unbeschadet bestehender Absonderungsrechte kann der Insolvenzverwalter nach § 165 InsO die Zwangsversteigerung betreiben. Er kann nach § 174a ZVG verlangen, dass bei der Feststellung des geringsten Gebots nur die zur Insolvenzmasse gehörenden Ansprüche auf Ersatz der Versteigerungskosten und die diesen Ansprüchen vorangehenden Rechte berücksichtigt werden (zweite Rangklasse nach § 10 ZVG). Die Gläubiger können den Verlust ihrer Rechte an dem Grundstück dadurch abwenden, dass sie den Kostenerstattungsanspruch ablösen.[75]

Betreibt der Hypothekengläubiger die Zwangsversteigerung, ist der Insolvenzverwalter ferner berechtigt, die einstweilige Einstellung des Zwangsversteigerungsverfahrens in den in § 30d ZVG genannten Fällen zu beantragen. In diesem Falle sind dem Gläubiger

---

[74] Smid/Depré, Insolvenzordnung, Rdn. 31 zu § 49.
[75] Eickmann/Flessner/Irschlinger/Kirchhof/Kreft/Landfermann/Marotzke, Rdn. 7 zu § 165 InsO.

für einen bestimmten Zeitraum die geschuldeten Zinsen fortzuentrichten. Wird das Grundstück für die Insolvenzmasse genutzt, ordnet das Gericht auf Antrag des betreibenden Gläubigers weiter die Auflage an, dass der entstehende Wertverlust von der Einstellung des Versteigerungsverfahrens an durch laufende Zahlungen aus der Insolvenzmasse an den Gläubiger auszugleichen sei (§ 30e ZVG). Binnen sechs Monaten kann der Gläubiger die Fortsetzung des Verfahrens beantragen (§ 31 ZVG).

**14.1.4** Die abgesonderte Befriedigung setzt aber voraus, dass die Hypothek bereits früher als einen Monat vor dem Antrag auf Eröffnung des Insolvenzverfahrens eingetragen war (§ 88 InsO).[76] Zwar wird die vor Eröffnung des Insolvenzverfahrens eingetragene Hypothek zunächst wirksam. Aufgrund der **Rückschlagsperre** des § 88 InsO verliert diese Sicherungsmaßnahme jedoch mit Eröffnung ihre Wirksamkeit, wenn sie in dem letzten Monat vor Eröffnungsantrag vollzogen worden war. Das Grundbuch wird dann unrichtig und muss auf Betreiben des Insolvenzverwalters nach § 894 BGB berichtigt werden.

**14.1.5** Häufig wird nach Eingang des Insolvenzantrages vom Insolvenzgericht ein **allgemeines Veräußerungsverbot** erlassen (§ 21 Abs. 2 InsO). Dieses Verbot wird im Grundbuch eingetragen und wirkt nach der herrschenden Meinung als Grundbuchsperre.[77]

**14.1.6** Die außerhalb der Rückschlagsperre eingetragene Hypothek ist aber noch durch das **Anfechtungsrecht des Insolvenzverwalters** gefährdet. Hier kommt vor allem der Anfechtungstatbestand des § 130 Abs. 1 Ziff. 1 InsO in Betracht. Danach sind Rechtshandlungen, die einem Insolvenzgläubiger eine Sicherung gewährt oder ermöglicht haben, anfechtbar, wenn sie in den letzten drei Monaten vor dem Antrag auf Eröffnung des Insolvenzverfahrens vorgenommen wurden und wenn zur Zeit der Handlung der Schuldner zahlungsunfähig war und wenn der Gläubiger zu dieser Zeit **die Zahlungsunfähigkeit kannte**. Unter „Rechtshandlungen" fallen auch die Eintragung einer erstrittenen Hypothek

---

[76] BGH BauR 1999, S. 1326.
[77] Smid/Smid, § 21, Rdn. 15.

oder Vormerkung.[78]) Die Anfechtung setzt allerdings voraus, dass der Insolvenzverwalter deren Voraussetzungen, also insbesondere auch die Kenntnis des Gläubigers von der Zahlungsunfähigkeit[79] beweisen kann. Daraus folgt, dass bei drohender Insolvenz in Anträgen auf Erlass einer einstweiligen Verfügung[80] zur Eintragung einer Vormerkung auf keinen Fall Umstände, die die Kenntnis der Zahlungsunfähigkeit begründen können, dargestellt werden sollten.

**14.1.7** Wurde zu Gunsten des Unternehmers einen Monat vor Eröffnungsantrag (§ 88 InsO) in einer die Insolvenzanfechtung ausschließenden Weise (§ 130 InsO) eine **Vormerkung** zur Sicherung seines Anspruchs auf Eintragung einer Bauhandwerkersicherungshypothek eingetragen, kann der Unternehmer vom Insolvenzverwalter die Erfüllung dieses Anspruchs aus der Insolvenzmasse verlangen (§ 106 InsO). Das bedeutet, dass der Vormerkungsgläubiger vom Insolvenzverwalter die Eintragung des Vollrechts, also der Bauhandwerkersicherungshypothek, verlangen kann. Die gerichtliche Durchsetzung dieses Sicherungsrechts setzt natürlich die Prüfung des Werklohnanspruchs als Vorfrage voraus, sofern die Werklohnforderung nicht bereits rechtskräftig festgestellt ist.

**14.2** In der **Zwangsversteigerung** wird die Vormerkung durch § 48 ZVG dem Vollrecht der (Sicherungs-)Hypothek gleichgestellt. Durch diese Gleichstellung wird der Vormerkungsberechtigte Beteiligter des Zwangsversteigerungsverfahrens (§ 9 ZVG). Die Vormerkung steht ferner in der Rangordnung der Rechte an derselben Stelle wie die Hypothek (§ 10 Abs. 1 Nr. 4 oder 5 ZVG). Für ihr Schicksal in der Zwangsversteigerung ist zu unterscheiden, ob sie im Range dem Recht des die Versteigerung betreibenden Gläubigers vorgeht oder nicht:

---

[78]) Smid/Zeuner, § 129, Rdn. 40.
[79]) ... oder von Umständen, die zwingend auf die Zahlungsunfähigkeit oder den Eröffnungsantrag schließen lassen: § 130 Abs. 2 InsO.
[80]) Siehe hierzu nachstehende Ziffer 19 ff.

## Abschnitt C

- Geht die Vormerkung im Range vor, fällt sie in das geringste Gebot (§§ 48, 52 ZVG). Ihr Gegenwert – der Nennbetrag der Hypothek nebst Zinsen, Eintragungskosten und Kosten der Rechtsverfolgung, soweit diese Kostenbestandteile im Grundbuch eingetragen sind (§ 10 Abs. 2 ZVG) – ist vom Ersteher aber nicht in bar zu entrichten. Die Vormerkung bleibt vielmehr auch nach Zuschlag bestehen und richtet sich dann gegen den neuen Eigentümer.

- Geht die Vormerkung im Range nach, fällt sie nicht in das geringste Gebot und erlischt mit dem Zuschlag (§§ 52 Abs. 1 Satz 2, 91 ZVG). Verbleibt vom Versteigerungserlös nach Befriedigung der vorrangigen Gläubiger und des betreibenden Gläubigers ein überschießender Betrag, kann sich der Vormerkungsberechtigte daraus befriedigen; die erloschene Vormerkung wird durch einen Anspruch auf Ersatz ihres Wertes aus dem Versteigerungserlös ersetzt (§ 92 ZVG). Allerdings muss die Vormerkung erst in das Vollrecht der Hypothek (im Streitfalle durch Klage gegen den neuen Eigentümer) umgewandelt werden. Bis dahin hat der Ersteher den überschießenden Betrag zu Gunsten des Vormerkungsberechtigten zu hinterlegen. Die Höhe des zu hinterlegenden Betrages wird im Verteilungsplan bestimmt (§§ 114, 119, 120 ZVG).

Ist im Zeitpunkt der Eintragung des Versteigerungsvermerks die **Sicherungshypothek** bereits aus dem Grundbuch ersichtlich, ergeben sich gegenüber der Vormerkung im Wesentlichen keine Besonderheiten. Lediglich braucht der Gegenwert der Hypothek im Falle ihres Erlöschens nicht hinterlegt zu werden. Der Anspruch auf Wertersatz aus dem Versteigerungserlös ist sofort mit Zuschlag fällig.

## 15. Wie kann der Anspruch auf Eintragung einer Sicherungshypothek durchgesetzt werden?

Für die Durchsetzung dieses Anspruchs gibt es zwei Möglichkeiten:

- durch Einigung mit dem Besteller. In der Praxis gelingt das nur selten, weil der Besteller die werthaltigen Rangstellen in der Regel zur Sicherung der Baudarlehen benötigt.
- durch Klage mit dem Ziel, den Besteller zu verurteilen, die Eintragung einer Bauhandwerkersicherungshypothek zu bewilligen. In der Praxis wird der Klageerhebung grundsätzlich die Eintragung einer Vormerkung aufgrund einer einstweiligen Verfügung vorausgehen. Durch die Klageerhebung wird der Besteller nämlich gewarnt und könnte ohne eine bereits eingetragene rangwahrende Vormerkung durch Eintragung einer Eigentümergrundschuld oder einer Auflassungsvormerkung den Sicherungszweck der Hypothek vereiteln.

## 16. Kann die Eintragung einer Vormerkung zur Sicherung des Anspruchs im Wege der einstweiligen Verfügung ohne Rechtsanwalt beantragt werden?

Grundsätzlich ja, und zwar unabhängig davon, ob das Amts- oder das Landgericht zuständig ist, wie sich aus §§ 920 Abs. 3, 936, 78 Abs. 2 ZPO ergibt. Kommt es aber zur **mündlichen Verhandlung** vor dem Landgericht, herrscht Anwaltszwang. Zudem ist die Rechtsmaterie vor allem auch in verfahrensrechtlicher Hinsicht nicht einfach, so dass auch für die Fertigung der Antragsschrift die Beauftragung eines in Bausachen erfahrenen Anwalts dringend zu empfehlen ist. In sehr einfach gelagerten Fällen mag die Eintragung der Vormerkung auch Laien gelingen. Bereits im Eintragungsverfahren muss aber die Verteidigung gegen Rechtsbehelfe des Antragsgegners vorbereitet werden. Damit dürfte der Nichtfachmann überfordert sein. Die nachfolgenden Ausführungen sind daher trotz zahlreicher prozesstaktischer Hinweise keine erschöpfende Darstellung des einschlägigen Prozessrechts für Juristen, sondern sollen den Praktikern eine zügige und genaue Aufbereitung des Informationsmaterials erleichtern. Hierfür ist auch die Kenntnis der wesentlichen Verfahrensgrundsätze hilfreich.

Abschnitt C

## 17. Welches Gericht ist für den Erlass einer einstweiligen Verfügung zur Eintragung einer Vormerkung zuständig?

Für den Erlass einer einstweiligen Verfügung ergibt sich die Zuständigkeit des Gerichts unter drei Gesichtspunkten:

– Allgemein ist das Gericht der Hauptsache zuständig (§§ 937, 943 ZPO).

– Für dringende Fälle gibt es ferner die Sonderzuständigkeit des Amtsgerichts, in dessen Bezirk sich der Streitgegenstand befindet (§ 942 Abs. 1 ZPO).

– Soll eine Vormerkung aufgrund einstweiliger Verfügung eingetragen werden, ist ferner das Amtsgericht der belegenen Sache auch ohne Dringlichkeit zuständig (§ 942 Abs. 2 ZPO). Dieser Gerichtsstand ist aus prozesstaktischen Gründen der interessanteste (nachst. Ziffer 17.3, 17.4).

**17.1** Bei dem **Gericht der Hauptsache** (§§ 937, 943 ZPO)[81]) ist zwischen der örtlichen und der sachlichen Zuständigkeit zu unterscheiden:

**Örtlich** zuständig sind mehrere Gerichte, unter denen der Antragsteller die Wahl hat (§ 35 ZPO),[82]) unter anderem:

– Das für den Wohn- oder Firmensitz des Antragsgegners zuständige Gericht (§ 12 ZPO);

---

[81]) Das ist – streitwertabhängig – das Amts- oder das Landgericht, an welches die Klage auf Verurteilung zur Bewilligung der Eintragung der Sicherungshypothek zu richten wäre oder das Berufungsgericht, sofern die Hauptsache bereits in der Berufungsinstanz anhängig ist, § 943 Abs. 1 ZPO.

[82]) Nicht einschlägig ist nämlich der ausschließliche dingliche Gerichtsstand des § 24 ZPO, der nur Klagen **aus** einer dinglichen Belastung zum Gegenstand hat, nicht aber die Klage **auf** Einräumung einer dinglichen Belastung; Handbuch des privaten Baurechts/Oelmaier/Merl, 2. Aufl., § 21, Rdn. 28.

– unter mehreren Gesichtspunkten das für den Ort des Bauvorhabens zuständige Gericht (§ 29 ZPO[83]), gegebenenfalls § 29 b ZPO, § 26 ZPO[84]).

Die **sachliche** Zuständigkeit (Landgericht oder Amtsgericht) ist vom Streitwert abhängig. Bis zu einem Streitwert von DM 10 000,– ist das Amtsgericht, darüber das Landgericht zuständig (§ 23 Ziff. 1 GVG). Die Höhe des Streitwertes beträgt in der Regel $^1/_3$ des Betrages der zu sichernden Forderung.[85]

**17.2** In dringenden Fällen gibt es neben dem Gericht der Hauptsache die **Sonderzuständigkeit des Amtsgerichts**, in dessen Bezirk das Baugrundstück liegt, und zwar unabhängig vom Streitwert (§ 942 Abs. 1 ZPO). Diese Variante wird der Antragsteller aber nur in Ausnahmefällen wählen, da das angerufene Amtsgericht von Amts wegen in der einstweiligen Verfügung eine Frist setzt, innerhalb der die Ladung des Antragsgegners zur mündlichen Verhandlung über die Rechtmäßigkeit der einstweiligen Verfügung vor dem Gericht der Hauptsache zu beantragen ist. Erfolgt dieser Antrag nicht oder nicht fristgerecht, ist die einstweilige Verfügung auf Antrag aufzuheben (§ 942 Abs. 3 ZPO).

**17.3** Die weitere streitwertunabhängige Sonderzuständigkeit des **Amtsgerichts der belegenen Sache** für die Eintragung von Vormerkungen aufgrund einstweiliger Verfügungen ist in § 942 Abs. 2 ZPO geregelt. Diese Zuständigkeit setzt eine Dringlichkeit der Sache nicht voraus (weil sich die Dringlichkeit bereits aus dem materiellen Recht ergibt: §§ 885 Abs. 1 Satz 2 BGB, 942 Abs. 2 ZPO). Die Frist, innerhalb derer die Ladung zur mündlichen Verhandlung über die Rechtmäßigkeit der Anordnung vor dem Gericht der Hauptsache zu beantragen ist, **darf** nur auf Antrag des Antragsgegners gesetzt werden (§ 942 Abs. 2 Satz 2 ZPO).

**17.4** Der Gerichtsstand des Amtsgerichts der belegenen Sache (Ziffer 17.3) bietet gegenüber den beiden anderen (Ziffern 17.1

---

[83] Handbuch des privaten Baurechts/Oelmaier/Merl, 2. Aufl., § 21, Rdn. 31.
[84] Handbuch des privaten Baurechts/Oelmaier/Merl, 2. Aufl., § 20, Rdn. 203.
[85] Zöller/Herget, 21. Aufl., § 3, Stichwort: „Vormerkung".

und 17.2) eindeutig Vorteile. Häufig wird der Antragsgegner nach Eintragung der Vormerkung dagegen gar nicht vorgehen, sondern Verhandlungen über deren Ablösung (beispielsweise durch Bürgschaft) aufnehmen wollen. In solchen Fällen wäre die im Falle des § 942 Abs. 1 ZPO von Amts wegen zu setzende Frist beiden Parteien hinderlich. Gegenüber dem Gericht der Hauptsache bietet die zivile Prozessordnung dem Amtsgericht der belegenen Sache erleichterte Voraussetzungen für den Erlass der einstweiligen Verfügung im Beschlusswege, also **ohne mündliche Verhandlung** (siehe hierzu nachstehende Ziffer 22).

## 18. Muss der Antragsgegner vor Beantragung der einstweiligen Verfügung aufgefordert werden, die Eintragung der Vormerkung oder der Sicherungshypothek zu bewilligen?

Grundsätzlich besteht ohne vorherige Aufforderung das Risiko, dass der Antragsteller die Kosten des Verfahrens tragen muss, wenn der Antragsgegner gegen die einstweilige Verfügung Widerspruch einlegt und gleichzeitig den Anspruch aus § 648 BGB sofort anerkennt (§ 93 ZPO). Dieses Kostenrisiko ist aber dann nicht gegeben, wenn der Antragsgegner vorprozessual durch sein Verhalten Anlass gegeben hat, die offene Forderung sichern zu lassen. Nach der nunmehr herrschenden Meinung liegt ein solches Verhalten bereits in der grundlosen Nichtzahlung fälliger und angemahnter Vergütungsansprüche.[86] Im Einzelnen ist hier die Rechtsprechung allerdings nicht völlig einheitlich.

Im Zweifel sollte das Kostenrisiko eingegangen werden, weil aus den bereits dargestellten Gründen die Androhung einer Vormerkung deren Eintragung wertlos machen kann.

---

[86] OLG Celle, BauR 1976, 365, 367; OLG Köln, NJW-RR 1997, 1242; Staudinger/Peters, 13. Aufl., § 648 Rdn. 36; Werner/Pastor, 9. Aufl., Rdn. 303 f; OLG Stuttgart, BauR 1995, 116; von besonderem Interesse ist auch, dass der Antragsgegner nach der herrschenden Rechtsprechung dartun muss, dass der Antragsteller (ausnahmsweise) annehmen musste, er werde ohne einen Prozess sein Ziel erreichen können; OLG Köln, a.a.O., m. w. N.

## 19. Welche Tatsachenbehauptungen muss die Antragsbegründung enthalten?

Stichwortartig zusammengefasst ist in der Antragsbegründung auszuführen, dass

- der Antragsteller Unternehmer eines Bauwerks ist;
- der Antragsgegner Eigentümer des Baugrundstücks ist (oder: dass und warum der nach der Rechtsprechung des BGH zugelassene Ausnahmefall vorliegt, siehe Ziff. 6);
- mit den vertraglich vereinbarten Arbeiten bereits begonnen worden ist und inwieweit diese bereits fertiggestellt sind;
- und in welcher Höhe dem Antragsteller infolgedessen die Verfügungsforderung entstanden ist;
- der Antragsgegner keine Mängel rügt und Mängel auch nicht bekannt sind, oder, dass der Antragsgegner zwar Mängel (welche?) rügt, deren Beseitigung aber (nur) DM . . . kostet und dieser Betrag von der zu sichernden Forderung abgezogen ist.

## 20. Muss die in Verfügungsverfahren grundsätzlich erforderliche Gefährdung des zu sichernden Anspruchs auch für die Eintragung einer Vormerkung dargelegt werden?

Die Darlegung einer **Gefährdung des Werklohnanspruchs** ist **grundsätzlich nicht** erforderlich. Eine solche Gefährdung ergibt sich nämlich bereits aus der dem Unternehmer obliegenden Vorleistungspflicht und aus dem Verlust seines Eigentums an den eingebauten Materialien.[87] Allerdings kann die gesetzlich vermutete Gefährdung des Werklohnanspruchs (§ 885 Abs. 1 BGB) durchaus widerlegt werden. Gelingt dies dem Antragsgegner im

---

[87] Werner/Pastor, 9. Aufl., Rdn. 277 m. H. a. OLG Köln, BauR 1998, S. 794 und OLG Celle, BauR 1976, S. 365.

Rechtsbehelfsverfahren, ist die einstweilige Verfügung zu versagen oder aufzuheben.[88])

Aus diesem Grunde sollten tatsächlich bestehende konkrete Anhaltspunkte für eine Gefährdung in der Antragsbegründung vorgetragen werden. Dies empfiehlt sich auch mit Rücksicht darauf, dass möglichst der Erlass einer einstweiligen Verfügung ohne mündliche Verhandlung erreicht werden sollte. Anhaltspunkte für eine Gefährdung des zu sichernden Werklohnanspruchs ergeben sich beispielsweise aus dem Zahlungsverzug des Bestellers oder aus einem geplanten Verkauf des Baugrundstücks. Zu warnen ist aber davor, eine besondere Dringlichkeit durch Glaubhaftmachung einer Zahlungseinstellung[89]) des Antragsgegners begründen zu wollen. Damit läuft der Antragsteller nämlich die Gefahr einer späteren Anfechtung der „Rechtshandlung" (Antrag auf Eintragung einer Vormerkung) durch den Insolvenzverwalter (§§ 129, 130 InsO; vgl. vorst. Ziff. 14.1; vgl. auch § 141 InsO).

## 21. Wie können Verfügungsanspruch und -grund glaubhaft gemacht werden?

**21.1** Die vorstehend beschriebenen Tatsachen (Ziffern 19 und 20) müssen glaubhaft gemacht werden (§§ 920 Abs. 2, 936 ZPO). Glaubhaft machen heißt noch nicht beweisen. Es muss aber doch dem Gericht die Überzeugung vermittelt werden, dass der behauptete Sicherungsanspruch tatsächlich besteht. Das Gericht kann zwar auch ohne Glaubhaftmachung des Anspruchs die einstweilige Verfügung erlassen, wenn dem Gegner zum Ausgleich der dadurch drohenden Nachteile Sicherheit geleistet wird

---

[88]) Kammergericht Berlin, MDR 1994, S. 1011 = IBR 1995, S. 14.
[89]) Zahlungseinstellung ist das äußere Kennzeichen der Zahlungsunfähigkeit, eines Insolvenzgrundes (§ 17 InsO); letztere liegt vor, wenn ein Schuldner wegen eines dauernden Mangels an Zahlungsmitteln außer Stande ist, seine fälligen und ernsthaft eingeforderten Verbindlichkeiten im Allgemeinen zu erfüllen, und wenn dies den beteiligten Verkehrskreisen nach außen hin erkennbar geworden ist; Hess/Kropshofer, Konkursordnung, 4. Aufl., 1993, § 30, Rdn. 4.

(§§ 921 Abs. 2, 936 ZPO). Insoweit handelt es sich aber um eine Kann-Bestimmung, von der in der Praxis selten Gebrauch gemacht wird, so dass auf eine derartige Entscheidung des Gerichts nicht vertraut werden kann.

**21.2** Mittel der Glaubhaftmachung sind:
- Versicherung an Eides statt (siehe Muster im Anhang, Ziffer 2);
- alle üblichen Beweismittel, sofern sie „präsent" sind (§ 294 Abs. 2 ZPO), also insbesondere die Vorlage von Urkunden (auch: schriftliche Sachverständigengutachten). Zeugen- und Sachverständigenbeweise sind nur möglich in einer mündlichen Verhandlung, zu der die betreffenden Personen von den Parteien mitgebracht werden müssen.[90]

**21.3** Hieraus ergibt sich, dass insbesondere folgende Unterlagen zur Fertigung eines Verfügungsantrages erforderlich sind:
- **Grundbuchauszug** und ggf. Lageplan, die belegen, dass der Antragsgegner Eigentümer des Baugrundstücks ist.
- Vertragsangebot und Vertragsurkunde; wenn der Vertrag mündlich geschlossen wurde, ist der Inhalt der vertraglichen Vereinbarungen vorzutragen und durch die Vorlage einer Versicherung an Eides statt glaubhaft zu machen.
- Die Angaben über Baubeginn, den erreichten **Bautenstand** und die im Einzelnen erbrachten Lieferungen und Leistungen sind durch Vorlage vollständiger und prüfbarer Abrechnungsbelege in Verbindung mit der eidesstattlichen Versicherung ihrer Richtigkeit glaubhaft zu machen.
- Geleistete und ausstehende Zahlungen sind anzugeben und an Eides statt zu versichern.
- Gegebenenfalls sollten Abnahmeprotokolle, Fertigstellungsanzeigen, Aufforderungen zur Abnahme oder die Fertigstellungs-

---

[90] Zöller/Greger, 21. Aufl., § 294, Rdn. 3

bescheinigung nach § 648a BGB vorgelegt oder Angaben über den Bezug des Bauwerks an Eides statt versichert werden.[91]

- Sofern der Bauherr **Mängel** geltend macht, sollte möglichst zunächst ein Sachverständigengutachten zur Überprüfung dieser Mängelbehauptungen eingeholt werden. Wenn dann die schriftlichen Mängelrügen des Antragsgegners zusammen mit dem Gutachten vorgelegt und die sich hieraus ergebenden Mängelbeseitigungskosten bei der Antragstellung berücksichtigt werden, kann die Klippe der Mängelrügen erfolgreich überwunden werden.

- Wenn **Verzugszinsen** geltend gemacht werden sollen, müssen die entsprechenden Mahnschreiben oder der Nachweis über den Rechnungszugang nach § 284 Abs. 3 BGB vorgelegt werden. Ist für die Verzugszinsen nur ein relativer Zinssatz anzugeben (z. B. 1 v. H. über dem jeweiligen SRF-Zinssatz der Europäischen Zentralbank), muss der Zinssatz aus grundbuchrechtlichen Gründen nach oben begrenzt werden.

**21.4** Auf folgendes weist der Verfasser nachdrücklich hin:

- Eine vorsätzlich oder fahrlässig falsche Versicherung an Eides statt ist strafbar. Die zu versichernden Behauptungen sind daher sorgfältig auf ihre Richtigkeit hin zu überprüfen.

- Es mag bei der Antragstellung die Versuchung naheliegen, Mängelrügen oder andere vom Antragsgegner behauptete Gegenrechte unerwähnt zu lassen. Spätestens im Widerspruchsverfahren wird der Antragsgegner diese Behauptungen aber wiederholen und möglicherweise glaubhaft machen. Dem Antragsteller wird es dann kaum mehr gelingen, das Gericht von der Haltlosigkeit der gegnerischen Einlassungen zu überzeugen. Vorzuziehen ist hier vielmehr die „vorbereitende Offensive", nämlich die sachliche Auseinandersetzung mit den gegnerischen Argumenten bereits im Antragsschriftsatz.

---

[91] Die Abnahme ist zwar nicht Anspruchsvoraussetzung, sie spielt aber für die Beweislast bei Mängelbehauptungen auch im Verfügungsverfahren eine Rolle.

– Eine einstweilige Verfügung, die sich im Widerspruchsverfahren nicht aufrechterhalten lässt, kann Schadensersatzansprüche gegen den Antragsteller nach sich ziehen (§ 945 ZPO). Auch unter diesem Gesichtspunkt ist äußerste Sorgfalt geboten.

## 22. Wie kann eine Entscheidung über den Antrag ohne mündliche Verhandlung erreicht werden?

**22.1** Gemäß § 937 Abs. 2 ZPO kann das Gericht in **dringenden Fällen** ohne mündliche Verhandlung entscheiden. Es ist streitig, ob bei einstweiligen Verfügungen zur Eintragung einer Vormerkung gemäß §§ 648, 885 BGB von vorne herein ein derart dringender Fall gegeben ist oder ob darüber hinaus eine „besondere Dringlichkeit" glaubhaft gemacht werden muss. Die Vorschrift des § 937 Abs. 2 ZPO scheint zunächst für letzteres zu sprechen. Sie gilt aber nur für das Gericht der Hauptsache und allgemein für alle Verfügungsverfahren. Im Unterschied dazu ist für die Sonderzuständigkeit der Amtsgerichte nach § 942 Abs. 2 ZPO (siehe Ziff. 17) die mündliche Verhandlung freigestellt und zwar unabhängig von einer Dringlichkeit des Falles. Daraus ist zu folgern, dass es für die Eintragung einer Vormerkung ohne mündliche Verhandlung auf eine besondere Dringlichkeit nicht ankommt, da gerade hierfür die Sonderzuständigkeit der Amtsgerichte gegeben ist. Die mündliche Verhandlung sollte deshalb nach richtiger Ansicht in den hier interessierenden Fällen nur dann anberaumt werden, wenn der glaubhaft gemachte Sachvortrag des Antragstellers lückenhaft oder widersprüchlich und damit aufklärungsbedürftig erscheint.[92]

**22.2** Hinzu kommt ein praktischer Gesichtspunkt: Nachdem das Amtsgericht der belegenen Sache nach Erlass der einstweiligen Verfügung mit der Entscheidung inhaltlich nicht mehr befasst ist

---

[92] In der Praxis wird der umsichtige Richter aber in solchen Fällen vorweg durch gerichtliche Hinweise dem Antragsteller die Gelegenheit zur „Nachbesserung" seines Antragsschriftsatzes geben oder etwa Teilrücknahmen anregen.

## Abschnitt C

(§ 942 Abs. 1, Abs. 2 ZPO), wird sich der Amtsrichter nur im Ausnahmefall dem Antrag, ohne mündliche Verhandlung zu entscheiden, widersetzen.

### 23. Wer hat die Kosten des Verfügungs- und des Eintragungsverfahrens zu tragen?

Im Obsiegensfalle werden dem Antragsgegner die Kosten auferlegt. Zu erstatten sind dann auch die Kosten der Eintragung der Vormerkung als (notwendige) Vollstreckungskosten. Wird dem Antrag nur teilweise stattgegeben, ist die Kostentragung entsprechend zu quoteln. Über die Kosten entscheidet das Gericht von Amts wegen nach den allgemeinen Grundsätzen (§§ 91, 92 ZPO). In der Praxis bleibt es aber häufig nicht bei dieser Kostenentscheidung. Nicht selten wird in späteren Vergleichen im Rahmen der Werklohnklage die Kostenerstattung auch des Verfügungsverfahrens nach Maßgabe des Obsiegens/Unterliegens im Werklohnverfahren abweichend geregelt.

### 24. Was kann der Antragsteller gegen die Ablehnung seines Antrages unternehmen?

Wurde die Entscheidung ohne mündliche Verhandlung, also durch Beschluss erlassen, ist hiergegen die (einfache) Beschwerde statthaft (§ 567 ZPO). Für die Entscheidung ist das im Rechtszug zunächst höhere Gericht zuständig (§ 568 Abs. 1 ZPO). Da die Beschwerdeentscheidung wiederum ohne mündliche Verhandlung ergehen kann (§ 573 ZPO), besteht im Verfügungsverfahren durchaus noch die Aussicht, ohne Wissen des Antragsgegners die Eintragung der Vormerkung zu erlangen.

Bei einer Entscheidung nach mündlicher Verhandlung durch Urteil ist hiergegen die Berufung statthaft. In diesen Fällen wird der Antragsgegner aber häufig werthaltige Rangstellen bereits besetzt haben, so dass dann die mit dem Antrag verbundene Zielsetzung unabhängig vom Ausgang des Berufungsverfahrens verfehlt worden ist.

## 25. Wie geht es nach Erlass der einstweiligen Verfügung weiter? Welche Fristen sind zu beachten?

Sofern das Gericht die einstweilige Verfügung durch Beschluss erlassen hat, ist die Entscheidung innerhalb bestimmter **Fristen** zu **vollziehen** und **zuzustellen** (§§ 928, 929, 936 ZPO). Für die (fristgerechte) Vollziehung ist grundsätzlich der Antragsteller verantwortlich.[93] Da für die Vollziehung und für die Zustellung verschiedene Vollstreckungsorgane zuständig sind, benötigt der Antragsteller zwei Ausfertigungen, ersatzweise beglaubigte Abschriften der einstweiligen Verfügung: Vorsorglich sollte ein entsprechender Antrag bereits in das Gesuch auf Erlass der einstweiligen Verfügung aufgenommen werden.

**25.1** Die **Vollziehung** erfolgt durch Eintragung der vom Streitgericht angeordneten Vormerkung im Grundbuch. Der Antragsteller hat deshalb unter Vorlage einer Ausfertigung oder einer beglaubigten Abschrift der einstweiligen Verfügung (§ 29 GBO) einen entsprechenden Antrag bei dem Grundbuchamt zu stellen. Bisweilen wird die einstweilige Verfügung von Amts wegen an das hiesige Grundbuchamt zur Eintragung der Vormerkung gegeben (§ 941 ZPO; Kann-Vorschrift). Gewöhnlich geschieht das bei kleineren Amtsgerichten, bei denen sich das Streitgericht und das Grundbuchamt im selben Gebäude befinden. Der Antragsteller erhält dann nur noch eine Ausfertigung der einstweiligen Verfügung für die Zustellung an den Antragsgegner.

**25.2** Das zuständige Vollstreckungsorgan für die **Zustellung** an den Antragsgegner ist der Gerichtsvollzieher. Sind beide Parteien durch Anwälte vertreten, ist auch die Zustellung von Anwalt zu

---

[93] Zöller-Vollkommer, 21. Aufl., Rdn. 10 zu § 929 ZPO.

Anwalt möglich (§ 198 ZPO). Aber Vorsicht! Eine vorprozessuale Auseinandersetzung auf Anwaltsebene muss nicht bedeuten, dass der gegnerische Anwalt auch Prozessvollmacht für das Verfügungsverfahren besitzt!

Für die Zustellung hat auf jeden Fall der Antragsteller Sorge zu tragen und zwar auch dann, wenn die Eintragung der Vormerkung im Grundbuch von Amts wegen veranlasst wurde.

**25.3** Die Eintragung im Grundbuch muss innerhalb einer **Frist von einem Monat** nach Zustellung der einstweiligen Verfügung an den Antragsteller erfolgt sein. Die Eintragung ist schon vor der Zustellung möglich. Die Zustellung muss aber dann innerhalb **einer Woche** nach Eingang des Eintragungsantrages beim Grundbuchamt erfolgen (§§ 929, 936 ZPO).[94] Werden die vorgenannten Fristen versäumt, ist die einstweilige Verfügung auf Antrag des Antragsgegners aufzuheben[95], die bereits eingetragene Vormerkung ist auf Antrag zu löschen.

**25.4** Die sofortige Eintragung im Grundbuch noch vor oder jedenfalls nicht nach der Zustellung der einstweiligen Verfügung ist aus naheliegenden Gründen zu bevorzugen. Die Kontrolle der dann für die Zustellung geltenden Wochenfrist ist aber in der Praxis dann, wenn die Eintragung von Amts wegen erfolgt, häufig schwierig. Aus diesem Grunde sollte im Gesuch auf Erlass der einstweiligen Verfügung darauf hingewiesen werden, dass der Antragsteller selbst zu vollziehen gedenke. Die Kontrolle der Wochenfrist wird dadurch erleichtert.

## 26. Wie kann sich der Antragsgegner gegen die einstweilige Verfügung wehren?

**26.1** Dem Antragsgegner stehen folgende Rechtsbehelfe zur Verfügung:

---

[94] Zöller-Vollkommer, 21. Aufl., Rdn. 24 zu § 929 ZPO.
[95] Die Aufhebung kann im Widerspruchsverfahren oder im Verfahren nach § 927 ZPO erfolgen; Zöller-Vollkommer, 17. Aufl., § 929, Rdn. 21.

§ 648 BGB

**26.1.1** Widerspruch gegen die im Beschlusswege ergangene Entscheidung (§§ 924, 936 ZPO). Über die Rechtmäßigkeit der einstweiligen Verfügung wird vom Ausgangsgericht nach mündlicher Verhandlung durch Endurteil entschieden (vgl. aber Ziff. 26.1.5).

**26.1.2** Antrag auf Fristsetzung zur Erhebung der Hauptsacheklage, wenn die Hauptsache noch nicht anhängig ist (§§ 926, 936 ZPO). Wird innerhalb der vom Gericht zu setzenden Frist die Hauptsacheklage nicht erhoben oder nicht wenigstens eingereicht mit alsbaldiger Zustellung (§ 270 Abs. 3 ZPO), ist auf Antrag die einstweilige Verfügung aufzuheben. Wegen § 231 Abs. 2 ZPO ist die Fristversäumung geheilt, wenn die Hauptsacheklage bis zum Schluss der mündlichen Verhandlung über den Aufhebungsantrag oder bis zum Erlass des Aufhebungsbeschlusses in erster Instanz erhoben, das heißt zugestellt ist.[96]

**26.1.3** Antrag auf Aufhebung wegen veränderter Umstände (§§ 927, 936 ZPO). Veränderte Umstände können z. B. weitere Zahlungen[97] oder die Entdeckung neuer Mängel sein.

**26.1.4** Berufung gegen die einstweilige Verfügung, die durch Endurteil nach mündlicher Verhandlung ergangen ist.

**26.1.5** Wurde die einstweilige Verfügung durch das Amtsgericht in der Sonderzuständigkeit des § 942 Abs. 2 ZPO erlassen, ist hiergegen **auch** der Antrag auf Bestimmung einer Frist, innerhalb der die Ladung des Gegners zur mündlichen Verhandlung über die Rechtmäßigkeit der einstweiligen Verfügung bei dem Gericht der Hauptsache zu beantragen ist, statthaft.[98]

**26.2** Auf folgendes ist hinzuweisen:

– Hauptsacheklage im Sinne der vorstehenden Ausführungen Ziff. 26.1.2 ist nicht die Werklohn-, sondern die Klage auf Be-

---

[96] Thomas-Putzo, 19. Aufl., § 926, Rdn. 8.
[97] Streitig, andere Ansicht LG Mainz, NJW 1973, S. 2294.
[98] Nach Thomas-Putzo, 21. Aufl., § 942, Rdn. 5 ist **nur** dieser Antrag statthaft. Ein Widerspruch mit Verweisungsantrag wäre als solcher Antrag aufzufassen.

willigung der Eintragung der Bauhandwerkersicherungshypothek.[99])

– Obsiegt der Antragsgegner im Widerspruchsverfahren in der ersten Instanz durch ein vorläufig vollstreckbares Urteil[100]), kann er die Löschung der eingetragenen Vormerkung durch Vorlage der Ausfertigung des Urteils bei dem Grundbuchamt bewirken (§§ 25, 22 GBO).[101]) Die Rangstelle ist dann unwiederbringlich verloren, auch wenn die einstweilige Verfügung nach der Berufung durch den Antragsteller/Verfügungskläger wieder hergestellt wird.[102]) Dieser nicht zu ersetzende Nachteil kann aber in entsprechender[103]) Anwendung des § 712 ZPO Grundlage sein für einen Antrag, gegen Sicherheitsleistung das Urteil für nicht vorläufig vollstreckbar zu erklären.[104]) Dieser Antrag ist im Widerspruchsverfahren vor Schluss der mündlichen Verhandlung zu stellen. Nach Urteilserlass kann die Löschung nicht mehr gemäß §§ 719, 707 ZPO analog verhindert werden.[105])

## 27. Kann der Antragsgegner die Aufhebung der einstweiligen Verfügung oder die Kostenüberwälzung durch Übergabe einer Bankbürgschaft in Höhe der gesicherten Forderungen erreichen?

**27.1** Gemäß § 939 ZPO kann „nur unter besonderen Umständen die Aufhebung der einstweiligen Verfügung gegen Sicherheitsleis-

---

[99]) Handbuch des privaten Baurechts/Oelmaier/Merl, 2. Aufl., § 9, Rdn. 41.
[100]) Vgl. § 708 Nr. 6 ZPO.
[101]) Kuntze/Ertl/Herrmann/Eickmann, Grundbuchrecht, 4. Aufl., § 25 GBO, Rdn. 4, 7; BGH NJW 1963, S. 813.
[102]) Schleswig-Holsteinisches Oberlandesgericht, OLGR Schleswig, 1996, S. 267.
[103]) Entsprechend deshalb, weil die Vollziehung der Anordnung im Grundbuch nach h. M. kein Akt der Zwangsvollstreckung ist.
[104]) Stein-Jonas, 20. Aufl., § 925, Rdn. 19.
[105]) Schleswig-Holsteinisches Oberlandesgericht, a.a.O; OLG Frankfurt, OLGR Frankfurt, 1996, S. 263 für den Fall, dass die einstweilige Verfügung ohne mündliche Verhandlung erlassen worden war; andere Ansicht: Stein-Jonas, a.a.O.

tung gestattet" werden. Die Rechtsprechung hat zum Teil derartige besondere Umstände bejaht, wenn dem Antragsteller zur Ablösung der eingetragenen Vormerkung eine taugliche Bankbürgschaft angeboten wurde, weil durch Bürgschaft der Sicherungszweck in gleicher Weise gewährleistet sei und kein Rechtsgrund für den Antragsteller bestehe, weiter als erforderlich in der Rechtssphäre des Antragsgegners einzugreifen.[106] Diese Argumentation ist durchaus nicht unbestritten, da die Qualitäten der beiden Sicherungsarten unterschiedlich sind. Nach richtiger Ansicht wird nach dem Einzelfall zu urteilen sein: Sofern der Antragsteller in der konkreten Fallgestaltung ein nachvollziehbares Sicherungsinteresse glaubhaft machen kann, welches sich gerade auf das Sicherungsmittel der Hypothek bezieht, darf er ohne Rechtsverluste die ersatzweise angebotene Bürgschaft ablehnen. Das mag z. B. eine Rolle spielen, wenn der Antragsteller in Erfahrung bringt, dass der Antragsgegner den Verkauf des Baugrundstücks beabsichtigt. In diesem Falle wirkt die Sicherungshypothek – im Gegensatz zur Bürgschaft – als faktische Grundbuchsperre. Das Interesse des Unternehmers an einer derartigen Grundbuchsperre hat der Gesetzgeber grundsätzlich gebilligt.

**27.2** Seit In-Kraft-Treten des Bauhandwerkersicherungsgesetzes (§ 648a BGB) ist allerdings ein weiterer Gesichtspunkt zu berücksichtigen: Nach § 648a Abs. 4 BGB ist der Anspruch auf Einräumung einer Sicherungshypothek ausgeschlossen, soweit der Unternehmer für seinen Vergütungsanspruch eine Sicherheit nach § 648a BGB **erlangt hat**. Übergibt demnach der Besteller dem Unternehmer nach Eintragung der im Wege der einstweiligen Verfügung erwirkten Vormerkung eine Sicherheit (in der Regel: eine Bankbürgschaft), die **den Anforderungen des § 648a Abs. 1 BGB entspricht**, entfällt in Höhe des Bürgschaftsbetrages der Anspruch auf Eintragung des Vollrechts. In diesem Falle kann der Besteller/Antragsgegner im Widerspruchs- oder im Aufhebungsverfahren nach §§ 924, 927, 936 ZPO die Aufhebung der einst-

---

[106] OLG Saarbrücken, BauR 1993, S. 348; andere Ansicht: OLG Hamm, BauR 1993, S. 115, 116.

weiligen Verfügung verlangen. Allerdings wird der Antragsgegner dadurch nicht die Überwälzung der Kosten des Verfahrens über die einstweilige Verfügung erreichen können: Der Antragsteller ist in diesem Falle gehalten, entsprechend § 91a ZPO die „Hauptsache" für erledigt zu erklären. Das Gericht hat dann über die Kosten nach den Grundsätzen des § 91a ZPO zu entscheiden. Da im Zeitpunkt des Erlasses der einstweiligen Verfügung der Sicherungsanspruch begründet war und er erst durch spätere Umstände (Übergabe der Bürgschaft) wegfiel, wird das Gericht die Kosten dem Antragsgegner auferlegen müssen.

# Anhang zu Abschnitt C

§ 648 BGB

## 1. Muster eines Antrages auf Erlass einer einstweiligen Verfügung

An das　　　　　　　　　　　　01. 05. 2000
Amtsgericht[1]) Rosenheim
Zweigstelle Bad Aibling
– Streitgericht –
Hofberg 5

83043 Bad Aibling

# Antrag

auf Erlass einer einstweiligen Verfügung

In Sachen

**Fa. Heinrich Meier Bauunternehmung GmbH,** gesetzlich vertreten durch den alleinvertretungsberechtigten Geschäftsführer Heinrich Meier jun., Blaue Wiese, 83043 Bad Aibling

– Antragstellerin –

Prozessbevollmächtigte: Rechtsanwälte Hans-Jörg Knittig & Partner, Schraudolphstr. 16, 83022 Rosenheim[2])

gegen

**Eva Emsig,** Geschäftsführerin, Roter Anger 11, 83024 Rosenheim

– Antragsgegnerin –

---

[1]) Siehe Ziff. 17, 22.
[2]) Siehe Ziff. 16.

## Abschnitt C

vorläufiger Streitwert: DM 33 000,–[3])

zeigen wir die Vertretung der Antragstellerin an und beantragen namens und in Vollmacht der Antragstellerin ohne mündliche Verhandlung folgende

**einstweilige Verfügung** zu erlassen:

I.

Die Eintragung einer Vormerkung zur Sicherung des Anspruchs der Antragstellerin auf Einräumung einer Bauhandwerkersicherungshypothek zur Sicherung der nachstehend beschriebenen Forderungen am folgenden Grundbesitz der Antragsgegnerin an nächstoffener Rangstelle wird angeordnet (hilfsweise: gegen Sicherheitsleistung gem. §§ 921 Abs. 2 S. 1, 936 ZPO):[4]

**Grundstück:**
Flurstück-Nr. 635/7 der Gemarkung Bad Feilnbach, vorgetragen im Grundbuch des Amtsgerichts Rosenheim, Zweigstelle Bad Aibling, von Bad Feilnbach, Band 40, Blatt 1577 (Anwesen Hamsterstr. 77 in Bad Feilnbach)

**Forderungen:**
Werklohnforderung in Höhe von DM 99 000,– (in Worten: neunundneunzigtausend 00/100 Deutsche Mark) nebst Zinsen aus DM 66 000,– in Höhe von 1 v. H. p. a. über dem jeweiligen Lombardzinssatz der Deutschen Bundesbank ab dem 21. 08. 1992, höchstens jedoch 16 v. H.[5]
Die Anordnung erstreckt sich auch auf die Eintragung eines Kostenaversums in Höhe von DM 130,– (in Worten: einhundertdreißig 00/100 Deutsche Mark).

II.

Die Antragsgegnerin hat die Kosten des Verfahrens zu tragen.

---

[3]) Siehe Ziff. 17.
[4]) Siehe Ziff. 21.1
[5]) Siehe Ziff. 21.3

§ 648 BGB

## Begründung:[6])

I.

1. Die Antragstellerin betreibt ein Bauunternehmen mit Sitz in Bad Aibling.

   Die Antragsgegnerin ist Alleineigentümerin des Grundstücks Flurstück-Nr. 635/7 der Gemarkung Bad Feilnbach, vorgetragen im Grundbuch des Amtsgerichts Rosenheim, Zweigstelle Bad Aibling, von Bad Feilnbach, Band 40, Blatt 1577 (Anwesen Hamsterstr. 77 in Bad Feilnbach).

   **Glaubhaftmachung:**
   beglaubigter Grundbuchauszug des AG Rosenheim, Zweigstelle Bad Aibling, Band 40, Blatt 1577, vom 18. 03. 1993, vorgelegt als **Anlage K 1**

   Die Antragsgegnerin ist ferner alleinige und alleinvertretungsberechtigte Geschäftsführerin sowie einzige Gesellschafterin der Fa. Optimax-Baumanagement GmbH, Roter Anger 11, 83024 Rosenheim.[7])

   **Glaubhaftmachung:**
   beglaubigter Auszug aus dem Handelsregister des AG Rosenheim vom 15. 03. 1993 betreffend HRB 1234/5 mit Gesellschafterliste vom 15. 01. 1993, vorgelegt als **Anlage K 2**

2. Gemäß Bau-Werkvertrag vom 14. 04. 1992 hat die Fa. Optimax-Baumanagement GmbH der Antragstellerin die Ausführung der Rohbauarbeiten für das Bauvorhaben Neuerrichtung eines Geschäftshauses in Hamsterstr. 77, Bad Feilnbach, übertragen. Grundlage des Vertrages ist das Angebot der Antragstellerin vom 13. 03. 1992 (Leistungsverzeichnis). Nach der Ziff. 5.1 der Vertragsurkunde ist VOB/B, Ausgabe 1990, ergänzend anzuwenden. Gemäß der Ziff. 3 der Vertragsurkunde handelt es sich um einen Einheitspreisvertrag.

---

[6]) Siehe Ziff. 19 ff.
[7]) Siehe Ziff. 6.

## Abschnitt C

**Glaubhaftmachung:**
Bau-Werkvertrag vom 14. 04. 1992 mit LV vom 13. 03. 1992, vorgelegt als **Anlagen K 3 und K 4**

3. Bei dem Baugrundstück handelt es sich um das unter obiger Ziffer 1 bezeichnete Grundstück der Antragsgegnerin.

**Glaubhaftmachung:**
Lageplan, der dem LV als Vertragsplan beigefügt ist (Anlage K 4 a. E.)

4. Die auf dem Baugrundstück errichteten Geschäftsräume hat die Antragsgegnerin an die Fa. Optimax-Baumanagement GmbH als Hauptmieterin gewerblich vermietet. Die Fa. Optimax-Baumanagement GmbH hat wiederum die einzelnen Büroräume an Planungsbüros untervermietet.[8]

**Glaubhaftmachung:**
Eidesstattliche Versicherung des Herrn Heinrich Meier jun. vom 22. 03. 1993, vorgelegt als **Anlage K 5**

II.

1. Die Antragstellerin hat sämtliche ihr übertragenen Arbeiten ab dem 02. 05. 1992 ausgeführt und sie spätestens am 30. 09. 1992 fertiggestellt.

**Glaubhaftmachung:**
Eidesstattliche Versicherung des Herrn Heinrich Meier jun. vom 22. 03. 1993, vorgelegt als **Anlage K 5**

Am 15. 10. 1992 wurde die förmliche Abnahme durchgeführt.

**Glaubhaftmachung:**
Abnahmeprotokoll vom 15. 10. 1992, vorgelegt als **Anlage K 6**

Die hierin aufgeführten geringfügigen Mängel hat die Antragstellerin bis spätestens 31. 10. 1992 vollständig beseitigt.

**Glaubhaftmachung:**
Eidesstattliche Versicherung, Anlage K 5

---

[8] Siehe Ziff. 6.

§ 648 BGB

2. Weitere zurechenbare Mängel sind nach Kenntnis der Antragstellerin nicht vorhanden. Die Fa. Optimax-Baumanagement GmbH hat zwar nach Abnahme mit Schreiben vom 11. 11. 1992 gerügt, dass sich unterhalb der Deckenköpfe im Außenputz feine längliche Haarrisse zeigen. Hierzu hat die Antragstellerin aber das Gutachten des öffentlich bestellten und vereidigten Sachverständigen für Statik, Dr. Bogenwein, eingeholt. Hieraus ergibt sich eindeutig, dass die Risse auf die nach der Statik zu gering bewehrten Decken zurückzuführen sind (Deckendurchbiegung) und die Antragstellerin insoweit keine Hinweispflicht traf, weil der Planungsmangel nur durch Nachberechnung eines Statikers erkennbar ist.

**Glaubhaftmachung:**
Mängelrüge der Fa. Optimax-Baumanagement GmbH vom 11. 11. 1992 und Gutachten Dr. Bogenwein vom 27. 11. 1992, vorgelegt als **Anlagen K 7 und K 8**

Die Fa. Optimax-Baumanagement GmbH hat nach Zusendung dieses Gutachtens auch nicht weiter Mängelbeseitigung verlangt. Sie hat bis heute hierauf geschwiegen.

**Glaubhaftmachung:**
Eidesstattliche Versicherung, Anlage K 5

III.

1. Mit Schlussrechnung vom 25. 02. 1993 hat die Antragstellerin zusammenfassend abgerechnet. Hieraus ergibt sich nach Abzug der geleisteten Abschlagszahlungen eine offene Restforderung von DM 99 000,– brutto.

**Glaubhaftmachung:**
Schlussrechnung vom 25. 02. 1993 mit sämtlichen Aufmaßunterlagen und Abrechnungsplänen, vorgelegt als **Anlage K 9**

Die Schlussrechnung ist auch sachlich richtig. Das Aufmaß wurde aus den Werkplänen genommen, nach denen die Antragstellerin arbeiten musste. Die Abschlagszahlungen sind zutreffend angegeben.

## Abschnitt C

**Glaubhaftmachung:**
Eidesstattliche Versicherung, Anlage K 5

2. Mit dritter Abschlagsrechnung vom 05. 07. 1992 hat die Antragstellerin eine Abschlagszahlung verlangt über DM 66 000,–. Die Rechnung war mit prüfbaren Aufmaßen belegt und sachlich richtig.

**Glaubhaftmachung:**

1. Dritte Abschlagsrechnung vom 05. 07. 1992 mit Aufmaßunterlagen, vorgelegt als **Anlage K 10**

2. Eidesstattliche Versicherung, Anlage K 5

Zahlungen hat die Fa. Optimax-Baumanagement GmbH hierauf nicht mehr geleistet, wie sich aus der Schlussabrechnung ergibt. Die Antragstellerin hat daher nach Fälligkeit (= 07. 08. 1992, § 16 Nr. 1 Abs. 3 VOB/B) mit Schreiben vom 08. 08.1992 zur Zahlung bis 20. 08. 1992 aufgefordert.

**Glaubhaftmachung:**
Mahnschreiben vom 08. 08. 1992, vorgelegt als **Anlage K 11**

Die Fa. Optimax-Baumanagement GmbH befindet sich daher seit dem 21. 08. 1992 in Zahlungsverzug. Die Verzugsfolgen ergeben sich aus § 16 Nr. 5 Abs. 3 VOB/B.

### IV.

1. Auf der Grundlage des vorgetragenen und glaubhaft gemachten Sachverhalts hat die Antragstellerin Anspruch auf Eintragung einer Bauhandwerkersicherungshypothek für alle im Antrag näher bezeichneten Forderungen. Die Bestellerin der Bauleistungen, die Fa. Optimax-Baumanagement GmbH ist zwar nicht Eigentümerin des Baugrundstücks. Eigentümerin ist vielmehr die Antragsgegnerin. Nach der Rechtsprechung des Bundesgerichtshofes kann sich die Antragsgegnerin nach Treu und Glauben aber nicht darauf berufen, dass sie nicht gleichzeitig die Bestellerin der Bauleistungen ist. Die auftraggebende GmbH wird von der Antragsgegnerin vollständig beherrscht. Nach ihrer gesellschaftsrechtlichen Stellung in der auftraggebenden Einmann-GmbH und aufgrund des von ihr mit der Fa.

Optimax-Baumanagement GmbH geschlossenen Mietvertrages kommen die mit der Errichtung des Bauwerks verbundenen Nutzungsmöglichkeiten ausschließlich der Antragsgegnerin zugute. Die Antragsgegnerin macht von diesen Nutzungsmöglichkeiten auch intensiv Gebrauch: Als Vermieterin erhält sie unmittelbar Mietzahlungen, als Alleingesellschafterin der Fa. Optimax-Baumanagement GmbH kommen ihr wirtschaftlich darüber hinaus die Untermiet-Erlöse zugute. Nach der Grundsatzentscheidung des Bundesgerichtshofes in NJW 1988, S. 255 ist in solchen Fällen die Berufung auf die fehlende Bestellereigenschaft nach Treu und Glauben unzulässig.[9]

2. Zur Sicherung ihres Anspruchs auf Einräumung einer Bauhandwerkersicherungshypothek kann die Antragstellerin auch die Eintragung einer Vormerkung verlangen (§§ 885 BGB, 935 ZPO). Aus § 885 Abs. 1 S. 2 BGB ergibt sich, dass hierfür die Gefährdung des Anspruches nicht dargelegt zu werden braucht.[10] Es ist aber darauf hinzuweisen, dass die Fa. Optimax-Baumanagement GmbH bereits ohne Grund die letzte Abschlagszahlung nicht leistete und daher zumindest Zahlungsunwilligkeit gegeben ist. Wir bitten daher, wie beantragt, ohne mündliche Verhandlung zu entscheiden.

V.

1. Die örtliche und sachliche Zuständigkeit des Amtsgerichts Rosenheim, Zweigstelle Bad Aibling, ergibt sich aus § 942 Abs. 2 ZPO ohne Rücksicht auf den Streitwert. Das Baugrundstück liegt im Bezirk dieses Gerichts.[11]

2. Die Antragstellerin stellt selbst zu und vollzieht selbst. Es wird daher um die Zusendung der hierfür erforderlichen Anzahl von Ausfertigungen der einstweiligen Verfügung gebeten.

RA Dr. Knittig

---

[9] Siehe Ziff. 6.
[10] Siehe Ziff. 20.
[11] Siehe Ziff 17, 22.

Abschnitt C

## 2. Muster einer Versicherung an Eides statt[12])

Ich, Heinrich Meier jun., Geschäftsführer der Fa. Heinrich Meier Bauunternehmung GmbH, Blaue Wiese 4, 83043 Bad Aibling, über die Strafbarkeit einer falschen eidesstattlichen Versicherung belehrt, versichere hiermit zur Vorlage an das Gericht folgendes an Eides Statt:

Der Antrag der Rechtsanwälte Dr. Knittig & Partner vom 21. 03. 1993 auf Erlass einer einstweiligen Verfügung ist mir bekannt. Soweit dort zur Glaubhaftmachung auf meine eidesstattliche Versicherung verwiesen wird, treffen die Angaben im Antragsschriftsatz zu. Insbesondere ist es richtig, dass

– die Antragsgegnerin die Geschäftsräume Hamsterstr. 77 in Bad Feilnbach an die Fa. Optimax-Baumanagement GmbH vermietet und diese weiter an Planungsbüros untervermietet hat;

– die Antragstellerin sämtliche Vertragsarbeiten spätestens am 30. 09. 1992 fertiggestellt hat;

– die im Abnahmeprotokoll vom 15. 10. 1992 aufgeführten Mängel bis 31. 10. 1992 vollständig beseitigt worden sind;

– die Fa. Optimax-Baumanagement GmbH nach Zusendung des Gutachtens Dr. Bogenwein keine Mängel mehr gerügt hat;

– das Aufmaß für die Schlussrechnung vom 25. 02. 1992 aus den Werkplänen, nach denen wir gearbeitet haben, zutreffend genommen wurde und die Schlussrechnung einschließlich der ausgewiesenen Zahlungen sachlich richtig ist.

Bad Aibling, den 01. 05. 2000

..............................................
(Heinrich Meier jun.)

---

[12]) Siehe Ziff. 21.2

§ 648 BGB

## 3. Muster für den Antrag auf Eintragung der einstweiligen Verfügung[13]

Einschreiben/Rückschein

An das
Amtsgericht Rosenheim
Zweigstelle Bad Aibling
– Grundbuchamt –
Hofberg 5

83043 Bad Aibling						Datum

Eintragung einer Vormerkung
Grundbuch von Bad Feilnbach, Band 40, Blatt 1577

Sehr geehrte Damen und Herren,

unter Bezugnahme auf die einstweilige Verfügung des Amtsgerichts Rosenheim, Zweigstelle Bad Aibling, vom 23. 03. 1993, Az.: ..............,

beantragen wir namens und in Vollmacht der Antragstellerin

die Eintragung der angeordneten Vormerkung an nächstoffener Rangstelle in Abteilung III auf dem oben angegebenen Grundstück der Antragsgegnerin.

Eine Original-Ausfertigung der einstweiligen Verfügung liegt bei.

Mit freundlichen Grüßen

RA Dr. Knittig

---

[13] Siehe Ziff. 25, 25.1.

Koppmann

Abschnitt C

## 4. Muster für den Antrag auf Zustellung der einstweiligen Verfügung[14])

Einschreiben/Rückschein

An das
Amtsgericht Rosenheim
– Gerichtsvollzieherverteilerstelle –
Postfach

83013 Rosenheim                                              Datum

Zustellung einer einstweiligen Verfügung

Sehr geehrte Damen und Herren Gerichtsvollzieher,

namens und mit Vollmacht der Antragstellerin, der Fa. Heinrich Meier Bauunternehmung GmbH, übergeben wir die Original-Ausfertigung der einstweiligen Verfügung des Amtsgerichts Rosenheim, Zweigstelle Bad Aibling, vom 23. 03. 1993, Az.: .............. sowie eine beglaubigte Fotokopie hiervon und bitten sie,

die beglaubigte Fotokopie an die Antragsgegnerin, Frau Eva Emsig, Roter Anger 11, 83024 Rosenheim, zuzustellen.

Mit gleicher Post wurde bereits bei dem zuständigen Grundbuchamt Antrag auf Eintragung der Vormerkung gestellt. Wir erlauben uns, auf die Zustellfrist des § 929 Abs. 3 ZPO hinzuweisen. Diese Frist läuft ab Eingang des Eintragungsantrages bei dem Grundbuchamt. Wird sie versäumt, droht die Entstehung eines großen Schadens.

Mit freundlichen Grüßen

RA Dr. Knittig

---

[14]) Siehe Ziff. 25, 25.2.

§ 648 BGB

## 5. Muster für den Klageantrag auf Bewilligung der Eintragung einer Bauhandwerkersicherungshypothek, verbunden mit einer Werklohnklage[15]

I. Die Beklagte wird verurteilt, die Eintragung einer Bauhandwerkersicherungshypothek zur Sicherung der Werklohnforderung der Klägerin zu DM 99 000,– (in Worten: neunundneunzigtausend 00/100 Deutsche Mark) nebst Zinsen aus DM 33 000,– in Höhe von 1. v. H. p. a. über dem jeweiligen Lombardzinssatz der Deutschen Bundesbank, höchstens aber in Höhe von 16 v. H., ab dem 21. 08. 1992

auf dem Grundstück der Beklagten, Flurstück-Nr. 635/7 der Gemarkung Bad Feilnbach, vorgetragen im Grundbuch des Amtsgerichts Rosenheim, Zweigstelle Bad Aibling, von Bad Feilnbach, Band 40, Blatt 1577,

an der durch die aufgrund der einstweiligen Verfügung des Amtsgerichts Rosenheim, Zweigstelle Bad Aibling, vom 23. 03. 1993, Az.: ........... am .................... eingetragenen Vormerkung gesicherten Rangstelle

zu bewilligen.

II. Die Beklagte wird verurteilt, an die Klägerin DM 99 000,– (in Worten: neunundneunzigtausend 00/100 Deutsche Mark) nebst Zinsen aus DM 33 000,– in Höhe von 1 v. H. p. a. über dem jeweiligen Lombardzinssatz der Deutschen Bundesbank ab dem 21. 08. 1992 zu bezahlen.

Zug um Zug gegen Übergabe einer notariell beglaubigten Bewilligung der Klägerin zur Löschung der gemäß vorstehender Ziff. I. bezeichneten Vormerkung oder der gemäß vorstehender Ziff. I. bezeichneten Bauhandwerkersicherungshypothek, falls diese im Zeitpunkt der Zahlung oder der Vollstreckung bereits eingetragen sein sollte.

III. Die Beklagte hat die Kosten des Verfahrens zu tragen.

---

[15] Siehe Ziff. 4.1, 12.

GSB

## Abschnitt D

**Das Gesetz über die Sicherung von Bauforderungen (GSB)**

## 1. Welche Bedeutung hat das GSB für die Sicherung von Bauforderungen nach In-Kraft-Treten des Gesetzes zur Beschleunigung fälliger Zahlungen?

**1.1** Das mit Wirkung zum 01. 05. 2000 in Kraft tretende Gesetz zur Beschleunigung fälliger Zahlungen (vgl. Abschnitt A) hat für die Funktion und den Anwendungsbereich des GSB keinerlei Änderungen gebracht. Die Bedeutung des GSB liegt nach wie vor darin, dass es im Rahmen seines Anwendungsbereiches eine Durchgriffshaftung gegenüber Geschäftsführern von in Insolvenz geratenen Bestellern bieten kann. Diese Durchgriffshaftung ist im Einzelfall die letzte Chance für den Unternehmer, seine Werklohnforderung bezahlt zu bekommen, wenn der Besteller in Insolvenz geraten und Sicherheiten nach §§ 648 oder 648a BGB nicht erlangt worden waren.

**1.1.1** Bei dem GSB handelt es sich um ein Gesetz aus dem Jahre 1909. Anlass für das Eingreifen des Gesetzgebers war, dass gegen Ende des letzten Jahrhunderts in verstärktem Maße Zahlungsansprüche von Bauunternehmen und Baulieferanten infolge unredlicher Machenschaften und ungünstiger finanzieller Verhältnisse von Baubeteiligten nicht mehr befriedigt werden konnten.[1] Die Bauhandwerkersicherungshypothek hate sich dabei sehr bald als ein nur eingeschränkt geeignetes Sicherungsmittel herausgestellt, weil im Zuge des knapper werdenden Kapitals die ersten Rangstellen durch Grundpfandrechte der finanzierenden Banken belegt wurden. Das neue Gesetz sollte deshalb mit Hilfe eines komplizierten Regelungswerkes, teilweise auch mit strafrechtlichen Vorschriften, sicherstellen, dass die mit diesen Grundpfandrechten gesicherten Gelder (Baugelder) auch tatsächlich den an der Herstellung des Baues beteiligten Personen zur Verfügung gestellt werden. Von dem umfangreichen Regelungswerk des GSB sind dann allerdings nur die §§ 1 bis 8 in Kraft getreten, weil die weiteren §§ 9 bis 67 landesrechtliche Bestimmungen enthalten, die von den Ländern nicht verabschiedet wurden.

---

[1] Hagenloch, Handbuch zum Gesetz über die Sicherung von Bauforderungen, Rdn. 4.

**1.2** Auf der Grundlage der geltenden Bestimmungen §§ 1–3, 5, 6 und 8 GSB stehen zur Sicherung von „Bauforderungen" folgende Regelungen zur Verfügung:

- die Verpflichtung der Baugeldempfänger, das empfangene Baugeld zur Befriedigung der Personen, die an der Herstellung des Baues beteiligt sind, zu verwenden (§ 1 GSB);
- die Verpflichtung der Baugewerbetreibenden oder Baugeldempfänger, über Neubauten und eingeschränkt über Umbauten ein Baubuch zu führen, um die gesetzesmäßige Verwendung von Baugeldern zu dokumentieren (§ 2 GSB);

(Dabei ist einschränkend bereits an dieser Stelle darauf hinzuweisen, dass es sich um Baugeld nur bei Geldbeträgen handelt, die zur Deckung der Herstellungskosten bestimmt und bei denen zur Sicherung des Geldgebers Grundpfandrechte auf dem Baugrundstück eingetragen sind (§ 1 Abs. 3 GSB).[2])

- Strafvorschriften für den Fall, dass gegen die oben genannte Verpflichtung vorsätzlich verstoßen wurde und dadurch Baugläubiger mit ihren Forderungen wegen Zahlungseinstellung oder Insolvenz der Baugeldempfänger ausfallen (§§ 5, 6 GSB).

## 2. Worin besteht der Schutz des GSB?

Aus den vorstehenden Ausführungen ist zu ersehen, dass das GSB die Bauforderungen **nicht unmittelbar sichert.** Der mittelbare Schutz des GSB besteht aber in der Praxis in folgendem:

**2.1** Die Verwendungsregelung des § 1 GSB ist ein **Schutzgesetz** im Sinne des § 823 Abs. 2 BGB[3]). Verstöße gegen § 1 GSB stellen daher unerlaubte Handlungen dar, die zum Schadensersatz verpflichten können. Im Bereich der Haftung für die Verlet-

---

[2]) Das GSB soll damit die „Sicherungslücke" des § 648 BGB schließen, die darin besteht, dass die Bauhandwerkersicherungshypothek bei vorrangig eingetragenen Grundpfandrechten als Sicherungsmittel ausfällt.
[3]) BGH NJW 1982, S. 1037, 1038.

zung von Straftatbeständen sind für juristische Personen die für sie handelnden vertretungsberechtigten natürlichen Personen verantwortlich (§ 14 StGB). Fallen Baugläubiger (in der Regel wegen Insolvenz der Baugeldempfänger) mit ihren Forderungen aus, können **Schadensersatzansprüche** in Höhe der nicht befriedigten Forderungen gegen die **Geschäftsführer** in Insolvenz gegangenen beschränkt haftenden Gesellschaften entstehen, soweit der Schaden auf der vorsätzlichen pflichtwidrigen Verwendung von Baugeldern beruht (§§ 823 Abs. 2 BGB, 1 GSB, 14, 15 StGB).

**2.2** Die Verwendungspflicht des § 1 GSB eröffnet nach herrschender Meinung zwar keinen einklagbaren Anspruch auf **Auszahlung** der Baugelder, da die Vorschrift lediglich Schutzpflichten normiert. Aus der Eigenschaft des Gesetzes als Schutzgesetz im sinne des § 823 Abs. 2 BGB folgt aber ein **vorbeugender Unterlassungsanspruch** des Baugeldempfänger.[4] Insoweit handelt es sich um einen Individualanspruch, der durch **einstweilige Verfügung** vorläufig sicherbar sein muss.[5]

**2.2.1** Der vorbeugende Unterlassungsanspruch geht dahin, dass durch Grundpfandrechte auf dem Baugrundstück gesicherte und für die Herstellung des Baues bestimmte Gelder nicht für andere Personen als für an der Herstellung des Baues aufgrund eines Werk-, Dienst- oder Lieferungsvertrags Beteiligte verwendet werden dürfen. Damit vermag der Antragsteller einer einstweiligen Verfügung zwar nicht zu erreichen, dass solche Baugelder **für ihn** verwendet werden müssen. Mit Hilfe staatlicher Androhung von Ordnungsgeldern und Ersatzhaft kann aber verhindert werden, dass Baugelder dem Zugriff der Baugläubiger entzogen werden.

**2.3** Die Baugläubiger haben das **Recht auf Einsicht** in das von den Baugeldempfängern zu führende **Baubuch**.[6] „Zu führen" heißt, entsprechend den für Handelsbücher geltenden Grundsätzen, von Beginn des Bauvorhabens an das Baubuch kontinuierlich und zeitnah fortzuschreiben. Demgemäß besteht das Einsichts-

---

[4]) Vgl. Palandt-Thomas, 59. Aufl., Rdn. 18 zu Einf. v. 823 BGB.
[5]) Vgl. Handbuch des privaten Baurechts/Oelmaier/Merl, 2. Aufl., § 19, Rdn. 28.
[6]) BGH NJW 1987, S. 1196.

recht für die Baugläubiger bereits mit Abschluss des Vertrages, der die Baugläubigerstellung begründet. Ein Einsichtsverlangen schon während der Bauausführung ist aber gerade mit Blick auf die Strafandrohung des GSB geeignet, die Baugeldempfänger zu warnen und zur bestimmungsgemäßen Verwendung der Baugelder anzuhalten. Soweit ersichtlich, wird von dieser Möglichkeit bislang in der Praxis kein Gebrauch gemacht.

## 3. Welcher praktische Anwendungsbereich besteht für das GSB neben den Sicherungsmöglichkeiten der §§ 648 und 648a BGB?

Das GSB hat eine eigenständige Bedeutung für Fälle, bei denen die Sicherungsmöglichkeiten des § 648a BGB oder der Bauhandwerkersicherungshypothek aus rechtlichen oder tatsächlichen Gründen nicht (mehr) zur Verfügung stehen. Dies ist der Fall

– bei privaten Bauherren, die ein eigengenutztes Einfamilienhaus mit höchstens einer Einliegerwohnung errichten (§ 648a Abs. 4 BGB; siehe hierzu näher Abschnitt B Ziff. 7);[7]

– soweit die Vorleistungspflicht und damit die Sicherungsmöglichkeit nach § 648a BGB aufgrund bereits erbrachter Werkleistungen de facto entfallen ist;

– wenn der Besteller während der Ausführungsphase in Insolvenz gerät, nachdem bereits Vorleistungen erbracht worden sind und eine Sicherheit nach § 648a BGB noch nicht erlangt wurde;

– wenn eine Bauhandwerkersicherungshypothek wegen

– der fehlenden Identität von Besteller und Grundstückseigentümer

oder

---

[7] Der Fall öffentlicher Auftraggeber dürfte wegen der Finanzierung über die öffentlichen Haushalte für das GSB nicht relevant sein.

– der bereits eingetragenen Auflassungsvormerkung oder vorrangiger Grundschulden

nicht mehr eingetragen werden kann oder sollte (siehe Abschnitt C, Ziff. 2.7).

## 4. Können Schadensersatzforderungen wegen vorsätzlicher Verletzung der Verwendungspflicht des GSB vertraglich ausgeschlossen werden?

Gemäß § 276 Abs. 2 BGB kann dem Schuldner die „Haftung wegen Vorsatzes nicht im voraus erlassen" werden. Da eine Haftung nach dem GSB nur bei vorsätzlichem Verstoß in Betracht kommt (siehe Ziff. 19), berühren Haftungsausschlussklauseln die Schadensersatzpflicht aus §§ 823 Abs. 2 BGB, 1 GSB nicht.

## 5. Was sind die Voraussetzungen einer Schadensersatzforderung nach § 1 GSB in Verbindung mit § 823 Abs. 2 BGB?

Der sich aus § 1 GSB und 823 Abs. 2 BGB zusammenzusetzende Tatbestand könnte – verkürzt – lauten wie folgt:

Personen,[8] die Baugeld[9] empfangen und es gegen § 1 Abs. 1, Satz 2 GSB nicht zur Befriedigung der Forderungen[10] der Baugläubiger[11] verwendet[12] haben, sind bei vorsätzlichem Handeln[13] verpflichtet, den Baugläubigern den daraus entstehenden Schaden zu ersetzen.

---

[8] Nachfolgende Ziffer 11.
[9] Nachfolgende Ziffer 6.
[10] Nachfolgende Ziffern 9, 10.
[11] Nachfolgende Ziffer 7.
[12] Nachfolgende Ziffern 12 und 13.
[13] Nachfolgende Ziffer 19.

Abschnitt D

## 6. Was ist unter „Baugeld" zu verstehen?

Die Definition in § 1 Abs. 3 GSB lautet:

> „Baugeld sind Geldbeträge, die zum Zweck der Bestreitung der Kosten eines Baues in der Weise gewährt werden, dass zur Sicherung der Ansprüche des Geldgebers eine Hypothek oder Grundschuld an dem zu bebauenden Grundstück dient. Als Geldbeträge, die zum Zweck der Bestreitung der Kosten eines Baues gewährt werden, gelten insbesondere solche, deren Auszahlung ohne nähere Bestimmung des Zweckes der Verwendung nach Maßgabe des Fortschreitens des Baues erfolgen soll."

**6.1** Die Geldbeträge müssen vereinbarungsgemäß für die Bestreitung der **Kosten eines Baues** bestimmt sein. Zur Erläuterung dieses Begriffes wird auf die nachstehende Ziff. 7 verwiesen.

**6.2** Um **Baugeld** handelt es sich ferner nur bei **fremdfinanzierten** Geldbeträgen (in der Regel Bank- oder Privatdarlehen), die durch **Grundpfandrechte** auf dem Baugrundstück abgesichert sind.[14]) Als „Baugrundstück" sind auch Miteigentumsanteile im Sinne des Wohnungseigentumsgesetzes anzusehen.

> **6.2.1** Eine weitere Alternative der Sicherung des Geldgebers lautet: „. . . oder die Übertragung des Eigentums an dem Grundstück erst nach gänzlicher oder teilweiser Herstellung des Baues erfolgen soll" (§ 1 Abs. 3 S. 1 2. Alternative GSB). Diese Variante ist in der Praxis kaum einschlägig, da **der Darlehensgeber** in der Regel nicht Eigentümer des Grundstücks ist. Nicht zu verwechseln mit dieser Variante ist der in der Praxis häufige Fall des Bauträgervertrages, bei dem der Käufer Eigentum am Baugrundstück erst nach vollständiger Bezahlung des Kaufpreises und damit in der Regel nach vertragsgerechter Herstellung des Bauwerks erlangt. In diesen Fällen dient das „vorbehaltene" Eigentum nicht der Sicherung des Geldgebers (Bank), sondern der Sicherung des Werkunternehmers (Bauträger).

---

[14]) Nach h. M. genügt auch die Sicherung durch Belastung eines Erbbaurechts; Hagenloch, a.a.O., Rdn. 33.

**6.2.2** Bei Bauträgerverträgen im Rahmen größerer Bauvorhaben kann der Käufer häufig zu Gunsten seiner finanzierenden Bank bis zur Eigentumsübertragung keine Grundschulden eintragen lassen, weil der Bauträger als aktueller Eigentümer dies nicht vertraglich gestattet und weil die erforderlichen Rangstellen durch Globalgrundschulden besetzt sind. In solchen Fällen wird zu Gunsten der finanzierenden Bank des Käufers die Grundschuld bestellt und der Zeitraum bis zur Eintragung durch Verpfändung des Anspruches auf Auflassung überbrückt. Dies legt nahe, die Verpfändung des (durch Vormerkung gesicherten) Auflassungsanspruches der 2. Alternative des § 1 Abs. 3 S. 1 GSB zumindest dann gleichzustellen, wenn die Grundschulden gleichzeitig bestellt worden sind und lediglich noch nicht eingetragen werden können. Die Parallele zum gesetzlich geregelten Fall liegt darin, dass die so gesicherte Bank im Falle der Verwertung der Sicherheit Eigentümerin wird. Allerdings sind die Bestimmungen des GSB nach herrschender Meinung dem Bereich des Strafrechts zuzuordnen, so dass zu Gunsten des Baugeldempfängers das strafrechtliche Analogieverbot zu beachten ist.[15] Eine entsprechende Anwendung der Vorschriften des GSB verbietet sich somit. Der „Geltungsbereich" der Vorschrift wird ohnehin von der h. M. schon dahingehend ausgedehnt, dass die Zeitgleichheit von Auszahlung der „Baugelder" und Bestehen der Grundpfandrechte nicht gefordert wird (vgl. nachst. Ziff. 6.3). Als Lücke verbleiben demnach nur noch die Fälle, in denen es zur Eintragung der Grundschuld endgültig nicht mehr kommt, etwa weil der Bauträger den „Kauf"-Vertrag rückabwickelt oder wegen Insolvenz nicht mehr erfüllt und die den Käufer finanzierende Bank den verpfändeten Auflassungsanspruch nicht durch Zahlung des Kaufpreises verwerten will. In diesen Fällen ist in der Regel aber dennoch Baugeld an den Bauträger geflossen, nämlich die von **seiner** Bank finanzierten und ausbezahlten Darlehen, die über die Kosten des Grundstückserwerbs hinausgehen.

**6.3** Die so gesicherten Geldbeträge müssen zum **Zweck** der Bestreitung der Kosten eines Baues gewährt werden. Insoweit ist also eine – ausdrückliche oder konkludente – vertragliche Zweckbestimmungen zwischen Geldgeber und -empfänger erforderlich. Die

---

[15] Hagenloch, a.a.O., Rdn. 18.

## Abschnitt D

Baugeldeigenschaft wird zeitlich und inhaltlich nicht erst mit Eintragung der Grundpfandrechte oder mit Valutierung bereits bestehender Grundpfandrechte für die Sicherung von Baudarlehen begründet. Entscheidend ist vielmehr das Bestehen einer bindenden Sicherungsvereinbarung, wonach Grundpfandrechte einzutragen seien. Voraussetzung ist aber, dass es – wenn auch erst nach Auszahlung der ersten Raten – später zur Eintragung kommt.[16] Im Ergebnis entstehen Schadensersatzansprüche wegen Verletzung des GSB erst nach Eintragung der Grundpfandrechte, obgleich auch zeitlich vor der Eintragung ausbezahlte Darlehensbeträge (geschützte) Baugelder sein können.

**Beispiel:**

1. Der Käufer eines Reihenhauses ist nicht Eigentümer des Baugrundstücks, aber durch eine Auflassungsvormerkung gesichert. Zu Gunsten der finanzierenden Bank wird zunächst der Anspruch aus der Auflassung verpfändet und eine Grundschuld bestellt. Die Grundschuld gelangt aber erst zur Eintragung, nachdem die finanzierende Bank alle im Kaufvertrag vereinbarten Raten als Darlehen ausbezahlt hat und der Käufer Eigentum erwirbt. In diesem Falle handelt es sich um Baugeld, weil eine entsprechende Sicherungsabrede allen Darlehenszahlungen zugrunde liegt, wenn auch die Eintragung erst später erfolgt.

2. Die finanzierende Bank gewährt eine Zwischenfinanzierung für ein Bauspardarlehen, für welches später – bei Auszahlungsreife – eine erstrangige Grundschuld eingetragen werden soll. Die Zwischenfinanzierung wird durch Abtretung des Auszahlungsanspruchs des Darlehensnehmers gegen die Bausparkasse gesichert. Die aus der Zwischenfinanzierung stammenden Gelder sind kein Baugeld, da es nicht auf dem Baugrundstück gesichert und eine solche Sicherung auch nicht vorgesehen ist.

---

[16] BGH, NJW 1988, S. 263, 264 und NJW-RR 1991, S. 728, 729.

3. Kommt es im Beispielsfall 1 endgültig nicht mehr zur Eintragung der Grundschuld, etwa weil der Bauträger wegen Zahlungsverzuges des Käufers vom Vertrag zurücktritt und die Bank den ausstehenden Restkaufpreis nicht mehr bezahlt, sind die von der Bank bis dahin ausbezahlten Darlehensbeträge kein Baugeld.

Andererseits können bereitgestellte Darlehen auch durch Umwidmung der Sicherung ihrer Baugeldeigenschaft beraubt werden.

**Beispiel:**

Während des Baues erbt der Bauherr einen größeren Geldbetrag, so dass ein Teil des Baudarlehens nicht mehr für die Begleichung der Herstellungskosten gebraucht wird. Die Bank und der Bauherr vereinbaren die Aufhebung der Zweckbindung für das Restdarlehen.

**6.4** Zu beachten ist, dass die Summe der Baugelder regelmäßig wesentlich unter der Summe der eingetragenen Grundschuld- oder Hypotheken-Nennbeträgen liegt. Zum einen müssen die eingetragenen Grundpfandrechte nicht in voller Höhe valutiert sein. Zum anderen gehören in aller Regel nicht alle gesicherten Darlehensbeträge zu den „Baugeldern" im Sinne der Vorschrift. Für die Höhe der Sicherung werden auch berücksichtigt:

- Disagios[17]), Bearbeitungsgebühren[18])
- Grundstückserwerbskosten, Kosten der Außenanlagen[19])
- bei Bauherren- und Bauträgermodellen: Kosten für die (kaufmännische) Baubetreuung, Vermittlungsprovisionen, Provisionen für Vermietungsgarantie oder -nachweis u. dgl., Vertriebskosten, Bauträgergewinn[20])

---

[17]) BGH NJW 1987, S. 1196, 1197.
[18]) Schulze-Hagen, NJW 1986, S. 2403, 2405.
[19]) BGH NJW-RR 1990, S. 280.
[20]) BGH, a.a.O.

die von „Herstellungskosten" verschieden und damit kein Baugeld sind.

**6.4.1** Bei diesen sogenannten modifizierten Baudarlehen obliegt den Darlehensempfängern die Darlegungs- und Beweislast dafür, dass und welche Teilbeträge einem anderen **vertraglich vereinbarten** Verwendungszweck zugeführt wurden mit der Folge, dass es sich insoweit nicht um Baugelder handelte (vgl. nachstehende Ziffer 15).[21] Zu Gunsten der Baugläubiger ist deshalb bis zum Beweis des Gegenteils hinsichtlich der vollen durch Grundpfandrechte gesicherten Höhe der Darlehen von deren Baugeldeigenschaft auszugehen.

**6.5** Wird das gesicherte **Baudarlehen** ohne nähere Bestimmung des Verwendungszwecks vereinbarungsgemäß **nach Baufortschritt** ausbezahlt, „gelten" diese Beträge als Baugeld (§ 1 Abs. 3 Ziff. 1 GSB). Bei dieser Bestimmung handelt es sich um eine widerlegbare Vermutung[22], die zu Gunsten des Baugläubigers streitet, der eine derartige Darlehensabrede nachweist. Zu beachten ist, dass die Vermutung des § 1 Abs. 3 Ziff. 1 GSB daran anknüpft, dass der **Grundpfandgläubiger** nach Baufortschritt auszahlt. Sie wird **nicht** durch entsprechende Ratenzahlung des Bauherrn an einen Generalübernehmer begründet.[23]

## 7. Wer ist als Baugläubiger von der Verwendungspflicht des GSB geschützt?

Baugläubiger sind Personen, die an der **Herstellung des Baues** aufgrund eines **Werk-, Dienst- oder Lieferungsvertrages** beteiligt sind.

**7.1** Im Gegensatz zur Bauhandwerkersicherungshypothek, welche Leistungen für die Herstellungen von „Bauwerken" schützt, spricht das GSB von der Herstellung des „Baues". Damit sind nur

---

[21] BGH, Nichtannahmebeschluss vom 22. 09. 1992 zu OLG Bremen, Urteil vom 13. 11. 1991, BauR 1993, S. 235.
[22] Hagenloch, a.a.O., Rdn. 36, m. H. auf die BGH-Rechtsprechung.
[23] BGH NJW-RR 1996, S. 976.

Leistungen geschützt, die sich auf **wesentliche Bestandteile des Gebäudes** beziehen.[24]

Es scheiden aus:

- Tiefbauten, Brunnenbauten, Gleisanlagen: Insoweit handelt es sich zwar um Bauwerke, nicht aber um Gebäude;[25]
- Außenanlagen[26], Einrichtungen, soweit es sich nicht um Maßanfertigungen handelt, die nicht woanders aufgestellt werden können;[27]
- Schönheitsrenovierungen, die lediglich zur Erneuerung der naturgemäß stärker abnutzenden Bestandteile eines bereits fertiggestellten Gebäudes dienen, ohne dass die Veränderung der Substanz im Vordergrund steht (Malerarbeiten und Verlegen von Teppichböden in Abgrenzung zum Einbau einer Zentralheizung, von neuen Fenster- und Türstöcken u. ä.)[28]

**7.2** Die Herstellung des Baues muss aufgrund eines **Werk-, Dienst- oder Lieferungsvertrages** erfolgen.

**7.2.1** Baugläubiger aufgrund eines **Werkvertrages** sind mindestens alle Personen, die auch dem Schutzbereich des BHSG und der Bauhandwerkersicherungshypothek unterliegen, soweit sich die geschuldete Leistung auf die Herstellung eines Gebäudes bezieht. Es kann also zunächst auf Abschnitt B, Ziffern 5 bis 7 und Abschnitt C, Ziffer 8 verwiesen werden.

Geschützt sind also:

- **Bauunternehmen,** soweit sie Rohbau- und Ausbaugewerke einschließlich der Erd-, Entwässerungs- und Kanalarbeiten (die der Herstellung eines Gebäudes dienen) erbringen,

---

[24] BGH NJW-RR 1980, S. 1045.
[25] Insoweit ist der Schutzbereich des GSB enger als der des § 648a BGB und der Sicherungshypothek.
[26] OLG München, BauR 1991, S. 482.
[27] OLG Köln, NJW-RR 1991, S. 1077, 1081.
[28] BGH NJW 1988, S. 263; liegen aber Umbauarbeiten vor, sind alle damit zusammenhängenden Arbeiten schutzfähig, also dann auch Maler- und Bodenbelagsarbeiten: BGH, a.a.O.

- **Generalunternehmer,** weil sie vertraglich die Herstellung des Gebäudes schulden[29]),

- **Architekten, Statiker und Sonderfachleute,** soweit deren Leistungen einen unmittelbaren Beitrag zur Herstellung des Baues bilden, also: Anfertigung von Plänen, Bauaufsicht, Bauleitung;[30])

- selbstständige **Bauleiter,** die ihre Leistung erfolgsbezogen schulden (nicht: die angestellten oder als freie Mitarbeiter für ein Unternehmen tätigen Bauleiter),

- **technische Baubetreuer, Generalübernehmer**[31]), **Bauträger,** soweit sie im Rahmen eines Werkvertrages die Herstellung des Gebäudes schulden. Sofern diese Personen Gebäude auf eigenem Grund errichten, sind sie allerdings ausreichend gesichert. In diesem Falle kommt ihnen nach dem Schutzzweck des Gesetzes keine Baugläubiger-Eigenschaft zu.

Im Gegensatz zur Bauhandwerkersicherungshypothek ist bei den bauausführenden Arbeiten nicht nach der werterhöhenden Funktion der erbrachten Leistungen zu fragen. Maßgeblich ist allein Entstehung und Fälligkeit des vertraglich vereinbarten Werklohnes.[32]) Insoweit ist der Schutzbereich des GSB weiter. Deshalb sind auch **Gerüstbauer** nach dem GSB geschützt und zwar – im Gegensatz zu § 648 BGB – unabhängig davon, ob die Gerüstbauarbeiten als Nebenleistung oder im Rahmen eines selbstständigen Vertrages erbracht werden (vgl. Abschnitt C, Ziff. 8).[33])

### 7.2.2 Baugläubiger aufgrund eines **Dienstvertrages** sind

- die **Arbeitnehmer** der Bauleistungen erbringenden Unternehmen, sofern sie selbst unmittelbar herstellungsbezogene Leistungen ausführen (also nicht bloße „Hilfsarbeiten", wie Kranführen, Betonmischen, Aufsicht und örtliche Bauleitung).[34])

---

[29]) Schulze-Hagen, NJW 1986, S. 2403, 2405.
[30]) BGH BauR 1991, S. 237.
[31]) A.A.KG, NJW-RR 1986, S. 185.
[32]) Hagenloch, Rdn. 208.
[33]) OLG Hamburg, BauR 1994, S. 123, 124.
[34]) Hagenloch, Rdn. 264 f.

**7.2.3** Baugläubiger aufgrund eines **Liefervertrages** sind

– **Lieferanten der Baumaterialien,** soweit sie mit den Werkvertrags-Baugläubigern in unmittelbarer Vertragsbeziehung stehen (also nicht Zwischenhändler oder Baustoffhersteller).[35]

**7.2.4 Keine Baugläubiger** sind kaufmännische Baubetreuer und Treuhänder: Sie werden aufgrund eines Geschäftsbesorgungsvertrages tätig.[36]

Keine Baugläubiger sind ferner Vermieter von Baumaschinen, da es sich dabei weder um baubezogene Dienstleistungen noch um die Lieferung beweglicher Sachen handelt.[37]

## 8. Können auch sogenannte Nachmänner (Subunternehmer) Baugläubiger sein?

Die Beispiele in Ziffer 7 zeigen bereits, dass die Stellung als Baugläubiger nicht von einer unmittelbaren vertraglichen Beziehung zum Bauherrn abhängt. Jeder, der im Rahmen eines Werk-, Dienst- oder Liefervertrages unmittelbar zur Herstellung des Gebäudes beiträgt, ist Baugläubiger. Es kommt also nicht darauf an, an welcher Stelle der Vertragskette sich der Herstellungsbeteiligte befindet. Einschränkungen ergeben sich allerdings hinsichtlich der Höhe des Baugeld-Anspruchs (siehe hierzu näher Ziff. 9.2.3) und in Bezug auf Unternehmen, die **Subunternehmern** vertraglich nachgeordnet sind (siehe hierzu näher Ziff. 11).

## 9. Welche Forderungen der Baugläubiger sind geschützt?

Unter dem Gesichtspunkt des Schadensersatzrechts müsste genauer gefragt werden, welche nicht erfüllten Forderungen der

---

[35] Hagenloch, Rdn. 266.
[36] Hagenloch, Rdn. 274.
[37] OLG Düsseldorf, OLGR 96, S. 141.

Bauglaübiger im Wege des Schadensersatzes auszugleichen sind. Dabei ist zu unterscheiden zwischen

– dem **Inhalt** der geschützten Forderungen

und

– der **Höhe** der geschützten Forderungen.

**9.1 Dem Inhalt nach** sind zunächst sämtliche für die vertragsgemäße Ausführung der vereinbarten Lieferungen und Leistungen entstandenen Vergütungsansprüche geschützt. **Gewährleistungs- und Aufrechnungsansprüche** des Schadensersatzpflichtigen sind dabei zu berücksichtigen, soweit diese gegenüber dem Bauglaübiger noch durchsetzbar, d. h. nicht verjährt sind. Ist die Bauforderung mit einer Zug-um-Zug-Einrede behaftet, muss Schadensersatz nur Zug um Zug geleistet werden.[38]

**Beispiel:**

Der Bauglaübiger macht Schadensersatz wegen zweckwidriger Verwendung von Baugeldern in Höhe der ausgefallenen Werklohnforderung, das sind DM 30 000,–, geltend. Der Baugeldempfänger (= Auftraggeber des Bauglaübigers) wendet in unverjährter Zeit ein, es seien Mängel vorhanden, deren Beseitigung DM 10 000,– koste. In diesem Falle ist der begehrte Schadensersatz nur Zug um Zug gegen Beseitigung der Mängel zu leisten, da zu Gunsten des Schadensersatzpflichtigen der sog. Druckzuschlag (mindestens) in Höhe der dreifachen Mängelbeseitigungskosten zu berücksichtigen ist.

**9.1.1** Ist der Schadensersatzpflichtige nicht gleichzeitig der Auftraggeber des Bauglaübigers, hängt die Zug-um-Zug-Leistung davon ab, ob dem Bauglaübiger die Mängelbeseitigung noch möglich ist. Das kann dann ausgeschlossen sein, wenn der Auftraggeber des Bauglaübigers seine hierzu erforderliche Mitwirkung verweigert. In diesem Falle sind analog § 251 Abs. 1 BGB die Mängelbeseitigungskosten von der Schadensersatzforderung abzuziehen.[39]

---

[38] Hagenloch, Rdn. 321.
[39] Hagenloch, Rdn. 321.

**9.1.2** Zu ersetzen sind auch Verzugszinsen und die Kosten der Verfolgung der Werklohnforderung.[40])

**Beispiel:**

Der Baugläubiger klagt gegen seine auftraggebende GmbH, die Baugeld empfangen hat, auf Zahlung des fälligen Werklohns. Kurz nach Urteilserlass gerät die zur Zahlung verurteilte Auftraggeberin in Konkurs und wird liquidiert. Als Kläger hat der Baugläubiger die Kosten des Verfahrens zu tragen (§ 49 GKG).

Diese Verfahrenskosten können im Wege des Schadensersatzes neben der ausgefallenen Werklohnforderung von dem Geschäftsführer der GmbH, der gegen die Baugeld-Verwendungspflicht vorsätzlich verstoßen hat, ersetzt verlangt werden.

**9.2** Der **Höhe nach** unterliegen die ersatzfähigen Forderungen Einschränkungen in dreifacher Hinsicht:

**9.2.1 Ist der Empfänger selbst an der Herstellung beteiligt,** darf er das Baugeld in Höhe der Hälfte des angemessenen Wertes der von ihm in den Bau verwendeten Leistung, oder, wenn die Leistung von ihm noch nicht in den Bau verwendet worden ist, der von ihm geleisteten Arbeit und der von ihm gemachten Auslagen für sich behalten (§ 1 Abs. 2 GSB).

**9.2.1.1** Der Empfänger ist insoweit an der Herstellung beteiligt, als er Leistungen erbracht hat, die einen unmittelbaren Beitrag zur Herstellung des Baues bilden, der in der Schaffung von Mehrwert seinen Ausdruck findet. Hierzu gehören neben den bauausführenden Leistungen auch die Anfertigung von Plänen, die Bauaufsicht und -leitung.[41])

Allgemein kann formuliert werden, dass alle Lieferungen und Leistungen des Baugeldempfängers, die gleichzeitig nach den in Zif-

---

[40]) BGH WM 1990, S. 769 und WM 1990, S. 773, 775; systematisch richtig handelt es sich dabei wohl nicht um geschützte Bauforderungen, sondern um sonstige Schadenspositionen.
[41]) BGH NJW-RR 1991, S. 728.

**Abschnitt D**

fer 7 erörterten Kriterien seine Stellung als Baugläubiger begründen, den Baugeldempfänger zur Entnahme berechtigen.

**Beispiele:**

- Der Generalunternehmer erbringt selbst die Rohbauleistungen und beauftragt Subunternehmer mit der Durchführung des Ausbaus. In Höhe des halben Gegenwertes der Rohbauarbeiten braucht der GU empfangene Baugelder nicht an seine Subunternehmer weiterzuleiten.

- Der Generalunternehmer liefert Baustoffe an die Baustelle, die seine Subunternehmer verarbeiten. In Höhe des halben Gegenwertes der Baustoffe braucht der GU erhaltene Baugelder nicht an seine Subunternehmer weiterzuleiten.[42]

- Der Bauträger erbringt Planungsleistungen und führt die Bauaufsicht. In Höhe der Hälfte des Wertes dieser Leistungen steht ihm gegenüber den Baugläubigern das Entnahmerecht zu.

- Der Bauträger mietet Baumaschinen und bezahlt den Baustrom: Wegen dieser Aufwendungen besteht **kein Entnahmerecht**, weil es sich bei diesen Leistungen weder um baubezogene Dienstleistungen noch um die Lieferung beweglicher Sachen handelt.[43]

**9.2.1.2** Unter **Auslagen** sind Aufwendungen zu verstehen, die zur Vorbereitung der Eigenleistung angefallen sind. Nach Ansicht des Verfassers müssen diese Auslagen aber inhaltlich in die Herstellungsleistung eingehen.[44]

**Nicht** zu den zur Entnahme berechtigenden **Auslagen** gehören:

- Grundstückserwerbskosten (Kaufpreis, Notar- und Gerichtskosten, Maklerprovision, Steuern);

---

[42] Das Gesetz spricht in § 1 Abs. 2 zwar nur von Leistungen, nicht von Lieferungen. Die hier vertretene Auffassung entspricht aber dem Schutzzweck des Gesetzes.
[43] OLG Düsseldorf, OLGR 1996, S. 141 = IBR 1997, S. 273.
[44] Zu weitgehend daher wohl OLG Frankfurt, NJW-RR 1989, S. 789, 790.

– Finanzierungskosten (Kosten der Hypothekenbeschaffung, Darlehenszinsen);[45]
– allgemeine Geschäftsunkosten (Gehälter, Löhne, Bürokosten);[46]
– Vertriebskosten (Verkaufsprovision, Werbungskosten).[47]

**9.2.1.3** Auf den **Zeitpunkt der Eigenleistungen** kommt es nicht an. Das Entnahmerecht des § 1 Abs. 2 GSB besteht auch dann, wenn die Eigenleistungen vor Empfang des Baugeldes erbracht worden sind.[48]

**9.2.2** Die Höhe der Schadensersatzforderung der Baugläubiger wird ferner durch die **Mehrwertsteueranteile** beschränkt, die von den an die Vormänner geflossenen Baugeldern bezahlt werden. Begrifflich handelt es sich zwar auch insoweit um Baugeld, da die Mehrwertsteuer zu den Kosten des Baues gehört.[49] In Höhe der an das Finanzamt abzuführenden Mehrwertsteuer (also abzüglich der Vorsteuer) kann aber keine Verwendungspflicht bestehen.[50]

**9.2.3** Die dritte Einschränkung betrifft **Subunternehmer.** Ihre Schadensersatzansprüche sind zwar grundsätzlich nicht auf diejenigen Baugeldempfänger beschränkt, mit denen sie in unmittelbaren Vertragsbeziehungen stehen. Schadensersatzansprüche können aber nur in der Höhe entstehen, in welcher dem jeweiligen Vormann selbst ein Anspruch auf Auszahlung der Baugelder zustand.[51]

## 10. Sind auch noch nicht fällige oder schon verjährte Forderungen geschützt?

**10.1** Ein Schadensersatzanspruch des Baugläubigers setzt die Feststellung voraus, dass er auf eine **fällige** Forderung keine Be-

---

[45] OLG Düsseldorf, a.a.O.
[46] BGH NJW-RR 1986, S. 446, 447.
[47] BGH NJW-RR 1991, S. 728, 729.
[48] BGH NJW-RR 1991, S. 728, 729.
[49] Hagenloch, Rdn. 208.
[50] NJW-RR 1989, S. 789, 790.
[51] BGH WM 1990, S. 771, 772.

friedigung erlangt hat.[52]) Die Fälligkeit muss aber nicht schon im Zeitpunkt der zweckwidrigen Verwendung des Baugeldes, sondern erst dann eingetreten sein, als den Baugeldempfänger die Befriedigung der Bauforderung bei rechtmäßigem Verhalten noch möglich gewesen wäre.[53])

**10.2** Sofern die vorstehenden Voraussetzungen erfüllt sind, steht dem Schadensersatzanspruch eine später eingetretene **Verjährung** der Bauforderung nicht entgegen.

**Beispiel:**

Die Werklohnforderung des Generalunternehmers wurde zum 15. Mai 1988 zur Zahlung fällig. Die auftraggebende Bauträger-GmbH hatte aber schon vor diesem Zeitpunkt sämtliche empfangenen Baugelder für die Rückzahlung von Darlehen aus einem anderen Bauvorhaben verwendet. Die Bauträger-GmbH wird nach dem 31. 12. 1992, also nach Verjährung der Bauforderung, zahlungsunfähig. Der Geschäftsführer der Bauträger-GmbH ist schadensersatzpflichtig, da die Bauforderung vor Verjährungseintritt hätte erfüllt werden müssen und erfüllt werden können.

**10.3** Der **Schadensersatzanspruch selbst** unterliegt aber ebenfalls einer kurzen Verjährung von **drei Jahren.** Die Verjährungsfrist beginnt von dem Zeitpunkt an, in welchem der Baugläubiger von dem Schaden und von der Person der Ersatzpflichtigen Kenntnis erlangt. Erlangt der Baugläubiger über diese Tatsachen überhaupt keine Kenntnis, gilt eine Verjährungsfrist von dreißig Jahren vom Zeitpunkt der Begehung der schädigenden Handlung an (§ 852 BGB).

## 11. Wer ist ein Baugeldempfänger?

Nur Baugeldempfänger unterliegen der Verwendungspflicht des GSB. Unter Baugeldempfänger im Sinne des Gesetzes sind Per-

---

[52]) BGH BauR 1991, S. 96.
[53]) OLG Hamburg, OLGR 97, S. 68 = IBR 1997, S. 187.

sonen zu verstehen, die Baugeld erhalten und sich ihrerseits Bauforderungen[54]) ausgesetzt sehen.[55]) Das in der Vertragskette von einer Person zur anderen wandernde Baugeld unterliegt demgemäß solange der Verwendungspflicht des GSB, bis es entweder an den in der Vertragskette letzten Baugläubiger oder an einen Dritten, der kein Baugläubiger ist[56]), gelangt.

Daraus ergibt sich, dass Baubeteiligte gleichzeitig Baugeldempfänger, damit nach dem GSB verpflichtet, und Baugläubiger, damit nach dem GSB schutzberechtigt, sein können. Dies wird insbesondere durch § 1 Abs. 2 GSB bestätigt, wonach Empfänger, die selbst an der Herstellung beteiligt sind, die Hälfte des angemessenen Wertes der von ihnen in den Bau verwendeten Leistung behalten dürfen.

**Beispiel:**

**1. Stufe:**

Die **finanzierende Bank** vereinbart mit dem Bauherrn, der gleichzeitig Grundstückseigentümer ist, die Gewährung eines durch Grundschulden auf dem Baugrundstück abgesicherten Baudarlehens. Die Bank ist **nicht Baugeldempfänger**, denn sie „schafft" aufgrund der Darlehensgewährung erst Baugeld. Diese Gelder sind noch dem Pfandrecht der Banken gemäß § 9 Abs. 2 ihrer AGB oder der Pfändung durch Dritte unterworfen. Insoweit ist die Bank nur zur zweckgerichteten Verwendung gegenüber den Baugläubigern verpflichtet.[57])

Baugeldempfänger ist aber der **Bauherr**, soweit die Darlehensbeträge seiner Verfügungsgewalt unterliegen (der Bauherr ist deshalb bei erkennbarer Gefahr von Pfändungen gehalten, die Baugelder auf Treuhandkonten zu führen, um die Beträge dem Pfand-

---

[54]) Zum Begriff Bauforderung siehe Ziffer 9.
[55]) Vgl. Hagenloch, a.a.O., Rdn. 227 und 232.
[56]) Hagenloch, Rdn. 74.
[57]) Zu den für Treuhandkosten geltenden Besonderheiten: Maritz, BauR 1990, S. 401, 404; BGH NJW 1988, S. 263, 264 f.

recht der Banken und dem Zugriff Dritter zu entziehen. Andernfalls liegt ein Verstoß gegen die Verwendungspflicht vor;[58]) siehe Ziff. 12).

## 2. Stufe:

Der Bauherr beauftragt einen **Bauträger** mit der schlüsselfertigen Erstellung des Gebäudes. Der Bauträger ist hinsichtlich des vom Bauherrn erhaltenen (fremdfinanzierten) Werklohnes Baugeldempfänger und unterliegt gegenüber seinem nachgeordneten Vertragspartner der Verwendungspflicht.

> Nach LG Heilbronn, IBR 1995, S. 53, kann die Geschäftsbank des in Insolvenz geratenen Generalübernehmers verpflichtet sein, das sogenannte Baukonto, auf welches der Bauherr die Baugelder einzuzahlen hatte, zugunsten der Subunternehmer aufzulösen. In dem bei dem LG Heilbronn anhängigen Fall hatte sich die Geschäftsbank geweigert, eine entsprechende Zahlungsanweisung des Generalübernehmers zu Gunsten des Bauunternehmens auszuführen. Mit dieser Weigerung habe die Geschäftsbank eine eigene Verantwortung für das Bausonderkonto übernommen.

> Dem gegenüber entschied das OLG Düsseldorf in OLGR 1997, S. 2, dass die kontoführende Bank eines Bauträgers nicht Empfängerin von Baugeld im Sinne von § 1 GSB sei.

> Zieht die finanzierende Bank des Bauträgers jedoch zur Sicherung abgetretene Kaufpreisforderungen von den Bauherren ein, unterliegt sie nach Ansicht des Verfassers der Verwendungspflicht des § 1 GSB, soweit es sich bei den eingezogenen Beträgen um Baugelder handelt.

## 3. Stufe:

Der Bauträger erbringt Planungsleistungen, besorgt die Baugenehmigung und beauftragt im übrigen einen **Generalunternehmer** mit der schlüsselfertigen Erstellung eines Gebäudes. Der Generalunternehmer ist somit Baugeldempfänger, soweit er tatsächlich Baugeld vom Bauträger erhält.

---

[58]) Hagenloch, Rdn. 156.

Für die den Generalunternehmer finanzierende Banken gelten die Ausführungen zur 2. Stufe entsprechend.

**4. Stufe:**

Der GU erbringt Rohbauarbeiten selbst und beauftragt im übrigen Ausbauhandwerker als **Subunternehmer**. Soweit der Generalunternehmer Baugelder vom Bauträger erhält, ist er somit Baugeldempfänger und unterliegt gegenüber den Subunternehmern der Verwendungspflicht des GSB.

**5. Stufe:**

Entgegen dem Wortlaut des § 1 GSB ist der **Subunternehmer nicht mehr Baugeldempfänger**. Er unterliegt deshalb nicht mehr der Verwendungspflicht gegenüber seinen **Arbeitnehmern** und **Baustofflieferanten**. Der Bundesgerichtshof hat mit Urteil vom 16. 12. 1999 entschieden, dass der Subunternehmer, der lediglich mit einem Teil des Baues beauftragt sei, hinsichtlich seines Werklohns nicht der Verwendungspflicht unterliege, weil der Schutzzweck des GSB es nicht rechtfertige, auch dem Subunternehmer eine treuhänderähnliche Stellung hinsichtlich der Verwendungspflicht von Baugeld zu übertragen.[59]

## 12. Welchen Inhalt hat die Verwendungspflicht im Einzelnen?

**12.1** Vorweg ist anzumerken:

§ 1 Abs. 1 GSB enthält zu Lasten der Baugeldempfänger das **Gebot,** das Baugeld zur Befriedigung der Baugläubiger zu verwenden. Das setzt zunächst voraus, dass der Darlehensnehmer mit dem Darlehengeber eine entsprechende Zweckverbindungsvereinbarung trifft, die die Darlehensvaluta erst zu Baugeld macht. Zu derartigen Vereinbarungen ist der Darlehensnehmer aber nicht verpflichtet; in der Art und Weise der Baufinanzierung ist er frei.

---

[59] BGH IBR 2000, S. 124.

Der Darlehensnehmer kann demgemäß auch mit dem Darlehensgeber vereinbaren, dass die Valuta nur für bestimmte Baugläubiger verwendet werden soll.[60] **Das GSB schützt also nicht vor unterfinanzierten Bauvorhaben.**[61]

**12.2** Die Verwendungspflicht hinsichtlich empfangenen Baugeldes besteht in folgendem:

– Auf das Baugeld muss zurückgegriffen werden, soweit die Befriedigung der Baugläubiger aus anderen Mitteln bis zum Empfang des Baugeldes nicht möglich war. Nach § 1 Abs. 1 GSB ist eine „anderweitige Verwendung" des Baugeldes (nur) bis zu dem Betrag statthaft, in welchem der Empfänger aus anderen Mitteln Gläubiger **bereits befriedigt hat.**

– Das Baugeld darf nicht mit anderen Geldern vermengt oder vermischt werden. Nachdem Baugelder im Regelfalle Buchgelder sind, müssen Sonderkonten eingerichtet werden.[62]

– Das Baugeld muss vor Zugriffen Dritter geschützt werden. Droht die Gefahr von Pfändungen Dritter, ist das Sonderkonto als Treuhandkonto einzurichten (vgl. Ziff. 11 und Fußnote 48).[63]

– Über das Baugeld darf nicht zu Gunsten Dritter, nicht beteiligter Baugläubiger, **verfügt** werden. Verboten sind daher insbesondere Verpfändungen und Sicherungsabtretungen zu Gunsten baufremder Personen. Ausnahmsweise sind solche Verfügungen aber erlaubt, wenn dem Dritten die Verwendungspflichten des GSB auferlegt werden und der ursprüngliche Baugeldempfänger den Dritten sorgfältig auswählt und überwacht. Praktisch wird dieser Fall bei **Baubetreuern oder Treuhändern,** die vom Bauherrn zur kaufmännischen Abwicklung des Bauvorhabens eingeschaltet und mit entsprechenden Vollmachten ausgestattet

---

[60] Vgl. BGH WM 1990, S. 773.
[61] Hagenloch, Rdn. 108.
[62] BGH BauR 1988, S. 107, 110.
[63] Hagenloch, Rdn. 136.

werden. Verwendet der Baubetreuer die Baugelder dennoch zweckwidrig, hat der Bauherr dafür einzustehen.[64]

**12.3** Die vorgenannten Verwendungspflichten gelten für jeden Bau gesondert. Bei größeren Bauvorhaben, etwa bei Aufteilung in Lose, ist oftmals nicht leicht festzustellen, ob ein Bau oder mehrere Bauten vorliegen. Nach Ansicht des Verfassers ist dabei nach Sinn und Zweck des GSB auf den **Gegenstand des Darlehensvertrages** abzustellen.

## 13. Sind die Baugläubiger von den Baugeldempfängern in der Reihenfolge der zeitlichen Abfolge der Bauleistungen zu befriedigen?

**13.1** Nein. Der Baugeldempfänger ist in der Verfügung über die Baugelder zu Gunsten der Baugläubiger frei.[65] Er kann das Baugeld ganz oder teilweise an einen beliebigen Baugläubiger leisten.[66] Einem „übergangenen Bauhandwerker" steht deshalb kein Schadensersatzanspruch zu, wenn der Baugeldempfänger das erhaltene Baugeld vollständig zu Gunsten anderer Baugläubiger verbraucht hat.[67]

**13.2** Eine Ausnahme gilt dann, wenn der Baugeldempfänger durch Vereinbarung mit dem Kreditgeber in seiner Verfügungsbefugnis über die empfangenen Baugelder beschränkt ist. Die Verwendungspflicht des GSB kann nicht weiter gehen, als die rechtliche Verfügungsbefugnis des Baugeldempfängers reicht.[68]

**13.3** Eine weitere Ausnahme hat der Bundesgerichtshof für Bauträger aufgestellt, mit denen eine ratenweise Auszahlung der Baugelder nach Maßgabe des Baufortschritts, etwa nach den Be-

---

[64] Hagenloch, Rdn. 152.
[65] Umgekehrt heißt das für die Baugläubiger, dass sie mit ihrem Schadensersatzbegehren nicht hinter die „Vormänner" zurücktreten müssen.
[66] BGH NJW-RR 1989, S. 1045.
[67] OLG Düsseldorf, NJW-RR 1996, S. 1363.
[68] Hagenloch, Rdn. 152.

stimmungen der Makler- und Bauträgerverordnung, vereinbart ist, **sofern die Bauträger aufgrund eigener vertraglicher Verpflichtung selbst an der Herstellung des Baues beteiligt sind**. Soweit entsprechend dieser Verordnung Baugelder im Sinne des § 1 Abs. 3 GSB nach Maßgabe des Fortschreitens des Baues gezahlt werden, was auch bereits in § 1 Abs. 3 Satz 2 Nr. 1 GSB vorgesehen ist, so gelten nach einer von Sinn und Zweck des § 1 GSB bestimmten Auslegung die Verwendungsregeln der Absätze 1 und 2 dieser Vorschrift für jede Rate. Das bedeutet, dass der Bauträger davon zunächst nur soviel behalten darf, dass damit 50% seiner mit dieser Rate abzugeltenden Leistungen, Arbeiten und Auslagen gedeckt werden. Von dem Rest muss er, ehe er einen weiteren Teil für sich verwendet, die (berechtigten) Forderungen aller anderen Personen erfüllen, die nur für diesen Bauabschnitt, für den die Rate bestimmt war, Leistungen erbracht haben. Sind diese befriedigt, so darf er alles, was von dieser Rate noch nicht verbraucht ist, auf seine Leistungen anrechnen. Mit der nächsten Rate hat er entsprechend zu verfahren.[69]) **Im Ergebnis** kann deshalb der Unternehmer dann, wenn seine Leistungen einer bestimmten Rate eindeutig zuzuordnen sind, die Befriedigung aus dieser Rate nach Abzug von 50% des Wertes etwa für diesen Bauabschnitt erbrachter Eigenleistungen des Baugeldempfängers „beanspruchen".

**13.3.1** Diese Rechtsprechung zielt zwar nicht auf die Einhaltung einer bestimmten Reihenfolge der zu befriedigenden Baugläubiger, sondern lediglich auf die Begrenzung des Entnahmerechts in § 1 Abs. 2 GSB (siehe Ziff. 9.2). Der Bauträger darf den ihm danach zustehenden Teil nur entnehmen, wenn er vorher die berechtigten Forderungen der Baugläubiger erfüllt hat, die für den Bauabschnitt, für den die Rate bestimmt war, Leistungen erbracht haben. In der Konsequenz führt das dennoch dazu, dass Baugläubiger Baugelder „beanspruchen" können, solange solche, **auf den jeweiligen Bauratenabschnitt bezogen,** noch vorhanden sein müssen. Der Bundesgerichtshof hatte das auch zunächst aus-

---

[69]) BGH BauR 1986, S. 235, 237; BGH NJW-RR 1986, S. 446, 448.

drücklich klargestellt.[70]) Diese Rechtsprechung wurde dann in der Entscheidung vom 06. 06. 1989 (Fußnote 66) wieder dahingehend eingeschränkt, dass die „pro-rata"-Regel nur dann gelte, wenn und soweit dies zur Beschränkung des Entnahmerechts erforderlich sei. Aufrechterhalten blieb aber der Grundsatz, dass dann, wenn das Baugeld nach Maßgabe des Baufortschritts zu zahlen ist, das Entnahmerecht wegen Leistungen, die für diesen Bauabschnitt erbracht worden sind, auf diese Rate beschränkt werden muss und dann erst die berechtigten Forderungen aller anderen Personen zu erfüllen sind, die für diesen Bauabschnitt, für den die Rate bestimmt war, Leistungen erbracht haben, bevor der verbleibende Rest für sich selbst verwendet werden kann. Über eine bestimmte Reihenfolge der Befriedigung der **übrigen** (!) Baugläubiger besagt dies grundsätzlich nichts.

**Im Ergebnis** kann deshalb der Unternehmer dann, wenn seine Leistungen einer bestimmten Rate eindeutig zuzuordnen sind, die Befriedigung aus dieser Rate nach Abzug von 50% des Wertes etwa für diesen Bauabschnitt erbrachter Eigenleistungen des Baugeldempfängers „beanspruchen".

## 14. Sind Baugeldempfänger für die (weitere) zweckgemäße Verwendung der an die Nachmänner weitergeleiteten Baugelder verantwortlich?

Soweit Baugeldempfänger die der Verwendungspflicht unterliegenden Baugelder an ihre „Nachmänner" weitergeleitet haben, ist den Erfordernissen des § 1 GSB grundsätzlich Genüge getan. Da die Haftung nach dem GSB nach strafrechtlichen Regeln zu beurteilen ist, kommt eine Verantwortlichkeit für eine zweckwidrige Verwendung des Baugeldes durch den Nachmann nur unter den Gesichtspunkten der Anstiftung oder Beihilfe in Betracht (§§ 25, 26 StGB; siehe Ziff. 17).

---

[70]) BGH BauR 1986, S. 235, 237; BGH, NJW-RR 1986, S. 446, 448.

## 15. Welche Funktion hat das Baubuch für die Geltendmachung von Schadensersatzansprüchen?

**15.1** Die die Buchführungspflichten betreffenden §§ 2 und 3 GSB haben für die Durchsetzung von Schadensersatzansprüchen große Bedeutung:

- Den Baugläubigern steht das Recht zur **Einsicht** in das Baubuch zu. Sie können darin feststellen, welche der gegen die Sicherung durch das zu bebauende Grundstück gewährten Geldbeträge **nicht** Herstellungskosten waren.[71])

- Wird das Baubuch nicht oder verschleiernd geführt oder gewährt der Baugeldempfänger keine Einsichtnahme, tritt eine **Beweislastumkehr** insoweit ein, als dann vermutet wird, dass alle kurz vor oder während der Bauzeit im Grundbuch eingetragenen Grundpfandrechte Geldleistungen sichern, die zur Bestreitung der Kosten des Baues im Sinne von § 1 Abs. 3 GSB gewährt wurden. Der Baugläubiger braucht deshalb nur noch vorzutragen und zu beweisen, dass über die Grundpfandrechtgläubigerin Beträge ausbezahlt wurden, welche seine offene Werklohnforderung jedenfalls übersteigen. Sodann obliegt es den Empfängern dieser Beträge, nachzuweisen, dass und welche dieser Beträge nicht zur Bestreitung der Kosten des Baues dienten.[72]) (Das gilt einschränkend aber nur soweit, als dem Baugläubiger nicht noch andere Informationsquellen zur Verfügung stehen, wie z.B. Einsichtnahme in die Grundakten zum Grundbuch.[73]) Siehe hierzu näher Ziff. 21).

**15.2** Diese Beweislastumkehr tritt auch dann ein, wenn sich der zur Führung des Baubuchs Verpflichtete gegenüber dem Einsichtsverlangen des Baugläubigers darauf beruft, dass das Baubuch – etwa wegen zwischenzeitlicher Liquidation der Firma – sich nicht mehr in seiner Verfügungsgewalt befände. Die Pflicht, ein Baubuch zu führen, umfasst nämlich auch die Pflicht, es für fünf

---

[71]) BGH NJW 1987, S. 1196.
[72]) BGH NJW 1987, S. 1196.
[73]) BGH WM 1986, S. 264, 266.

Jahre (§ 2 Abs. 4 GSB), bei Kaufleuten für zehn Jahre (§ 257 Abs. 4 HGB), aufzubewahren.[74] Der Aufbewahrungspflicht wird nur genügt, wenn das Baubuch während der gesamten (vorgeschriebenen) Aufbewahrungsfrist **greifbar** bleibt.[75] Im Falle der Liquidation des Unternehmens hat der für das Baubuch Verantwortliche es deshalb an sich zu nehmen oder sonst für ihn weiter zugänglich aufzubewahren.

**15.2.1** Wechselt allerdings die Person des Buchführungspflichtigen während der Bau- oder während der Aufbewahrungszeit, kann Beweislastumkehr nur eintreten, wenn der Schadensersatzpflichtige und der gegen die Buchführungspflichten Verstoßende identisch sind.[76]

**Beispiel:**

1. Während der Bauzeit ist der Geschäftsführer der GmbH zur Führung des Baubuches verpflichtet. Das empfangene Baugeld wird zweckwidrig verwendet, das Baubuch nicht geführt. Nach Abschluss des Bauvorhabens scheidet der Geschäftsführer aus der weiter existierenden GmbH aus. Hier erfolgte der Verstoß gegen die Buchführungspflicht während seiner Geschäftsführung. Da er auch schadensersatzpflichtig ist, tritt die Beweislastumkehr ein.[77]

2. Der Geschäftsführer einer GmbH führt zwar das Baubuch, verwendet jedoch empfangene Baugelder zweckwidrig. Nach seinem Ausscheiden als Geschäftsführer wird noch während der

---

[74] Die Frist beginnt mit Beendigung des Bauvorhabens, Hagenloch, Rdn. 396.
[75] Vgl. zu § 257 HGB Staub/Hüffer, Großkommentar zum HGB, Rdn. 27.
[76] Hagenloch, a.a.O., Rdn. 372, fordert diese Identität nicht nur für die Fälle des Verlustes der Verfügungsgewalt. Dem ist aber nicht beizupflichten, da der Empfänger von Baugeld immer zugleich dokumentationspflichtig ist. Delegiert derjenige, der für den Baugeldempfänger organschaftlich verantwortlich ist, die Buchführung, bleibt er für die Erfüllung der Dokumentationspflichten haftbar.
[77] Das Einsichtsverlangen ist allerdings an den aktuell für die Aufbewahrung Verantwortlichen zu richten. Insoweit steht dem schadensersatzpflichtigen ehemaligen Geschäftsführer aus dem Gesichtspunkt nachvertraglicher Schutzpflichten gegenüber der GmbH ein durchsetzbarer Anspruch auf Gewährung der Einsicht zu, so dass die Beweislastumkehr auch dann eintreten dürfte, wenn der neue Geschäftsführer dem Einsichtsverlangen nicht nachkommt.

Aufbewahrungsfrist das zunächst greifbar gebliebene Baubuch von seinem Nachfolger vernichtet. Hier ist der gegen die Buchführungspflicht Verstoßende nicht identisch mit dem Schadensersatzpflichtigen; die Beweislastumkehr kann nicht eintreten.

**15.3** Schließlich ändert sich an der Beweislastumkehr auch nichts im Falle sogenannter modifizierter Baudarlehen. Solche Darlehen werden kraft vertraglicher Vereinbarung nicht ausschließlich zur Bestreitung der Herstellungskosten des Baues, sondern daneben auch zu anderen vereinbarten Zwecken gewährt (z. B. Kaufpreis des Grundstücks, Außenanlagen, Nebenkosten). Entnimmt der Darlehensempfänger dem Darlehensbetrag Gelder, die er nicht zur Bestreitung der Herstellungskosten des Baues verwendet, so hat er im Schadensersatzprozess darzulegen und zu beweisen, dass diese Gelder einem anderen **vertraglich vereinbarten** Zweck zugeführt worden sind, so dass durch die Entnahme dieser Gelder eine Verringerung des der Höhe nach nicht festgelegten Baugeldes nicht eingetreten ist.[78]

**15.4** Das nach den §§ 2 und 3 GSB zu führende Baubuch dient zwar in erster Linie der Dokumentation. Nach dem Schutzzweck dieser Vorschriften ist das Baubuch aber auch im Interesse der Baugläubiger zu führen; andernfalls wäre das Einsichtsrecht der Baugläubiger nicht begründbar. Daraus folgt jedoch, dass auch die in der Buchführungspflicht regelnden Vorschriften **Schutzgesetze im Sinne des § 823 Abs. 2 BGB** sind.[79]

Diese Überlegung kann für die Erstattung von Prozesskosten Bedeutung gewinnen: Wird Einsicht in das Baubuch nicht gewährt und klagt der Baugläubiger deshalb unter Inanspruchnahme der damit verbundenen Beweislastumkehr gegen den Baugeldempfänger auf Schadensersatz, kann der Baugeldempfänger sich dadurch entlasten, dass er einen Verwendungsnachweis hinsichtlich

---

[78] OLG Bremen, BauR 1993, S. 235 mit Nichtannahmebeschluss des BGH vom 22. 09. 1992, ebenda.
[79] Kammergericht, IBR 1996, S. 494; Palandt-Thomas, 59. Aufl., Rdn. 145 zu § 823 BGB; andere Ansicht: Hagenloch, Rdn. 140 und Vorauflage.

der insgesamt erhaltenen Beträge erbringt.[80] Der Baugläubiger wäre dann gehalten, die Klage mit der Kostenfolge des § 269 Abs. 3 ZPO zurückzunehmen. Die dadurch entstehenden Kosten sind allerdings eine kausale Folge des Verstoßes des Baugeldempfängers gegen die Verpflichtung, das Baubuch zu führen oder Einsicht in dieses Baubuch zu gewähren. Der Baugläubiger kann in diesem Falle gemäß § 823 Abs. 2 BGB i. V. m. §§ 2, 3 GSB die Erstattung dieser Kosten im Wege des Schadensersatzes verlangen. Nach Ansicht des Verfassers muss diese Kostenerstattung auch im Wege der Klageänderung geltend gemacht werden können.

**15.4.1** Das Rechtsschutzbedürfnis für diese Klageänderung entfällt nicht dadurch, dass der Baugläubiger das Kostenrisiko durch Erhebung einer Stufenklage (erste Stufe: Auskunft und Rechnungslegung, zweite Stufe: Zahlung) hätte vermeiden können. Die Erhebung einer Stufenklage wäre nämlich nicht zulässig. Die Einsicht in das Baubuch ist in erster Linie erforderlich, um anspruchsbegründenden Sachverhalt in Erfahrung zu bringen. Die Stufenklage ist demgegenüber nur zulässig bei unklarer Anspruchshöhe; der Anspruchsgrund muss anderweitig bewiesen werden.[81]

## 16. Wer ist zur Führung eines Baubuches verpflichtet?

**16.1** Bei **Neubauten** ist zur Buchführung verpflichtet,

„wer die Herstellung eines Neubaues unternimmt und entweder Baugewerbetreibender ist **oder** sich für den Neubau Baugeld gewähren lässt" (§ 2 Abs. 1 GSB).

Die Buchführungspflicht trifft daher auch alle an der Herstellung Beteiligten, die selbst nicht der Verwendungspflicht unterliegen und zwar unabhängig davon, ob Baugeld zu erwarten ist!

---

[80] OLG Dresden, NJW-RR 1999, S. 1469.
[81] Zöller-Greger, 21. Aufl., Rdn. 6 zu § 254 ZPO a. E.

**Beispiel:**

1. Auch der Dachdecker, der sein Unternehmen ohne Arbeitnehmer betreibt, ist verpflichtet, ein Baubuch zu führen.
2. Dem Generalunternehmer ist bekannt, dass der Bauherr den Neubau ausschließlich mit Eigenkapital zu finanzieren gedenkt. Dennoch ist er zur Führung eines Baubuches verpflichtet.

**16.2** Bei **Umbauten** muss nur dann ein Baubuch geführt werden, wenn tatsächlich Baugelder gewährt werden (§ 3 GSB).

**16.3** Ist Baugeldempfänger eine juristische Person oder eine Personengesellschaft des Handelsrechts, haben die Dokumentationspflichten die organschaftlichen Vertreter zu erfüllen (Geschäftsführer, Vorstand, persönlich haftende Gesellschafter). Die Buchführungspflichten können zwar delegiert werden; das ändert im Verhältnis zu den Baugläubigern aber nichts an der Verantwortlichkeit der organschaftlichen Vertreter.[82]

## 17. Was muss sich aus dem Baubuch ergeben?

Das Baubuch muss über jeden Bau gesondert geführt werden. Es ist nicht zu verwechseln und nicht zu ersetzen mit den üblichen Buchhaltungsunterlagen. Hinsichtlich des Inhalts des Baubuches wird auf den im Anhang gedruckten Gesetzestext des § 2 Abs. 3 GSB verwiesen.[83]

## 18. Wer ist Schuldner der Schadensersatzforderung?

Schuldner der Schadensersatzforderung ist derjenige, welcher durch zweckwidrige Verwendung von empfangenen Baugeldern Baugläubiger schädigt.

---

[82] Hagenloch, a.a.O., Rdn. 371.
[83] Entwürfe eines Baubuchs für den Bauherrn und für den Bauunternehmer finden sich bei Hagenloch, Handbuch zum Gesetz über die Sicherung der Bauforderungen, Werner-Verlag, 1991.

**18.1** Für juristische Personen und für die Personengesellschaften haften (daneben) die für sie handelnden vertretungsberechtigten Organe (§ 14 StGB), also

- für die GmbH und OHG deren Geschäftsführer,
- für die GmbH & Co. KG die Geschäftsführer der persönlich haftenden GmbH,
- für die AG der Vorstand.

**18.2** Haftbar sind aber nicht nur die gesetzlichen Vertreter, sondern alle Personen, in deren Aufgabenbereich tatsächlich die selbständige Verwaltung der Baugelder fällt und denen hierüber auch eine konkrete Verfügungsbefugnis eingeräumt ist.[84] Das können sein:

- Prokuristen[85] und sonstige Generalbevollmächtigte[86],
- Betriebsleiter, Niederlassungsleiter.[87]

**18.3** Schadensersatzauslösend – weil strafbar – kann auch die vorsätzliche Anstiftung zur Zweckentfremdung sein. Die Verwirklichung des Straftatbestandes durch Beihilfe scheidet dagegen regelmäßig aus, weil bei dem Gehilfen die erforderliche Verfügungsbefugnis nicht vorliegen wird.[88]

**18.4** Für Verrichtungsgehilfen haben die Geschäftsherren nach den allgemeinen Grundsätzen einzustehen (§ 831 BGB).

## 19. Welche Verschuldensform muss für die Entstehung des Schadensersatzanspruches vorliegen?

**19.1** Das GSB ist dem Bereich des Strafrechts zuzordnen. Das Entstehen der Schadensersatzpflicht setzt daher voraus, dass die

---

[84] BGH NJW 1992, S. 1037 ff.
[85] BGH, a.a.O.
[86] OLG Koblenz, BauR 1985, S. 697, 698.
[87] Hagenloch, Rdn. 289.
[88] Dazu näher Hagenloch, Rdn. 292 ff.

empfangenen Baugelder **vorsätzlich** zweckfremd verwendet wurden (§ 15 StGB). Allerdings ist nicht erforderlich, dass der Schadenseintritt vom Vorsatz umfasst wird.[89] Ein vorsätzlicher Verstoß gegen § 1 GSB liegt deshalb vor, wenn der Schuldner wusste oder es für ihn erkennbar war, dass die empfangenen Gelder zur Bestreitung der Kosten des Baues durch Grundpfandrechte gesichert waren.[90]

**19.2** Eine Form des Vorsatzes ist auch der sogenannte bedingte Vorsatz. Danach genügt es grundsätzlich, wenn der Schädiger zwar nicht positiv von der Zweckentfremdung der empfangenen Baugelder wusste, diese Möglichkeit aber billigend in Kauf nahm.[91] Nach der Entscheidung des Bundesgerichtshofes vom 8. Januar 1991 reicht es aus, dass der Baugeldempfänger es für möglich und nicht ganz fernliegend hält, dass die empfangenen Gelder aus einem zur Bestreitung der Kosten des Baues gewährten grundpfandrechtlich gesicherten Darlehen stammen.[92]

Ob der Baugeldempfänger die Baugeldeigenschaft empfangener Gelder für möglich und nicht ganz fernliegend hielt, muss durch den Vortrag tatsächlicher Anknüpfungspunkte nachgewiesen werden. Von einem bedingten Vorsatz ist beispielsweise auszugehen, wenn Bauträger vor Beginn der Bauarbeiten die Vorlage von Finanzierungsbestätigungen verlangen oder wenn sich der Bauträger im notariellen Kaufvertrag verpflichtet, an der Eintragung von Grundschulden zur Finanzierung des Käufers mitzuwirken.[93]

---

[89] BGH NJW 1982, S. 1037, 1938.
[90] BGH NJW 1987, S. 1196, 1197.
[91] BGH NJW 1988, S. 263, 265.
[92] BGH NJW-RR 1991, S. 728, 729.
[93] Zu weit deshalb OLG Düsseldorf, IBR 1997, S. 273 = OLGR 96, S. 141, wonach der Vorsatz der zweckwidrigen Verwendung von Baugeld unterstellt werden muss für den Zeitpunkt, in dem der Baugeldempfänger trotz offener Forderungen von Baugläubigern Baugelder zur Befriedigung anderer (nicht vom GSB geschützter) Gläubiger einsetzt; zu eng deshalb Thüringer OLG Jena, BauR 1999, S. 1465, wonach (nur) die Kenntnis sowohl von der Finanzierung der Baumaßnahme als auch von der grundpfandrechtlichen Absicherung des Kreditbetrages auf dem Grundstück der Baumaßnahme die Annahme des erforderlichen Vorsatzes erfülle.

Nach OLG Dresden, NJW-RR 1999, S. 1469, haben die Baugeldempfänger jedenfalls bei Bauvorhaben, die nach Art und Größe typischerweise durch Bankendarlehen finanziert werden, besondere Umstände vorzutragen, welche den bedingten Vorsatz ausschließen.[94]

## 20. Kann sich der Baugeldempfänger mit Erfolg darauf berufen, dass er die Vorschriften des GSB nicht kannte?

Dieser sog. Verbotsirrtum ist nach der im Strafrecht herrschenden Schuldtheorie zu beurteilen. Danach entlastet ein Verbotsirrtum nur, wenn er unvermeidbar war (§ 17 StGB). Bei fahrlässigem Verbotsirrtum wird die Vorsatztat nicht ausgeschlossen. Fahrlässig ist der Verbotsirrtum aber grundsätzlich für jeden, der im Geschäftsleben steht hinsichtlich derjenigen Gesetze, die seinen Geschäftsbereich betreffen. Er ist nämlich im Rahmen seines Wirkungskreises verpflichtet, sich über das Bestehen von Schutzgesetzen zu unterrichten.[95]

Im Ergebnis wird die Berufung auf Unkenntnis des GSB also nur in Ausnahmefällen Erfolg haben.

## 21. Was ist zur Vorbereitung einer Schadensersatzklage zu unternehmen?

Folgende vorbereitende Schritte sind zu empfehlen:

- Einsichtnahme in das Grundbuch, um festzustellen, ob Grundpfandrechte zur Finanzierung des Bauvorhabens eingetragen

---

[94] Diese Entscheidung des OLG Dresden geht aber sicherlich zu weit. Es zieht Kriterien, die für die Entlastung durch Verbotsirrtum gelten, für die Beurteilung des Vorsatzes heran und gelangt im Ergebnis so zu einer unzulässigen Beweislastumkehr.
[95] BGH BauR 1984, S. 658.

sind. Gegebenenfalls Einsicht in die Grundakten, in denen Grundschuldbestellungsurkunden, notarielle Kaufverträge u. U. Darlehensverträge abgelegt sind. Hieraus können weitere Anhaltspunkte für die auf die **Herstellungskosten** entfallenden Beträge gewonnen werden.[96])

– Kontaktaufnahme mit den Bauherren/Käufern, um zu erfahren, welche Baugelder tatsächlich geflossen sind. Ein Auskunftsanspruch besteht insoweit nicht.[97]) In der Praxis sind diese Personen aber nicht selten hilfsbereit, da auch sie in solchen Fällen häufig „Ärger" mit in Insolvenz geratenen Unternehmen erfahren mussten.

– Einsicht in das Handelsregister, um festzustellen, wer im Zeitpunkt der Verletzungshandlung vertretungsberechtigtes Organ war.

– Gegebenenfalls Einsicht in die Akte des Insolvenzgerichts, um in Erfahrung zu bringen, in welcher Höhe die „eigene Forderung" im Vermögensverzeichnis des Baugeldempfängers aufscheint und mit welchen Außenständen noch kalkuliert werden konnte. Diese Angaben können Bedeutung für den erforderlichen Vorsatz-Nachweis erlangen.

– Schriftliche Aufforderung an den Schädiger, innerhalb einer Frist die Einsicht in das Baubuch zu gewähren; dabei sollten die bereits gewonnenen Anhaltspunkte angesprochen werden (siehe Muster im Anhang).

---

[96]) Dem Inhaber von Bauforderungen steht dieses Einsichtsrecht zu: BGH BauR 1986, S. 235, 237 f.
[97]) Ob nach § 810 BGB die Einsicht z. B. in Zweckbestimmungserklärungen verlangt werden kann, ist fraglich, da dieses Einsichtsrecht nicht dazu dient, sich die für einen Schadensersatzanspruch erforderlichen Kenntnisse erst zu beschaffen: Staudinger-Marburger, 13. Aufl., § 810, Rdn. 10.

– Falls über die Höhe und Fälligkeit der ausgefallenen Bauforderung nicht bereits ein Titel gegen den Baugeldempfänger vorliegt, auf den Bezug genommen werden kann, ist die Begründung dieser Forderung wie für eine Zahlungsklage auszuarbeiten. Zu beachten ist aber die (beschränkte) Rechtskraftwirkung eines bereits vorliegenden Titels.

## 22. Ist für die Schadensersatzforderung Voraussetzung, dass der Baugeldempfänger in Insolvenz geraten ist oder seine Zahlungen eingestellt hat?

Diese Merkmale sind Voraussetzungen für die Straftat nach § 5 GSB. Für den Schadensersatzanspruch ist jedoch als schädigende Handlung die Verletzung des Schutzgesetzes, also die vorsätzlich zweckswidrige Verwendung empfangener Baugelder ausreichend.[98]

Allerdings ist der Nachweis eines infolge der Verletzungshandlung entstandenen Schadens erforderlich. Ein Schaden ist nur gegeben, soweit der Baugläubiger mit seiner Bauforderung ausgefallen ist.

Neben den in der Überschrift genannten Fällen sind als Schadensnachweis denkbar:

– vergebliche Zwangsvollstreckungsmaßnahmen;

– Abgabe der eidesstattlichen Versicherung des Schuldners der Bauforderung, soweit sich dem Vermögensverzeichnis entnehmen lässt, dass die Bauforderung nicht wird befriedigt werden können;

– Nachweis der Liquidation des betreffenden Unternehmens.

---

[98] Schulze-Hagen, NJW 1986, S. 2403, 2407.

Abschnitt D

## 23. Ist für die Durchsetzung des Schadensersatzanspruchs die Kenntnis der genauen Höhe der empfangenen Baugelder erforderlich?

Nachdem für die Befriedigung der Baugläubiger grundsätzlich keine bestimmte Reihenfolge einzuhalten ist, haften die Baugeldempfänger jedem einzelnen Baugläubiger mit dem gesamten Baugeldbetrag, bis das Baugeld für Bauforderungen verbraucht ist. Die Baugläubiger brauchen also nicht darzulegen, dass bei zweckgemäßer Verwendung der Baugelder ihre Bauforderung tatsächlich befriedigt worden wäre. Sie genügen ihrer Behauptungslast, wenn sie darlegen, dass sie eine Werklohnforderung haben, **deren Höhe die empfangenen Baugelder jedenfalls nicht übersteigt.**[99]

Das gilt auch für die „pro-rata"-Fälle, bei denen die Baugelder den Baugeldempfängern in Raten nach Maßgabe des Baufortschritts gezahlt werden. Denn nach der Rechtsprechung des BGH dient die gesonderte Anwendung der Verwendungspflichten auf jede einzelne Rate lediglich der Beschränkung der Entnahmerechte des Baugeldempfängers.[100] Daraus kann sich kein Nachteil für die Baugläubiger ergeben.

---

[99] BGH WM 1984, S. 1433.
[100] Siehe vorstehende Ziffer 13.

GSB

# Anhang zu Abschnitt D

GSB

## 1. Muster für eine Aufforderung, Einsicht in das Baubuch zu gewähren

Einschreiben/Rückschein

An Frau/Herrn

Datum

Betreff: Bauvorhaben
............................................................................................................
hier: Einsicht in das Baubuch

Sehr geehrte(r) Frau (Herr)
............................................................................................................,

für das oben genannte Bauvorhaben wurden wir mit Bauvertrag vom ............................. beauftragt, für die ................................- GmbH sämtliche ............................-Arbeiten[1]) auszuführen. Wir haben die uns übertragenen Lieferungen und Leistungen vertragsgemäß bis zum ............................. erbracht. Die Abnahme erfolgte am ........................

Aus unserer Schlussrechnung vom ............................. ist eine Restwerklohnforderung von DM ............................. offen und fällig. Unsere Auftraggeberin, die ............................-GmbH, meldete am ............................. Insolvenz an. Die Eröffnung des Insolvenzverfahrens wurde vom zuständigen Insolvenzgericht am ............................. mangels Masse abgelehnt. Mit einer Befriedigung unserer Restwerklohnforderung ist daher nicht mehr zu rechnen.[2])

---

[1]) Siehe Ziff. 7.
[2]) Siehe Ziff. 9, 22.

## Abschnitt D

Die ..................-GmbH war gemäß § 1 GSB verpflichtet, empfangene Baugelder zur Befriedigung der an der Herstellung des Baues beteiligten Personen zu verwenden.[3] Durch Einsicht in das Grundbuch für das Baugrundstück[4] haben wir aber Anhaltspunkte dafür gewonnen, dass die ..................-GmbH Baugelder empfangen hat, die die Höhe unserer offenen und fälligen Restwerklohnforderung übersteigen.[5]

Als damalige(r) Geschäftsführer(in) der ..................-GmbH sind Sie für die zweckgemäße Verwendung der empfangenen Baugelder persönlich verantwortlich.[6] Ein vorsätzlicher[7] Verstoß gegen die genannte Vorschrift kann deshalb Schadensersatzansprüche gegen Sie persönlich in Höhe der ausgefallenen Restwerklohnforderung nach sich ziehen. Wir erlauben uns, in diesem Zusammenhang auf den Straftatbestand der § 5 und 6 GSB zu verweisen.

Als Geschäftsführer(in) der ..................-GmbH hatten Sie gemäß § 2 GSB ferner dafür Sorge zu tragen, dass über das Bauvorhaben ..................ein den Anforderungen des § 2 Abs. 3 GSB genügendes Baubuch geführt wird.[8] Da wir an der Herstellung des Baues aufgrund unseres Werkvertrages vom .................. als Baugläubiger beteiligt waren, haben wir ein Recht auf Einsicht in dieses Baubuch.[9]

Wir fordern Sie deshalb auf, uns bis zum .................. Einsicht in dieses Baubuch zu gewähren und uns bis spätestens .................. mitzuteilen, wann und wo wir Einsicht nehmen können.[10]

---

[3] Siehe Ziff. 11, 12.2
[4] Siehe Ziff. 21.
[5] Siehe Ziff. 23.
[6] Siehe Ziff. 18.1.
[7] Siehe Ziff. 19.
[8] Siehe Ziff. 16, 17.
[9] Siehe Ziff. 21.
[10] Siehe Ziff. 15.

## 2. Muster einer Klage auf Schadensersatz wegen zweckwidriger Verwendung von Baugeldern

An das
Landgericht München I
– Zivilkammer –
Postfach

80316 München                                                   Datum


**K L A G E**

in Sachen

**Firma Huber und Friderich Betonbau GmbH & Co. KG,**
Stadtwiese 12, 80336 München

– Klägerin –

gesetzlich vertreten durch die persönlich haftende Firma Huber und Müller Betriebs-GmbH,
diese durch die Geschäftsführer Hubert Huber und Fritz Friderich, ebenda

Prozessbevollmächtigte: Rechtsanwalt Claus-Hinrich Becherlein, Stadtgarten 34a, 80336 München

gegen

1. Habendorfer Elly, Geschäftsführerin
2. Habendorfer Bertold, Kaufmann
beide: Stadtgraben 54, 80333 München

– Beklagte –

wegen unerlaubter Handlung (Verstoß gegen das Gesetz zur Sicherung der Bauforderungen)

Streitwert: DM 250 000,–

zeigen wir die Vertretung der Klägerin an und erheben Klage gegen die Beklagten mit folgenden

**Anträgen:**

I. Die Beklagten werden verurteilt, an die Klägerin als Gesamtschuldner DM 250 000,– (in Worten: zweihundertfünfzigtausend 00/100 Deutsche Mark) nebst Zinsen hieraus in Höhe von 12,5% p. a. seit dem 01. 01. 1992 zu bezahlen.

II. Die Beklagten haben die Kosten des Rechtsstreits zu tragen.

**Begründung:**

Die Klägerin macht gegen die Beklagten als Gesamtschuldner einen Schadensersatzanspruch aus unerlaubter Handlung geltend, der auf die schuldhafte und rechtswidrige Verletzung des Gesetzes zur Sicherung der Bauforderungen (GSB) gestützt wird.

I.

1. Die Beklagte zu 1. ist Geschäftsführerin der Firma Habendorfer Fix-Bau GmbH. Der Beklagte zu 2. war zwischen dem 01. 01. 1991 und dem 31. 12. 1991 Mitarbeiter bei dieser Firma und in deren Vollmacht mit der finanziellen und organisatorischen Durchführung des Bauvorhabens Wohnanlage Am Supermarkt in München befasst.

2. Die Beklagte zu 1. hat als Geschäftsführerin der Firma Habendorfer Fix-Bau GmbH am 01. 01. 1992 Antrag auf Eröffnung des Insolvenzverfahrens gestellt. Dieser Antrag wurde vom Amtsgericht München, Insolvenzgericht, unter dem Az.: ........................................ mit Beschluss vom 28. 02. 1992 mangels Masse abgelehnt.

Beweis:
Beschluss vom 28. 02. 1992, Anlage

In dem für das Insolvenzeröffnungsverfahren von der Beklagten zu 1. vorgelegten Vermögensverzeichnis vom 11. 01. 1992 ist eine offene, fällige und unbestrittene Forderung der Klägerin aus dem Bauvorhaben Wohnanlage Am Supermarkt in Höhe von DM 250 000,– enthalten.

Beweis:
Vermögensverzeichnis vom 11. 01. 1992, Anlage

Die Beiziehung der Insolvenzakte AG München, Az.: ......................... wird hiermit beantragt.

II.

1. Die Klägerin hat aufgrund des mit der Firma Habendorfer Fix-Bau GmbH am 07. 01. 1991 geschlossenen Bau-Werkvertrages sämtliche Beton- und Stahlbeton der in Stahlbeton-Skelett-Bauweise errichteten Wohnanlage Am Supermarkt ausgeführt.[11]) Gemäß der Ziffer 5 des Werkvertrages haben die Vertragsparteien die Geltung der VOB/B, Ausgabe 1988, vereinbart.

Beweis:
Vertragsurkunde vom 07. 01. 1991, Anlage

Die übertragenen Lieferungen und Leistungen waren am 30. 06. 1991 vertragsgerecht fertiggestellt.

Beweis:
Abnahmeprotokoll vom 30. 06. 1991, Anlage

2. Die vorläufige Vertragssumme belief sich auf DM 2 100 000,–. Nach Fertigstellung hat die Klägerin am 15. 07. 1991 ihre Schlussrechnung erstellt. Aus ihr ergibt sich eine gesamte Werklohnforderung von DM 2 155 000,–. Die Firma Habendorfer Fix-Bau GmbH hat diese Abrechnung auf DM 2 133 000,– im Rahmen der Rechnungsprüfung gekürzt.

Beweis:
korrigierte Schlussrechnung vom 15. 07. 1991, Anlage

---

[11]) Siehe Ziff.7.

## Abschnitt D

Die Werklohnforderung der Klägerin ist aufgrund der Rechnungsprüfung vom 31. 08. 1991 an diesem Tag zur Zahlung fällig geworden (§ 16 Nr. 3 Abs. 1 VOB/B).[12]

Hierauf hat die Firma Habendorfer Fix-Bau GmbH insgesamt DM 1 883 000,– bezahlt, so dass nach dem Korrekturergebnis der Schlussrechnung offen und fällig sind:

```
      DM   2 133 000,–
./.   DM   1 833 000,–
  =   DM     250 000,–
```

### III.

Der Klägerin ist in Höhe ihrer offenen und fälligen Restwerklohnforderung ein nicht mehr einbringlicher Schaden entstanden. Diesen Schaden haben die Beklagten zu 1. und zu 2. zu ersetzen, weil sie entgegen der Verwendungspflicht des § 1 Abs. 1 GSB Baugelder vorsätzlich zweckwidrig verwendet haben, die für das Bauvorhaben Wohnanlage Am Supermarkt bestimmt waren und weil deswegen die Werklohnforderung der Klägerin nicht mehr erfüllt wird.

1. Das Baugrundstück, Flurstück-Nummer, Gemarkung Hasenweide, ............................ ist im Grundbuch des Amtsgerichts München von Hasenweide vorgetragen unter Band ................, Blatt ........................

   Beweis:
   Grundbuchauszug vom ........................, Anlage[13])

   Als Eigentümerin des Baugrundstücks ist seit dem 10. 07. 1987 die Firma Stadtwiesen-Verwertungs-AG eingetragen. Die Grundstückseigentümerin ist gleichzeitig die Bauherrin der Wohnanlage Am Supermarkt. Die Firma Habendorfer Fix-Bau GmbH wurde von der Bauherrin als Generalübernehmerin mit der Planung und Durchführung der Wohnanlage beauftragt.

---

[12]) Siehe Ziff. 10.
[13]) Siehe Ziff. 21.

Das Bauvorhaben wurde von der Nord-Süd-Privatcommerz AG finanziert. Die Nord-Süd-Privatcommerz AG gewährte der Bauherrin zur Finanzierung des Bauvorhabens ein Darlehen in Höhe von DM 4,5 Millionen. Dieses Baudarlehen wurde durch eine am 15. 11. 1990 auf dem Baugrundstück eingetragene Grundschuld ohne Brief gesichert.[14]

Beweis:
Grundbuchauszug, bereits vorgelegt

Die Darlehensvaluta sind auch an die Firma Habendorfer Fix-Bau GmbH ausgereicht worden.

2. Die an dem Baugrundstück dinglich gesicherten Geldbeträge, die von der Nord-Süd-Privatcommerz AG der Firma Habendorfer Fix-Bau GmbH gewährt wurden, sind „Baugelder" im Sinne des § 1 Abs. 3 GSB. Die Firma Habendorfer Fix-Bau GmbH war demnach gemäß § 1 Abs. 1 GSB gehalten, diese Gelder zur Befriedigung der an der Herstellung des Baues aufgrund eines Werk-, Liefer- oder Dienstvertrages beteiligten Personen zu verwenden.[15]

Die Klägerin ist Baugläubigerin im Sinne des § 1 GSB.[16] Nachdem die Firma Habendorfer Fix-Bau GmbH Baugelder in einer die gesamte Werklohnforderung der Klägerin übersteigenden Höhe erhalten hat, ist davon auszugehen, dass die empfangenen Baugelder nicht zweckentsprechend an die Klägerin weitergegeben wurden.[17]

3. Mit Schreiben vom .................... hat die Klägerin die Beklagten zu 1. und zu 2. aufgefordert, bis zum ......................... Einsicht in das Baubuch zu gewähren.

Beweis:
Schreiben der Klägerin vom ................., Anlage

---

[14] Siehe Ziff. 6.
[15] Siehe Ziff. 12.
[16] Siehe Ziff. 7.
[17] Siehe Ziff. 23.

# Abschnitt D

Die Beklagten haben hierauf nicht reagiert. Nach der Rechtsprechung des Bundesgerichtshofes kehrt sich die Beweislast hinsichtlich der zweckwidrigen Verwendung der empfangenen Baugelder damit insoweit um, als nunmehr die Beklagten zu beweisen haben, dass und welche finanzierten und auf dem Baugrundstück gesicherten Geldbeträge nicht zur Bestreitung der Baukosten bestimmt waren und inwieweit die Firma Habendorfer Fix-Bau GmbH die empfangenen Baugelder für die Befriedigung der Baugläubiger verwendet haben (BGH WM 1986, S. 264, 266).[18])

## IV.

Die Beklagten zu 1. und zu 2. haften persönlich für den der Klägerin entstandenen Schaden.

1. Die Beklagte zu 1. ist als Geschäftsführerin für die Einhaltung der Verwendungspflichten gemäß § 1 GSB verantwortlich.

   Der Beklagte zu 2. war von der Beklagten zu 1. namens der von ihr vertretenen Firma bevollmächtigt, die für die Durchführung des Bauvorhabens erforderlichen Zahlungen entgegenzunehmen und an die beteiligten Bauunternehmen zu leisten. Das ergibt sich bereits daraus, dass der größte Teil der der Klägerin zur Leistung von Abschlagszahlungen zugesandten Schecks von dem Beklagten zu 2. (alleine) unterzeichnet waren.[19])

2. Die Beklagten handelten auch vorsätzlich.[20]) Ganz abgesehen davon, dass sie angesichts der Art und Größe des Bauvorhabens damit gerechnet haben, dass zumindest ein großer Teil der erhaltenen Gelder auf dem Baugrundstück gesichert sein müssen, waren ihnen die eingetragenen Grundschulden auch positiv bekannt. Bei den Vertragsverhandlungen mit der Klägerin, an denen beide Beklagten teilnahmen, wiesen die Beklagten zur Entkräftung der von der Klägerin vorgetragenen Be-

---

[18]) Siehe Ziff. 15.
[19]) Siehe Ziff. 18.2
[20]) Siehe Ziff. 19.1

denken darauf hin, dass die Finanzierung des Objektes gesichert sei, weil die Bauherrin bereits seit 1987 als Eigentümerin des Baugrundstücks eingetragen sei und sie Darlehen nur zur Finanzierung der Herstellungskosten aufnehmen habe müssen. Entsprechend sei im Grundbuch zur Zeit des Grundstückserwerbs noch kein Grundpfandrecht eingetragen worden.

Beweis:
Johann Armdran, Bauleiter der Klägerin, zu laden über diese als Zeuge.

V.

(Ausführungen zum Zahlungsverzug der Beklagten)

RA Becherlein

Gesetz

# Abschnitt E

## Gesetzestexte

## 1. §§ 284, 288 BGB

**§ 284. [Verzug des Schuldners]** (1) Leistet der Schuldner auf eine Mahnung des Gläubigers nicht, die nach dem Eintritte der Fälligkeit erfolgt, so kommt er durch die Mahnung in Verzug. Der Mahnung steht die Erhebung der Klage auf die Leistung sowie die Zustellung eines Mahnbescheids im Mahnverfahren gleich.

(2) Ist für die Leistung eine Zeit nach dem Kalender bestimmt, so kommt der Schuldner ohne Mahnung in Verzug, wenn er nicht zu der bestimmten Zeit leistet. Das Gleiche gilt, wenn der Leistung eine Kündigung vorauszugehen hat und die Zeit für die Leistung in der Weise bestimmt ist, dass sie sich von der Kündigung ab nach dem Kalender berechnen lässt.

**(3) Abweichend von den Abs. 1 und 2 kommt der Schuldner einer Geldforderung 30 Tage nach Fälligkeit und Zugang einer Rechnung oder einer gleichwertigen Zahlungsaufforderung in Verzug. Bei Schuldverhältnissen, die wiederkehrende Geldleistungen zum Gegenstand haben, bleibt Abs. 2 unberührt.**

**§ 288. [Verzugszinsen] (1) Eine Geldschuld ist während des Verzugs für das Jahr mit 5% Punkten über dem Basiszinssatz nach § 1 des Diskontsatz-Überleitungs-Gesetzes vom 09. Juni 1998 (BGBl I, S. 1242) zu verzinsen. Kann der Gläubiger aus einem anderen Rechtsgrunde höhere Zinsen verlangen, so sind diese fortzuentrichten.**

(2) Die Geltendmachung eines weiteren Schadens ist nicht ausgeschlossen.

## Abschnitt E

### 2. §§ 632a, 640–651 BGB

§ 632a. **[Abschlagszahlungen]** Der Unternehmer kann von dem Besteller für in sich abgeschlossene Teile des Werks Abschlagszahlungen für die erbrachten vertragsmäßigen Leistungen verlangen. Dies gilt auch für erforderliche Stoffe oder Bauteile, die eigens angefertigt oder angeliefert sind. Der Anspruch besteht nur, wenn dem Besteller Eigentum an den Teilen des Werks, an den Stoffen oder Bauteilen übertragen oder Sicherheit hierfür geleistet wird.

§ 640. **[Abnahme]** (1) Der Besteller ist verpflichtet, das vertragsgemäß hergestellte Werk abzunehmen, sofern nicht nach der Beschaffenheit des Werkes die Abnahme ausgeschlossen ist. **Wegen unwesentlicher Mängel kann die Abnahme nicht verweigert werden. Der Abnahme steht es gleich, wenn der Besteller das Werk nicht innerhalb einer ihm vom Unternehmer bestimmten angemessenen Frist abnimmt, obwohl er dazu verpflichtet ist.**

(2) Nimmt der Besteller ein mangelhaftes Werk **gemäß Abs. 1 Satz 1** ab, obschon er den Mangel kennt, so stehen ihm die in den §§ 633, 634 bestimmten Ansprüche nur zu, wenn er sich seine Rechte wegen des Mangels bei der Abnahme vorbehält.

§ 641. **[Fälligkeit der Vergütung]** (1) Die Vergütung ist bei der Abnahme des Werkes zu entrichten. Ist das Werk in Teilen abzunehmen und die Vergütung für die einzelnen Teile bestimmt, so ist die Vergütung für jeden Teil bei dessen Abnahme zu entrichten.

**(2) Die Vergütung des Unternehmers für ein Werk, dessen Herstellung der Besteller einem Dritten versprochen hat, wird spätestens fällig, wenn und soweit der Besteller von dem Dritten für das versprochene Werk wegen dessen Herstellung seine Vergütung oder Teile davon erhalten hat. Hat der Besteller dem Dritten wegen möglicher Mängel des Werkes Sicherheit geleistet, gilt dies nur, wenn der Unternehmer dem Besteller Sicherheit in entsprechender Höhe leistet.**

(3) Kann der Besteller die Beseitigung eines Mangels verlangen, so kann er nach der Abnahme die Zahlung eines angemessenen Teils der Vergütung verweigern, mindestens in Höhe des Dreifachen der für die Beseitigung des Mangels erforderlichen Kosten.

(4) Eine in Geld festgesetzte Vergütung hat der Besteller von der Abnahme des Werkes an zu verzinsen, sofern nicht die Vergütung gestundet ist.

§ 641a. [Fertigstellungsbescheinigung] (1) Der Abnahme steht es gleich, wenn dem Unternehmer von einem Gutachter eine Bescheinigung darüber erteilt wird, dass

1. das versprochene Werk, im Falle des § 641 Abs. 1 Satz 2 auch ein Teil desselben, hergestellt ist und

2. das Werk frei von Mängeln ist, die der Besteller gegenüber dem Gutachter behauptet hat oder die für den Gutachter bei einer Besichtigung feststellbar sind

(Fertigstellungsbescheinigung). Das gilt nicht, wenn das Verfahren nach den Abs. 2 bis 4 nicht eingehalten worden ist oder wenn die Voraussetzungen des § 640 Abs. 1 Sätze 1 und 2 nicht gegeben waren. Im Streitfall hat dies der Besteller zu beweisen. § 640 Abs. 2 ist nicht anzuwenden. Es wird vermutet, dass ein Aufmaß oder eine Stundenlohnabrechnung, die der Unternehmer seiner Rechnung zugrundelegt, zutreffen, wenn der Gutachter dies in der Fertigstellungsbescheinigung bestätigt.

(2) Gutachter kann sein

1. ein Sachverständiger, auf den sich Unternehmer und Besteller verständigt haben, oder

2. ein auf Antrag des Unternehmers durch eine Industrie- und Handelskammer, eine Handwerkskammer, eine Architektenkammer oder eine Ingenieurkammer bestimmter öffentlich bestellter und vereidigter Sachverständiger.

Abschnitt E

Der Gutachter wird vom Unternehmer beauftragt. Er ist diesem und dem Besteller des zu begutachtenden Werks gegenüber verpflichtet, die Bescheinigung unparteiisch und nach bestem Wissen und Gewissen zu erteilen.

(3) Der Gutachter muss mindestens einen Besichtigungstermin abhalten; eine Einladung hierzu unter Angabe des Anlasses muss dem Besteller mindestens zwei Wochen vorher zugehen. Ob das Werk frei von Mängeln ist, beurteilt der Gutachter nach einem schriftlichen Vertrag, den ihm der Unternehmer vorzulegen hat. Änderungen dieses Vertrages sind dabei nur zu berücksichtigen, wenn sie schriftlich vereinbart sind oder von den Vertragsteilen übereinstimmend gegenüber dem Gutachter vorgebracht werden. Wenn der Vertrag entsprechende Angaben nicht enthält, sind die allgemein anerkannten Regeln der Technik zugrunde zu legen. Vom Besteller geltend gemachte Mängel bleiben bei der Erteilung der Bescheinigung unberücksichtigt, wenn sie nach Abschluss der Besichtigung vorgebracht werden.

(4) Der Besteller ist verpflichtet, eine Untersuchung des Werks oder von Teilen desselben durch den Gutachter zu gestatten. Verweigert er die Untersuchung, wird vermutet, dass das zu untersuchende Werk vertragsgemäß hergestellt worden ist; die Bescheinigung nach Abs. 1 ist zu erteilen.

(5) Dem Besteller ist vom Gutachter eine Abschrift der Bescheinigung zu erteilen. In Ansehung von Fristen, Zinsen und Gefahrübergang treten die Wirkungen der Bescheinigung erst mit ihrem Zugang beim Besteller ein.

§ 642. [Mitwirkung des Bestellers] (1) Ist bei der Herstellung des Werkes eine Handlung des Bestellers erforderlich, so kann der Unternehmer, wenn der Besteller durch das Unterlassen der Handlung in Verzug der Annahme kommt, eine angemessene Entschädigung verlangen.

(2) Die Höhe der Entschädigung bestimmt sich einerseits nach der Dauer des Verzugs und der Höhe der vereinbarten Vergütung, andererseits nach demjenigen, was der Unternehmer infolge des Verzugs an Aufwendungen erspart oder durch anderweitige Verwendung seiner Arbeitskraft erwerben kann.

**§ 643. [Fristsetzung mit Kündigungsandrohung]** ¹Der Unternehmer ist im Falle des § 642 berechtigt, dem Besteller zur Nachholung der Handlung eine angemessene Frist mit der Erklärung zu bestimmen, dass er den Vertrag kündige, wenn die Handlung nicht bis zum Ablaufe der Frist vorgenommen werde. ²Der Vertrag gilt als aufgehoben, wenn nicht die Nachholung bis zum Ablaufe der Frist erfolgt.

**§ 644. [Gefahrtragung]** (1) ¹Der Unternehmer trägt die Gefahr bis zur Abnahme des Werkes. ²Kommt der Besteller in Verzug der Annahme, so geht die Gefahr auf ihn über. ³Für den zufälligen Untergang und eine zufällige Verschlechterung des von dem Besteller gelieferten Stoffes ist der Unternehmer nicht verantwortlich.

(2) Versendet der Unternehmer das Werk auf Verlangen des Bestellers nach einem anderen Orte als dem Erfüllungsorte, so finden die für den Kauf geltenden Vorschriften des § 447 entsprechende Anwendung.

**§ 645. [Bestellerhaftung]** (1) ¹Ist das Werk vor der Abnahme infolge eines Mangels des von dem Besteller gelieferten Stoffes oder infolge einer von dem Besteller für die Ausführung erteilten Anweisung untergegangen, verschlechtert oder unausführbar geworden, ohne dass ein Umstand mitgewirkt hat, den der Unternehmer zu vertreten hat, so kann der Unternehmer einen der geleisteten Arbeit entsprechenden Teil der Vergütung und Ersatz der in der Vergütung nicht inbegriffenen Auslagen verlangen. ²Das gleiche gilt, wenn der Vertrag in Gemäßheit des § 643 aufgehoben wird.

(2) Eine weitergehende Haftung des Bestellers wegen Verschuldens bleibt unberührt.

**§ 646. [Vollendung statt Abnahme]** Ist nach der Beschaffenheit des Werkes die Abnahme ausgeschlossen, so tritt in den Fällen der §§ 638, 641, 644, 645 an die Stelle der Abnahme die Vollendung des Werkes.

**§ 647. [Unternehmerpfandrecht]** Der Unternehmer hat für seine Forderungen aus dem Vertrag ein Pfandrecht an den von ihm hergestellten oder ausgebesserten beweglichen Sachen des Bestellers, wenn sie bei der Herstellung oder zum Zwecke der Ausbesserung in seinen Besitz gelangt sind.

**§ 648. [Bauhandwerkersicherungshypothek]** (1) $^1$Der Unternehmer eines Bauwerkes oder eines einzelnen Teiles eines Bauwerkes kann für seine Forderungen aus dem Vertrage die Einräumung einer Sicherungshypothek an dem Baugrundstücke des Bestellers verlangen. $^2$Ist das Werk noch nicht vollendet, so kann er die Einräumung der Sicherungshypothek für einen der geleisteten Arbeit entsprechenden Teil der Vergütung und für die in der Vergütung nicht inbegriffenen Auslagen verlangen.

(2) $^1$Der Inhaber einer Schiffswerft kann für seine Forderungen aus dem Bau oder der Ausbesserung eines Schiffs die Einräumung einer Schiffshypothek an dem Schiffsbauwerk oder dem Schiff des Bestellers verlangen; Absatz 1 Satz 2 gilt sinngemäß. $^2$§ 647 findet keine Anwendung.

**§ 648a. [Bauhandwerkersicherung]** (1) Der Unternehmer eines Bauwerks, einer Außenanlage oder eines Teils davon kann vom Besteller Sicherheit für die von ihm zu erbringenden Vorleistungen **einschließlich dazugehöriger Nebenforderungen** in der Weise verlangen, dass er dem Besteller zur Leistung der Sicherheit eine angemessene Frist mit der Erklärung bestimmt, dass er nach dem Ablauf der Frist seine Leistung verweigere. Sicherheit kann bis zur Höhe des voraussichtlichen Vergütungsanspruchs, **wie er sich aus dem Vertrag oder einem nachträglichen Zusatzauftrag ergibt, sowie wegen Nebenforderungen verlangt werden; die Nebenforderungen sind mit 10 v. H. des zu sichernden Vergütungsanspruchs anzusetzen.** Sie ist auch dann als ausreichend anzusehen, wenn sich der Sicherungsgeber das Recht vorbehält, sein Versprechen im Falle einer wesentlichen Verschlechterung der Vermögensverhältnisse des Bestellers mit Wirkung für Vergütungsansprüche aus Bauleistungen zu widerrufen, die der Unternehmer bei Zugang der Widerrufserklärung noch nicht erbracht hat.

(2) Die Sicherheit kann auch durch eine Garantie oder ein sonstiges Zahlungsversprechen eines im Geltungsbereich dieses Gesetzes zum Geschäftsbetrieb befugten Kreditinstituts oder Kreditversicherers geleistet werden. Das Kreditinstitut oder der Kreditversicherer darf Zahlungen an den Unternehmer nur leisten, soweit der Besteller den Vergütungsanspruch des Unternehmers anerkannt oder durch vorläufig vollstreckbares Urteil zur Zahlung der Vergütung verurteilt worden ist und die Voraussetzungen vorliegen, unter denen die Zwangsvollstreckung begonnen werden darf.

(3) Der Unternehmer hat dem Besteller die üblichen Kosten der Sicherheitsleistung bis zu einem Höchstsatz von zwei vom Hundert für das Jahr zu erstatten. Dies gilt nicht, soweit eine Sicherheit wegen Einwendungen des Bestellers gegen den Vergütungsanspruch des Unternehmers aufrechterhalten werden muss und die Einwendungen sich als unbegründet erweisen.

(4) Soweit der Unternehmer für seinen Vergütungsanspruch eine Sicherheit nach den Absätzen 1 oder 2 erlangt hat, ist der Anspruch auf Einräumung einer Sicherungshypothek nach § 648 Abs. 1 ausgeschlossen.

(5) Leistet der Besteller die Sicherheit nicht fristgemäß, so bestimmen sich die Rechte des Unternehmers nach den §§ 643 und 645 Abs. 1. Gilt der Vertrag danach als aufgehoben, kann der Unternehmer auch Ersatz des Schadens verlangen, den er dadurch erleidet, dass er auf die Gültigkeit des Vertrages vertraut hat. **Dasselbe gilt, wenn der Besteller in zeitlichem Zusammenhang mit dem Sicherungsverlangen gemäß Abs. 1 kündigt, es sei denn, die Kündigung ist nicht erfolgt, um der Stellung der Sicherheit zu entgehen. Es wird vermutet, dass der Schaden 5% der Vergütung beträgt.**

## Abschnitt E

(6) Die Vorschriften der Absätze 1 bis 5 finden keine Anwendung, wenn der Besteller

1. eine juristische Person des öffentlichen Rechts oder ein öffentlich-rechtliches Sondervermögen ist oder

2. eine natürliche Person ist und die Bauarbeiten zur Herstellung oder Instandsetzung eines Einfamilienhauses mit oder ohne Einliegerwohnung ausführen lässt; dies gilt nicht bei Betreuung des Bauvorhabens durch einen zur Verfügung über die Finanzierungsmittel des Bestellers ermächtigten Baubetreuer.

(7) Eine von den Vorschriften der Absätze 1 bis 5 abweichende Vereinbarung ist unwirksam.

**§ 649. [Kündigungsrecht des Bestellers]** [1]Der Besteller kann bis zur Vollendung des Werkes jederzeit den Vertrag kündigen. [2]Kündigt der Besteller, so ist der Unternehmer berechtigt, die vereinbarte Vergütung zu verlangen; er muss sich jedoch dasjenige anrechnen lassen, was er infolge der Aufhebung des Vertrags an Aufwendungen erspart oder durch anderweitige Verwendung seiner Arbeitskraft erwirbt oder zu erwerben böswillig unterlässt.

**§ 650. [Kostenanschlag]** (1) Ist dem Vertrag ein Kostenanschlag zugrunde gelegt worden, ohne dass der Unternehmer die Gewähr für die Richtigkeit des Anschlags übernommen hat, und ergibt sich, dass das Werk nicht ohne eine wesentliche Überschreitung des Anschlags ausführbar ist, so steht dem Unternehmer, wenn der Besteller den Vertrag aus diesem Grunde kündigt, nur der im § 645 Abs. 1 bestimmte Anspruch zu.

(2) Ist eine solche Überschreitung des Anschlags zu erwarten, so hat der Unternehmer dem Besteller unverzüglich Anzeige zu machen.

**§ 651. [Werklieferungsvertrag]** (1) [1]Verpflichtet sich der Unternehmer, das Werk aus einem von ihm zu beschaffenden Stoffe herzustellen, so hat er dem Besteller die hergestellte Sache zu übergeben und das Eigentum an der Sache zu verschaffen. [2]Auf einen solchen Vertrag finden die Vorschriften über den Kauf Anwendung; ist eine nicht vertretbare Sache herzustellen, so treten an die Stelle des § 433, des § 446 Abs. 1 Satz 1 und der §§ 447, 459, 460, 462 bis 464, 477 bis 479 die Vorschriften über den Werkvertrag mit Ausnahme der §§ 647 bis 648a.

(2) Verpflichtet sich der Unternehmer nur zur Beschaffung von Zutaten oder sonstigen Nebensachen, so finden ausschließlich die Vorschriften über den Werkvertrag Anwendung.

## 3. Sonstige, durch das Gesetz zur Beschleunigung fälliger Zahlungen geänderten Gesetze

### 3.1 Einführungsgesetz zum Bürgerlichen Gesetzbuch

**Art. 229. [Weitere Überleitungsvorschriften]** (1) § 248 Abs. 3 des Bürgerlichen Gesetzbuchs in der seit dem 01. Mai 2000 geltenden Fassung gilt auch für Geldforderungen, die vor diesem Zeitpunkt entstanden sind. Vor diesem Zeitpunkt zugegangene Rechnungen lösen die Wirkungen des § 248 Abs. 3 nicht aus. § 288 des Bürgerlichen Gesetzbuchs und § 352 des Handelsgesetzbuchs in der jeweils seit dem 01. Mai 2000 geltenden Fassung sind auf alle Forderungen anzuwenden, die von diesem Zeitpunkt an fällig werden.

(2) §§ 632a, 640, 641a und 648a in der jeweils ab dem 01. Mai 2000 geltenden Fassung gelten, soweit nichts anderes bestimmt wird, nicht für Verträge, die vor diesem Zeitpunkt abgeschlossen worden sind. § 641 Abs. 3 und § 648 Abs. 5 Satz 3 in der seit dem 01. Mai 2000 geltenden Fassung sind auch auf vorher abgeschlossene Verträge anzuwenden. § 640 gilt für solche Verträge mit der Maßgabe, dass der Lauf der darin bestimmten Frist erst mit dem 01. Mai 2000 beginnt.

## 3.2 AGB-Gesetz

**§ 27a. [Abschlagszahlungen beim Hausbau]** Das Bundesministerium der Justiz wird ermächtigt, im Einvernehmen mit dem Bundesministerium für Wirtschaft und Technologie durch Rechtsverordnung, die der Zustimmung des Bundesrates nicht bedarf, auch unter Abweichung von § 632a des Bürgerlichen Gesetzbuchs zu regeln, welche Abschlagszahlungen bei Werkverträgen verlangt werden können, die die Errichtung eines Hauses oder eines vergleichbaren Bauwerks zum Gegenstand haben, insbesondere wie viele Abschläge vereinbart werden können, welche erbrachten Gewerke hierbei mit welchen Prozentsätzen der Gesamtbausumme angesetzt werden können, welcher Abschlag für eine in dem Vertrag enthaltene Verpflichtung zur Verschaffung des Eigentums angesetzt werden kann und welche Sicherheit dem Besteller hierfür zu leisten ist.

## 3.3 HGB

In § 352 Abs. 1 Satz 1 des Handelsgesetzbuches werden die Wörter „mit Einschluss der Verzugszinsen" durch die Wörter „mit Ausnahme der Verzugszinsen" ersetzt.

## 3.4 ZPO

1. Dem § 301 Abs. 1 wird folgender Satz angefügt:

   „Über einen Teil eines einheitlichen Anspruchs, der nach Grund und Höhe streitig ist, kann durch Teilurteil nur entschieden werden, wenn zugleich ein Grundurteil über den restlichen Teil des Anspruchs ergeht."

2. In § 302 Abs. 1 wird der Halbsatz „die mit der in der Klage geltend gemachten Forderung nicht in rechtlichem Zusammenhang steht", gestrichen.

## 4. Gesetz über die Sicherung der Bauforderungen

### Erster Abschnitt. Allgemeine Sicherungsmaßregeln

**§ 1.** (1) Der Empfänger von **Baugeld** ist verpflichtet, das Baugeld zur Befriedigung solcher Personen, die an der Herstellung des Baues aufgrund eines Werk-, Dienst- oder Lieferungsvertrags beteiligt sind, zu verwenden. Eine anderweitige Verwendung des Baugeldes ist bis zu dem Betrag statthaft, in welchem der Empfänger aus anderen Mitteln Gläubiger der bezeichneten Art bereits befriedigt hat.

(2) Ist der Empfänger selbst an der Herstellung beteiligt, so darf er das Baugeld in Höhe der Hälfte des angemessenen Wertes der von ihm in den Bau verwendeten Leistung, oder, wenn die Leistung von ihm noch nicht in den Bau verwendet worden ist, der von ihm geleisteten Arbeit und der von ihm gemachten Auslagen für sich behalten.

(3) Baugeld sind Geldbeträge, die zum Zweck der Bestreitung der Kosten eines Baues in der Weise gewährt werden, dass zur Sicherung der Ansprüche des Geldgebers eine Hypothek oder Grundschuld an dem zu bebauenden Grundstück dient **oder** die Übertragung des Eigentums an dem Grundstück erst nach gänzlicher oder teilweiser Herstellung des Baues erfolgen soll. Als Geldbeträge, die zum Zweck der Bestreitung der Kosten eines Baues gewährt werden, gelten insbesondere:

1. solche, deren Auszahlung ohne nähere Bestimmung des Zweckes der Verwendung nach Maßgabe des Fortschreitens des Baues erfolgen soll,

2. [1] . . .

**§ 2.** (1) Zur Führung eines Baubuches ist verpflichtet, wer die Herstellung eines Neubaues unternimmt und entweder Baugewerbetreibender ist oder sich für den Neubau Baugeld gewähren lässt. Über jeden Neubau ist gesondert Buch zu führen.

(2) Neubau im Sinne dieses Gesetzes ist die Errichtung eines Gebäudes auf einer Baustelle, die zur Zeit der Erteilung der Bauerlaubnis unbebaut oder nur mit Bauwerken untergeordneter Art oder mit solchen Bauwerken besetzt ist, welche zum Zweck der Errichtung des Gebäudes abgebrochen werden sollen.

(3) Aus dem Baubuch müssen sich ergeben:

1. die **Personen,** mit denen ein Werk-, Dienst- oder Lieferungsvertrag abgeschlossen ist, die Art der diesen Personen übertragenen Arbeiten und die vereinbarte Vergütung;

2. die auf jede Forderung geleisteten Zahlungen und die Zeit dieser Zahlungen;

3. die Höhe der zur Bestreitung der Baukosten zugesicherten Mittel und die Person des Geldgebers sowie Zweckbestimmung und Höhe derjenigen Beträge, die gegen Sicherstellung durch das zu bebauende Grundstück (§ 1 Abs. 3), jedoch **nicht** zur Bestreitung der Baukosten gewährt werden;

4. die einzelnen in Anrechnung auf die unter Ziffer 3 genannten Mittel an den Buchführungspflichtigen oder für seine Rechnung geleisteten Zahlungen und die Zeit dieser Zahlungen;

5. Abtretungen, Pfändungen oder sonstige Verfügungen über diese Mittel;

6. die Beträge, die der Buchführungspflichtige für eigene Leistungen in den Bau aus diesen Mitteln entnommen hat.

(4) Das Buch ist bis zum Ablauf von fünf Jahren, von der Beendigung des letzteingetragenen Baues an gerechnet, aufzubewahren.

§ 3. Die Vorschriften des § 2 finden auch auf Umbauten Anwendung, wenn für den Umbau Baugeld gewährt wird.

§ 4. *(aufgehoben)*

§ 5. Baugeldempfänger, welche ihre Zahlungen eingestellt haben oder über deren Vermögen das Insolvenzverfahren eröffnet worden ist und deren in § 1 Abs. 1 bezeichnete Gläubiger zur Zeit der Zahlungseinstellung oder der Eröffnung des Insolvenzverfahrens benachteiligt sind, werden mit Gefängnis nicht unter einem Monat bestraft, wenn sie zum Nachteil der bezeichneten Gläubiger den Vorschriften des § 1 zuwidergehandelt haben.

§ 6. (1) Zur Führung eines Baubuches verpflichtete Personen, welche ihre Zahlungen eingestellt haben oder über deren Vermögen das Insolvenzverfahren eröffnet worden ist und deren in § 2 Abs. 3 Ziff. 1 bezeichnete Gläubiger zur Zeit der Zahlungseinstellung oder der Konkurseröffnung benachteiligt sind, werden mit Gefängnis bis zu einem Jahr oder mit Geldstrafe ... bestraft, wenn sie das vorgeschriebene Baubuch zu führen unterlassen, oder es verheimlicht, vernichtet oder so unordentlich geführt haben, dass es keine genügende Übersicht, insbesondere über die Verwendung der zur Bestreitung der Baukosten zugesicherten Mittel, gewährt.

(2) Unterlässt es der Täter fahrlässig, das vorgeschriebene Baubuch zu führen, oder führt er es fahrlässig so unordentlich, dass es keine genügende Übersicht im Sinne des Absatzes 1 gewährt, so ist die Strafe Freiheitsstrafe bis zu sechs Monaten oder Geldstrafe bis zu einhundertachtzig Tagessätzen.

§ 7. *(aufgehoben)*

§ 8. *(überholt)*

**Zweiter Abschnitt. Dingliche Sicherung der Bauforderungen**

Erster bis siebenter Titel

**§§ 9 bis 67.** *(nicht anwendbar)*

## 5. §§ 823, 852 BGB

**Fünfundzwanzigster Titel. Unerlaubte Handlungen**

**§ 823. [Schadensersatzpflicht]** (1) Wer vorsätzlich oder fahrlässig das Leben, den Körper, die Gesundheit, die Freiheit, das Eigentum oder ein sonstiges Recht eines anderen widerrechtlich verletzt, ist dem anderen zum Ersatze des daraus entstehenden Schadens verpflichtet.

(2) [1]Die gleiche Verpflichtung trifft denjenigen, welcher gegen ein den Schutz eines anderen bezweckendes Gesetz verstößt. [2]Ist nach dem Inhalte des Gesetzes ein Verstoß gegen dieses auch ohne Verschulden möglich, so tritt die Ersatzpflicht nur im Falle des Verschuldens ein.

**§ 852. [Verjährung]** (1) Der Anspruch auf Ersatz des aus ein unerlaubten Handlung entstandenen Schadens verjährt in drei Jahren von dem Zeitpunkt an, in welchem der Verletzte von dem Schaden und der Person des Ersatzpflichtigen Kenntnis erlangt, ohne Rücksicht auf diese Kenntnis in dreißig Jahren von der Begehung der Handlung an.

(2) Schweben zwischen dem Ersatzpflichtigen und dem Ersatzberechtigten Verhandlungen über den zu leistenden Schadensersatz, so ist die Verjährung gehemmt, bis der eine oder der andere Teil die Fortsetzung der Verhandlungen verweigert.

## 6. §§ 14, 15, 17 Strafgesetzbuch

**Handeln für einen anderen**

**14** ᴵHandelt jemand

1. als vertretungsberechtigtes Organ einer juristischen Person oder als Mitglied eines solchen Organs,

2. als vertretungsberechtigter Gesellschafter einer Personenhandelsgesellschaft oder

3. als gesetzlicher Vertreter eines anderen,

so ist ein Gesetz, nach dem besondere persönliche Eigenschaften, Verhältnisse oder Umstände (besondere persönliche Merkmale) die Strafbarkeit begründen, auch auf den Vertreter anzuwenden, wenn diese Merkmale zwar nicht bei ihm, aber bei dem Vertretenen vorliegen.

ᴵᴵIst jemand von dem Inhaber eines Betriebes oder einem sonst dazu Befugten

1. beauftragt, den Betrieb ganz oder zum Teil zu leiten, oder

2. ausdrücklich beauftragt, in eigener Verantwortung Pflichten zu erfüllen, die den Inhaber des Betriebes treffen,

und handelt er aufgrund dieses Auftrages, so ist ein Gesetz, nach dem besondere persönliche Merkmale die Strafbarkeit begründen, auch auf den Beauftragten anzuwenden, wenn diese Merkmale zwar nicht bei ihm, aber bei dem Inhaber des Betriebes vorliegen. Dem Betrieb im Sinne des Satzes 1 steht das Unternehmen gleich. Handelt jemand aufgrund eines entsprechenden Auftrages für eine Stelle, die Aufgaben der öffentlichen Verwaltung wahrnimmt, so ist Satz 1 sinngemäß anzuwenden.

ᴵᴵᴵDie Absätze 1 und 2 sind auch dann anzuwenden, wenn die Rechtshandlung, welche die Vertretungsbefugnis oder das Auftragsverhältnis begründen sollte, unwirksam ist.

Abschnitt E

**Vorsätzliches und fahrlässiges Handeln**

**15** Strafbar ist nur vorsätzliches Handeln, wenn nicht das Gesetz fahrlässiges Handeln ausdrücklich mit Strafe bedroht.

**Verbotsirrtum**

**17** Fehlt dem Täter bei Begehung der Tat die Einsicht, Unrecht zu tun, so handelt er ohne Schuld, wenn er diesen Irrtum nicht vermeiden konnte. Konnte der Täter den Irrtum vermeiden, so kann die Strafe nach § 49 Abs. 1 gemildert werden.

# Die notwendige Grundausstattung für jeden Baupraktiker

## Textausgaben der VOB

### Die VOB/B als Beilage zum Angebot neueste Fassung
**im DIN A4-Doppelblattformat**
Die VOB/B ist eine „Allgemeine Geschäftsbedingung" und wird nur dann Vertragsbestandteil, wenn der Vertragspartner in zumutbarer Weise von ihr Kenntnis nehmen kann (§ 2 Nr. 2 AGB-Gesetz). **Deshalb bei Privatkunden: Die VOB/B beilegen!** – Bestellzeichen: VOB/B
1 Block mit je 25 VOB-Texten **DM 13,—**, 2–5 Blocks **DM 12,—**, 6–20 Blocks **DM 10,50**, ab 21 Blocks pro Block **DM 8,50**

### Die VOB/B als Beilage zum Angebot für Fliesenleger neueste Fassung
Ausstattung/Preise wie vor. Bestellzeichen: VOB-Flie

### Gesamttextausgabe (Teil A, B und C)
Einzelpreis **DM 52,—**

### VOB für innerdeutsche Vergaben
(unterhalb einer Gesamtauftragssumme von 5 Mio. Euro)
Inhalt: VOB/A Abschnitt 1 mit Anwendungshinweisen, VOB/B und VOB/C DIN 18 299, BGB-Vorschriften zum Werkvertrag.
ISBN 3-89650-087-2 – Bestellzeichen: VOB-D
Einzelpreis **DM 10,—**, ab 5 Stück **DM 9,—**, ab 20 Stück **DM 7,50**, ab 50 Stück **DM 6,—**

### VOB für innerdeutsche und europaweite Vergaben
Inhalt: VOB/A Abschnitte 1–4 mit Anwendungshinweisen **auch zum neuen Bieterschutz** nach dem GWB, VOB/B und VOB/C DIN 18 299, BGB-Vorschriften zum Werkvertrag, AGB-Gesetz.
ISBN 3-89650-088-0 – Bestellzeichen: VOB-EU
Einzelpreis **DM 14,—**, ab 5 Stück **DM 12,—**, ab 20 Stück **DM 9,50**, ab 50 Stück **DM 8,50**

### Die VOB in Formularen 15. Auflage 2000
Frikell – Hofmann
Dieses Standardwerk wurde auf den neuesten Stand gebracht und maßgeblich erweitert. Es rationalisiert den Schriftverkehr des Auftragnehmers nach VOB entscheidend.
ISBN 3-89650-091-0
Einzelpreis **DM 96,—**, ab 25 Stück **DM 82,—**, ab 100 Stück **DM 75,—**

### Unser Zusatzangebot zur VOB in Formularen
Alle Formbriefe, einschließlich Stichwortverzeichnis, **auch auf Diskette** zum Einlesen in Ihren Computer zum günstigen Preis. Die Diskette unterstützt das Textprogramm „Word" sowie alle anderen Textprogramme als ASCII-File.
ISBN 3-89650-093-7 – Bestellzeichen: VOB-Disk
Einzelpreis **DM 55,—**

### Standard-Bauvertrag
Während eine Vielzahl der in der Praxis verwendeten Bauverträge die differenzierte Rechtsprechung zum AGB-Gesetz und das Zahlungsbeschleunigungsgesetz nicht genügend berücksichtigt und übersieht, dass die Abänderung der VOB zu unerwünschten Konsequenzen führt, beruht dieser neu konzipierte Bauvertrag auf der unverfälschten Grundlage der VOB. Er ist für beide Vertragspartner fair und praxisgerecht!
Bestellzeichen: VER-01 – 1 Block (10 Stück), DIN A4, jeweils 6 Seiten **DM 9,80**
**Neu! Im anwendungsfreundlichen Durchschreibesatz!**
Bestellzeichen: VER-01S – 1 Block (10 Stück) **DM 14,60**, ab 6 Blocks **DM 12,80**, ab 21 Blocks **DM 11,50**

---

VOB-Verlag Ernst Vögel, Kalvarienbergstraße 22, 93491 Stamsried
Telefon (0 94 66) 94 00-0, Telefax (0 94 66) 12 76
E-Mail: voegel@voegel.com, Internet: http://www.verlag-voegel.de + http://voegel.com

## Standard-ARGE-Vertrag

Dieser ausführliche, von den Spitzenverbänden der Bauwirtschaft erarbeitete ARGE-Vertrag (52 Seiten) stellt eine umfassende Regelung für den Abschluss und die Durchführung von sogenannten „echten" Arbeitsgemeinschaften dar.
Bestellzeichen: ARGE-96
5 Stück **DM 50,—**

## Unser Zusatzangebot zum Standard-ARGE-Vertrag

Der Standard-ARGE-Vertrag **auch auf Diskette** zum Einlesen in Ihren Computer zum günstigen Preis. Die Diskette unterstützt das Textprogramm „Word" sowie alle anderen Textprogramme als ASCII-File.
ISBN 3-89650-057-0  Bestellzeichen: ARGE-Disk
Einzelpreis **DM 50,—**

## Der LOS-ARGE Vertrag des ZDB

LOS-ARGE-Verträge gewährleisten eine vereinfachte Abrechnung unter ARGE-Partnern. Dieser Vertrag kann mit dem nachstehenden Subunternehmervertrag „gekoppelt" werden.   Bestellzeichen: ARGE-1
1 Block (10 Stück) **DM 39,—**

## Subunternehmer-Standardvertrag Stand 2000

Subunternehmerverträge sind schwierig. Einerseits sind sie inhaltlich mit dem Generalunternehmervertrag abzustimmen, andererseits müssen sie dem AGB-Gesetz entsprechen. Der neue Subunternehmervertrag bietet hierzu Lösungen.
Bestellzeichen: SUB-1
1 Block (10 Stück) **DM 12,50,** ab 6 Blocks **DM 10,70,** ab 21 Blocks **DM 9,50**

## Der Subunternehmervertrag – Bau 2. Auflage 1999

Eckhard Frikell – Michael Frikell
Dieses Buch beantwortet 36 wichtige Fragen zum Subunternehmereinsatz und enthält und erläutert u. a. einen ausgewogenen und AGB-gerechten Subunternehmer-Mustervertrag. – ISBN 3-89650-059-7
Einzelpreis **DM 34,—,** ab 25 Stück **DM 28,—,** ab 100 Stück **DM 26,—**

## Unwirksame Bauvertragsklauseln 9. Auflage 2000

Glatzel – Hofmann – Frikell
Dieses unentbehrliche Buch zur Gültigkeit vorformulierter Bauvertragsklauseln braucht jeder Praktiker! Aus dem 400 Seiten umfassenden Inhalt: Praxisgerechte Einführung, umfassende Rechtsprechung zu allen typischen Bauvertragsklauseln, Muster eines AGB-Gesetz-gemäßen Bauvertrages, Text des AGB-Gesetzes, usw. Ein Standardwerk der Bauliteratur!
ISBN 3-89650-081-3
Einzelpreis Harteinband **DM 58,—**
Taschenbuchausgabe ab 20 Stück **DM 32,—,** ab 50 Stück **DM 28,—,** ab 150 Stück **DM 24,—**

## Der Baurechts-Report

Frikell – Hofmann
Die monatlich erscheinende Rechtsprechungsübersicht zum besonders günstigen Preis vermittelt dem Baupraktiker (Bauunternehmer, Architekten, Ingenieur, Baubehörden) nicht nur die wichtigsten Entscheidungen zum privaten Baurecht, sondern macht sie unmittelbar für die betriebliche Praxis nutzbar.
Jahresabo incl. Stichwortverzeichnis: **DM 42,—** Sonderkonditionen für Sammelbesteller

## Neu! Der Baurechts-Report 1978–99 auf CD-ROM Version 3.1

ISBN 3-89650-080-5
Die Baurechts-Datenbank für Praktiker **DM 120,—**
Jährlicher Aktualisierungsdienst (wird automatisch zugesandt!) **DM 85,—**

## Neu! Der Vergaberechts-Report

Hans-Peter Burchardt
Das Vergaberecht bei öffentlichen Bauaufträgen wird immer wichtiger. Immer mehr Auftraggeber, Architekten und Bieter müssen sich darüber informieren, ob Vergabeentscheidungen korrekt und ggf. Schadenersatzansprüche bei Verstößen denkbar sind. Der Vergaberechts-Report informiert über alle neuen Entwicklungen genauso praxisnah wie der Baurechts-Report.
Jahresabo: **DM 48,—**
**Sonderpreis für Baurechts-Report-Bezieher: DM 36,—**

## Der Bauvertrag – Ein Leitfaden für Praktiker 15. Auflage erscheint ca. Frühjahr 2001

Ludwig Glatzel
Das Standardwerk. Die Problematik des Bauvertrags anhand vieler Beispiele für die Praxis aufbereitet.
ISBN 3-89650-098-8

---

VOB-Verlag Ernst Vögel, Kalvarienbergstraße 22, 93491 Stamsried
Telefon (0 94 66) 94 00-0, Telefax (0 94 66) 12 76
E-Mail: voegel@voegel.com, Internet: http://www.verlag-voegel.de + http://voegel.com

### Ausländische Arbeitskräfte am Bau 3. Auflage 2000 erscheint ca. Winter 2000/2001
Frikell – Geil – Hofmann – Platzer

Dieses Buch informiert über alle wichtigen Fragen, die im Zusammenhang mit Subunternehmern und Mitarbeitern aus dem Ausland auftreten. Musterbauvertrag und Muster-Angebotsblatt für ausländische Subunternehmer. Umfassender Gesetzes- und Verordnungsteil.
ISBN 3-89650-076-7
Einzelpreis ca. **DM 58,—**

### Gewährleistungsfälle im Baurecht 2. Auflage 1998
Frikell – Hofmann
– Mit Lösungsschema für Praktiker –

Gewährleistung und Abnahme sind von zentraler Bedeutung für alle Baupraktiker. Durch systematische Aufbereitung und Gliederung in einzelne Prüfungsschritte wird die schwierige Materie für den Praktiker transparent gemacht. Außerdem werden die wichtigsten einschlägigen Gerichtsurteile der letzten Jahre praxisnah erläutert.
ISBN 3-89650-041-4
Einzelpreis **DM 39,—**

### Die Vergabe öffentlicher Bauleistungen
– Kurzkommentar für Praktiker – 3. Auflage 2000 erscheint voraussichtlich erst im Frühjahr 2001, da das geplante Vergabegesetz noch immer nicht verabschiedet ist.
Burchardt – Frikell – Hofmann

Dieses Buch behandelt alle wichtigen Fragen zu dem neuen Vergaberecht. Umfang ca. 200 Seiten.
ISBN 3-89650-062-7    Bestellzeichen: ÖB

# Wichtige Ergänzungen zur Grundausstattung

### VOB-Verstöße 2. Auflage 1991

Vergabefragen aus der VOB/A werden immer wichtiger. Die Broschüre enthält eine Zusammenstellung von typischen VOB-Verstößen, wie sie den VOB-Stellen zur Entscheidung vorliegen. Über 80 Fälle werden knapp und leicht verständlich in der Reihenfolge der Paragraphen der VOB gelöst. – ISBN 3-925355-67-7
Einzelpreis **DM 15,—**, ab 10 Stück **DM 5,50**, ab 50 Stück **DM 4,50**, ab 500 Stück **DM 4,—**, ab 1000 Stück **DM 3,50**

### Die wichtigsten Urteile nach VOB Band 3 1997
Frikell – Hofmann

Diese Sammlung enthält wie schon die Bände Nr. 1 und 2 ca. 100 Gerichtsentscheidungen, die jeder Baupraktiker (Bauunternehmer, Architekten, Ingenieure, Auftraggeber) kennen sollte. In der bewährten Art des „Baurechts-Reports" werden die Urteile nicht nur allgemein verständlich in ihrer Kernaussage kommentiert. Es wird darüber hinaus auch aufgezeigt, wie die jeweilige Entscheidung für die Praxis nutzbar gemacht werden kann. – ISBN 3-89650-021-X
Einzelpreis **DM 34,—**
Band 2, 1992, ISBN 3-925355-45-6 **DM 32,—**
Band 1, 1988, ISBN 3-925355-02-2 **DM 29,—**

### Skonto und Preisnachlass beim Bauvertrag 4. Auflage 1998
Dieter Kainz

In den letzten Jahren nahmen die Streitigkeiten zwischen den am Bau Beteiligten über die Berechtigung eines im Bauvertrag vereinbarten Skontoabzuges im erheblichen Umfang zu. Die Broschüre beantwortet die strittigen Fragen über Skontovereinbarungen und nennt eine klare und eindeutige Skontoklausel. Die Neuauflage wurde um das wichtige Thema der Vereinbarung von Nachlässen erweitert. Die Broschüre für jeden „Baumenschen"! – ISBN 3-89650-040-6
Einzelpreis **DM 34,—**, ab 10 Stück **DM 28,—**, ab 50 Stück **DM 20,—**, ab 100 Stück **DM 15,—**

### Das Trockenbau-Handbuch 1997/98 4. Auflage
Frikell – Hofmann – Winkler

Unersetzlich bei Abwicklung von Bauverträgen im Trockenbau vom Vertragsabschluss bis zur Sicherheitsleistung. In allen Teilen (Recht und Technik) aktualisiert und erheblich erweitert, besonders zu **Technik und Abrechnung von Trockenbauarbeiten**. Die Technischen Normen, Formulare, Musterbriefe auf dem neuesten Stand. Umfang 360 Seiten. – ISBN 3-89650-025-2
Einzelpreis **DM 54,—**, ab 10 Stück **DM 42,—**, ab 50 Stück **DM 34,—**, ab 100 Stück **DM 30,—**, ab 500 Stück **DM 26,—**

---

VOB-Verlag Ernst Vögel, Kalvarienbergstraße 22, 93491 Stamsried
Telefon (0 94 66) 94 00-0, Telefax (0 94 66) 12 76
E-Mail: voegel@voegel.com, Internet: http://www.verlag-voegel.de + http://voegel.com

### Der VOB-Check 5. Auflage 2000
Kainz

Die völlig neue Art VOB/B-Wissen zu testen und zu lernen. Im einfachen Frage-Antwort-Spiel wird der wichtigste Inhalt der neuen VOB-2000 behandelt. Für alle Mitarbeiter, die mit Vertragsabschluss oder -abwicklung zu tun haben, zu empfehlen. Diese Broschüre macht Spaß! – ISBN 3-89650-092-9

Einzelpreis **DM 31,—**, ab 20 Stück **DM 21,—**, ab 100 Stück **DM 17,—**

### Nachträge am Bau 3. Auflage 2000
Hofmann – Frikell

Dieses Thema wird für alle Baubeteiligten immer wichtiger. Gegliedert nach Vertragstypen (Einheitspreisvertrag, Pauschalvertrag, Stundenlohnvertrag) werden alle für die Praxis wichtigen Fragen zu den Voraussetzungen, zur Berechnung der Vergütung, zur Wirksamkeit von Vergütungsklauseln, zur Vollmacht usw. beantwortet. Für Auftraggeber und Auftragnehmer gleichermaßen wichtig! Umfang 248 Seiten, Harteinband. – ISBN 3-89650-099-6

Einzelpreis **DM 44,—**, ab 10 Stück **DM 38,—**, ab 50 Stück **DM 34,—**, ab 100 Stück **DM 30,—**

### DIN 4109 mit Erläuterungen

Die 2. aktualisierte Auflage berücksichtigt die neuen bauaufsichtlichen Bekanntmachungen und beinhaltet ein Sachwortverzeichnis der genormten Regelungen. – ISBN 3-89650-079-1

Einzelpreis **DM 28,—**

## Arbeitsrecht für Baubetriebe
Tarifverträge + Arbeitsrecht – Bau

**2000/2001 bzw. des Folgewerks lieferbar jeweils ab Frühsommer**
Lothar Platzer

Kommentar und Tarifsammlung in einem Werk. Besonders aktuell: Alle Löhne und Gehälter für das Jahr 2000 und 2001. Die neuen Auslösungssätze. Löhne und Gehälter im Bundesvergleich. Das neue Altersteilzeitgesetz und der neue Altersteilzeit-Tarifvertrag-Bau. Die neue Schlechtwettergeldregelung. – ISBN 3-89650-090-2

Einzelpreis **DM 48,—**, ab 10 Stück **DM 38,—**, ab 50 Stück **DM 29,—**, ab 150 Stück **DM 23,—**

### Arbeitsrecht in Formularen Bau – Ausbau 5. Auflage 1999
Frikell – Orlop

Diese Mappe, die nach der Konzeption der VOB in Formularen gestaltet ist, erläutert Risiken und Chancen für den Arbeitgeber bei Beschäftigung von Arbeitnehmern. Sie enthält 19 Formulare, beispielsweise Arbeitsverträge (auch befristete und geringfügige Beschäftigungen), Antrag auf vertrauensärztliche Untersuchung, Rückzahlungsverpflichtungen und Schadenersatzforderungen, Abmahnung, Kündigungen, Ausgleichsquittung. **Alle wichtigen Formulare sind 4sprachig (auch ital., jugosl. u. türkisch!).** – ISBN 3-89650-073-2

Einzelpreis **DM 64,—**

## Auch in unserem Programm:
### Unwirksame Mietvertragsklauseln
Peter Michael Oppler

Gleiches, bewährtes System wie „Unwirksame Bauvertragsklauseln". Auf 250 Seiten die gesamte Rechtsprechung zur Gültigkeit oder Ungültigkeit von Mietvertragsklauseln auf einen Blick! – ISBN 3-925355-74-X

Einzelpreis Harteinband **DM 39,—**

Taschenbuchausgabe ab 5 Stück **DM 23,—**, ab 10 Stück **DM 18,—**, ab 50 Stück **DM 15,—**, ab 150 Stück **DM 12,80**

### Die VOB im Bild 15. Auflage incl. Ergänzungsband 99

Der bewährte Bildkommentar VOB im Bild stellt die Texte der VOB Teil C in bewährter Weise zeichnerisch dar.

Die Neubearbeitung liegt wieder in zwei Bänden vor, wobei nach Tätigkeitsfeldern gegliedert wurde: Band 1 Hochbau- und Ausbauarbeiten, Band 2 Tiefbau- und Erdbauarbeiten.

Bestellzeichen: VOB-Hoch – ISBN 3-481-01607-7
Hochbau- und Ausbauarbeiten
Einzelpreis **DM 198,—**

Bestellzeichen: VOB-Tief – ISBN 3-481-01608-5
Tiefbau- und Erdbauarbeiten
Einzelpreis **DM 98,—**

---

**Unser Service für Sie:** Im Interesse unserer Kunden liefern wir immer die neueste und aktuellste Auflage der Bestellung. Bei geringfügig veränderten Preisen nehmen wir an, dass Sie damit einverstanden sind. Selbstverständlich können Sie andernfalls die Bücher mit der Rechnung zur Stornierung zurücksenden.
Alle Preise zuzüglich Porto und Verpackung!

---

VOB-Verlag Ernst Vögel, Kalvarienbergstraße 22, 93491 Stamsried
Telefon (0 94 66) 94 00-0, Telefax (0 94 66) 12 76
E-Mail: voegel@voegel.com, Internet: http://www.verlag-voegel.de + http://voegel.com